全国高等院校旅游管理教材

保继刚 ◎ 主编

Tourist Resort Development and Management

度假区开发与管理

陈钢华 ◎ 编著

U0330195

中山大学出版社
SUN YAT-SEN UNIVERSITY PRESS

·广州·

图书在版编目（CIP）数据

度假区开发与管理/陈钢华编著．—广州：中山大学出版社，2024.4
（全国高等院校旅游管理教材/保继刚主编）
ISBN 978－7－306－08067－7

Ⅰ．①度…　Ⅱ．①陈…　Ⅲ．①风景区—旅游资源—资源开发—高等学校—教材 ②风景区—经营管理—高等学校—教材　Ⅳ．①F590.6

中国国家版本馆 CIP 数据核字（2024）第 063396 号

出　版　人：王天琪
策划编辑：杨文泉
责任编辑：杨文泉
封面设计：曾　斌
责任校对：林　峥
责任技编：靳晓虹
出版发行：中山大学出版社
电　　话：编辑部 020－84110283，84113349，84111997，84110779，84110776
　　　　　发行部 020－84111998，84111981，84111160
地　　址：广州市新港西路 135 号
邮　　编：510275　传　　真：020－84036565
网　　址：http://www.zsup.com.cn　E-mail：zdcbs@mail.sysu.edu.cn
印　刷　者：广州市友盛彩印有限公司
规　　格：787mm×1092mm　1/16　12.5 印张　271 千字
版次印次：2024 年 4 月第 1 版　2024 年 4 月第 1 次印刷
定　　价：49.00 元

《全国高等院校旅游管理教材》

编　委　会

本书作者简介

陈钢华 中山大学旅游学院教授、博士生导师。主要研究领域为目的地营销与管理、度假区开发与管理、旅游消费者行为。担任 *Tourism Review* 期刊副主编和《旅游论坛》执行副主编，以及 *Journal of Travel Research*、*Tourism Management*、*Journal of Hospitality and Tourism Research*、*Journal of China Tourism Research* 等国际期刊编委会成员。主持国家自然科学基金项目 2 项，参加国家社科基金重大招标项目 1 项、国家自然科学基金项目 2 项；主持原国家旅游局规划项目（重点项目）1 项，结项获得"优秀"等级。在国内外重要学术期刊发表论文 100 余篇，合著、合编英文学术著作各 1 部，出版中文学术专著 1 部（独著）、中文教材 5 部（主编或编著）。入选原国家旅游局"旅游业青年专家培养计划"（2015 年）；曾获中国旅游研究国际联合会"杰出青年学者"奖（2020 年 5 月）、"2017 年文化和旅游部优秀研究成果·教材类"一等奖、"2016 年国家旅游局优秀研究成果奖·学术论文类"一等奖等奖项和荣誉。

《全国高等院校旅游管理教材》

出 版 说 明

中国旅游教育三十多年来，教材从无到有，从有到多甚至泛滥，已经颇有一段时间了。客观上讲，这些教材的出版的确对中国旅游教育的发展起到了一定的推动作用，但随着旅游发展的理论与实践不断深入，这些以"借鉴西方理论""引入传统学科""介绍现实应用"为特色的旅游教材的局限性日益显现。

这种局限性主要表现在缺乏学科理性思考、缺少研究基础、缺乏编写规范。一方面，有的教材生搬硬套、堆积罗列西方理论或者现实案例，而面对中国越来越丰富的旅游现象时，却无法解释；有的教材编写者不遵循编写规范，抄袭现象严重，影响到学生的治学态度……因此，从本科教学的角度来讲，现行旅游管理相关教材应该加快改革的步伐。

另一方面，随着信息社会的到来，互联网开始与教师在课堂上争夺学生的注意力，老师在课堂上讲授"专业知识"时，学生往往更喜欢自己通过网络由点及面地很快掌握相关知识，而对老师传统的根据教材上课的方式提出质疑与挑战。因此，通过知识传播来训练学生的能力变得更加重要，相应的内容与结构、作业与参考文献资料等也因此成为教材的必要部分。

中山大学旅游学院成立十年来，一直在探索如何教授学生通过学习知识来获得批判性思考能力和利用研究工具来进行问题分析的能力，不断强调通过现实案例解剖来让学生理解专业知识，但一直苦于没有合适的教材。经过学院老师多次讨论，决定趁二〇一四年学院建院十周年之际，陆续推出一批旅游管理相关专业教材，包括旅游管理、酒店管理、会展经济与管理相关专业的核心课程与专业课程教材。这些教材编写的基本要求是：教材的作者在该领域至少要有五年以上的研究经验，并有相当分量的相关成果发表；这些教材都必须有严谨的知识体系、训练内容及编写规范，能够为本科教育形成规范做出贡献。尽管各位作者已经尽了最大的努力，但这些教材也难免存在一定的缺陷，我们把它作为一种新的尝试与起步，以期能抛砖引玉，推动中国旅游教育的健康发展。

保继刚

二〇一四年五月

本教材获"中山大学 2021 年校级本科教学质量工程立项"项目资助

前　言

党的二十大报告提出："中国式现代化是人口规模巨大的现代化，是全体人民共同富裕的现代化，是物质文明和精神文明相协调的现代化，是人与自然和谐共生的现代化，是走和平发展道路的现代化。""高质量发展是全面建设社会主义现代化国家的首要任务。"习近平总书记强调："把高质量发展同满足人民美好生活需要紧密结合起来，推动坚持生态优先、推动高质量发展、创造高品质生活有机结合、相得益彰。"在新时期全面推进中国式现代化背景下，旅游业高质量发展就是要坚持人民至上，深化"旅游为民"的发展导向，深刻把握人民群众日益增长和日新月异的旅游休闲需求，以丰富、优质、安全的旅游产品和服务，不断满足人民日益增长的美好生活需要。作为"以提供住宿、餐饮、购物、康养、休闲、娱乐等度假旅游服务为主要功能，有明确空间边界和独立管理运营机构的集聚区"（GB/T 26358—2022）的旅游度假区，业已成为新时期我国旅游业高质量发展的重要引擎和抓手。2023 年 11 月，文化和旅游部发布《国内旅游提升计划（2023—2025 年）》，即要求"建设一批富有文化底蕴的世界级旅游景区和度假区"。

在上述背景下，编著本教材的目的是兼顾国际和本土视野，融合理论与实践，致力于为国内旅游学界和业界提供一本视角独特、体系全面、内容新颖、资料翔实，且能反映最新行业实践和研究进展的与度假区开发与管理相关的教材、参考书。本教材的主要内容如下：其一，在概念与理论方面：一方面，系统阐述作为一种全球消费趋势的度假旅游；另一方面，系统阐述度假区开发与管理的核心概念与基础理论，包括度假区的定义、特征与类型，度假区开发选址的基本原则与流程，度假区土地利用和管理模式的类型及其演变等。其二，在实务方面，一方面，系统阐述国家级旅游度假区申报与认定的国家标准、流程，以及度假区环境管理的基本技术规范与指标；另一方面，介绍度假区规划的原理与方法、度假区环境恢复性和气候舒适度的测量与管理规范等。

本教材共分为八章。第一章概论，阐述度假、度假区的概念、特征，以及与度假、度假区相关的旅游消费趋势。第二章度假区类型，基于规模、地理关系、主导吸引力、经营主体、资源禀赋等指标对度假区做出类型划分和阐述。第三章度假区申报与认定，介绍如何申报和评定国家级、省级旅游度假区。第四章度假区选址，重点阐述度假区选址的定义、选址的目标、选址的原则及标准。第五章度假区土地利用，重点介绍土地开发与管理的基础知识，并阐述度假区土地开发与管理所涉及的土地用途、分类和建设用地使用权取得。第六章度假区规划，主要介绍度假区规划的类型与层次，并结合具体案例（印度尼西亚瓦萨杜瓦、中国亚龙湾等）重点阐述度假区的形态规划。第七章度假区环境管理，在阐述环境、环境管理等基本概念的基础上，重点介绍度假区环境管理的内容和制度实践，并阐述度假区环境恢复性、度假区气候舒适度等内容。第八章度假区管理体制，介绍管理体制的概念和度假区管理体制的重要性、基本类型等。

本教材由中山大学旅游学院陈钢华教授编著。中山大学旅游学院博士生史艳荣、赵晨月、李超然和硕士生别思琦、姚培琪、曾怡，以及新疆大学硕士生洪圣东、徐婧美等同学参与了本教材的文字校对工作。本教材可供普通高校旅游管理类（包括旅游管理、酒店管理、会展经济与管理）、工商管理类（包括文化产业管理等）专业高年级本科生以及相关专业的硕士生［包括旅游管理专业硕士学位研究生（MTA）］、博士生选作教材，亦可用作旅游度假区和文旅企业管理人员、文旅部门行政管理人员的参考用书。

本教材参考和引用了大量国内外学者的学术文献和案例资料，限于篇幅，未能一一列举，在此谨向这些作者表示真诚的感谢和敬意！中山大学出版社副社长徐诗荣、编辑杨文泉等为本教材的顺利出版付出了大量劳动，在此表示衷心的感谢！

受笔者知识所限，本教材难免存在疏漏和不足，恳请各位专家和读者批评指正。如果您对本教材有任何建议，请发送电子邮件至 chengangh@ mail. sysu. edu. cn。我们将认真倾听意见，并在以后的版本中予以充分考虑，以不断完善本教材。

陈钢华
于中山大学
2024 年 3 月

目　　录

第一章　概　　论

【学习目标】
(1) 掌握度假、度假区的概念。
(2) 掌握度假区的主要特征。
(3) 了解度假旅游消费趋势。

引导案例

《中国旅游报》整版报道！创建国家级旅游度假区"仙女湖模式"

近日，《中国旅游报》"江西风景独好"专栏报道了仙女湖七夕文化旅游度假区关于创建国家级旅游度假区"仙女湖模式"的经验做法。具体内容是什么呢？一起来看看吧。

一、仙女湖七夕文化旅游度假区概况

仙女湖七夕文化旅游度假区位于江西省新余市西南 15 千米处，北邻仙女湖大道，南接凤凰湾，东毗大广高速，西至圣集寺。规划总面积约 36 平方千米，其中，水域面积 18.2 平方千米，陆地森林覆盖率 80.7%。因东晋文学家干宝所著《搜神记》中"毛衣女下凡"的爱情传说而得名，是"七仙女下凡"传说的发祥地，也是"中国七夕节"的发源地。

仙女湖的旅游开发始于 1992 年。2000 年，成立中共新余市仙女湖风景名胜区委员会、仙女湖风景名胜区管理委员会。2002 年 5 月，被国务院命名为国家重点风景名胜区。2005 年，被评为国家 4A 级旅游景区。2015 年，成立仙女湖七夕文化旅游度假区，并组建七夕文化旅游度假区管理委员会。2018 年 12 月，被评为"省级旅游度假区"。2019 年，度假区累计接待游客数量 110.9 万人次，其中过夜游客 31.8 万人次；旅游综合收入 3.04 亿元，同比增长 14.72%。仙女湖在国家级旅游度假区创建工作中摸索和总结了一些值得推广的经验。

二、仙女湖七夕文化旅游度假区发展探索

（一）聚力内外交通

（1）外部交通便利——仙女湖七夕文化旅游度假区交通便捷，沪昆高铁、沪瑞高速、大广高速穿境而过，紧临大广高速仙女湖出口，距离沪瑞高速新余出口17千米。距离江西南昌160千米，距离湖南长沙220千米。距高铁新余站仅19千米，车程约37分钟；距新余火车站仅16千米，车程约28分钟。除高铁和火车站，仙女湖七夕文化旅游度假区距离宜春明月山机场1小时车程，距离南昌昌北机场2小时车程。

（2）内部交通顺畅——仙女湖七夕文化旅游度假区除聚力实现"外联"之外，正加快推动"内畅"。如今，度假区开通仙女湖旅游专线、503路公交、502路公交、凤凰湾专线、环湖巴士等多条公交线路，各景点以及生活服务区交通顺畅，便捷程度较高。

（二）践行低碳发展理念

（1）加大投入——度假区坚持"生态优先"的发展理念，先后投入2亿多元，铺设了环湖污水收集管网与污水处理站，建设了景点污水处理设施、垃圾转运码头和水质自动监测站，切实管控湖区水体质量，保护度假区生态环境。

（2）项目开发——树蛙部落设计初期，在选址、规划、建造、运营上都以联合国可持续发展17个目标（SDGs）为准则，采用钢结构或木结构，选择石、木、纸、砖瓦、纤维等天然材料，将传统的自然度假模式，升级为全方位沉浸式发展模式。

（3）活动组织——因地制宜研发湖畔露营、应季鲜果采摘、垂钓等周末"微度假"绿色旅游项目；举办一系列低碳体育活动，如环鄱阳湖仙女湖站国际公路自行车比赛、仙女湖国际马拉松、仙女湖"为爱奔跑"微马联赛等；成立旅游环保志愿者联盟，开展各种低碳环保知识普及活动，不断向游客宣传文明旅游、低碳旅游。

（三）建设智慧化服务体系

智慧旅游系统——度假区不断加大智慧旅游的建设力度，建设智慧旅游管理后台、客户端等。目前，度假区已实现网上查询、预订、购票、支付一站式服务、过境短信服务、电子票务、Wi-Fi覆盖、智能讲解等智慧管理服务。仙女湖游客中心、接待设施均能提供互联网服务，其中大部分设施能提供Wi-Fi服务。下一步，度假区将进一步整合各类资源，大力推进物联网系统建设，以此促进资源保护、游客监测及救援等工作。

（四）构建五大度假产品体系

为适应观光旅游向度假旅游转变的新形势，仙女湖七夕文化旅游度假区管委会深入研究"文旅+"模式，不断推出新的业态，积极致力于推动业态转型升级。目前，仙女湖七夕文化旅游度假区形成了文化体验类、休闲娱乐类、康养健身类、夜游类、节庆活动与日常体验类五大度假产品体系。

（1）文化体验类——度假区以七夕文化为主题，打造了仙湖问天、穿针乞巧、兰夜斗巧、喜蛛应巧、仙女寻踪、兰夜画屏、星河汉月、七彩星愿、天河夜话、碧荷仙影、金风玉露等一系列传统经典与现代时尚有机交融的七夕文化主题景观，已成为年轻人邂逅爱情的打卡地。

（2）休闲娱乐类——凤凰湾森林乐园以时下网红景点为主题，设计了特色森林探险、湖岸草坪帐篷休闲、森林生态观光、青少年体育拓展社会实践等项目；凤凰湾度假村积极开展职业体验扮演、科普文化教育、创意手工制作、心智拓展体验、休闲水上娱乐、湖景自助烧烤等活动，为来度假的游客提供了别样的休闲新体验。

（3）康养健身类——游客不仅可以在凤凰湾智慧跑道、荧光骑行绿道、凤凰湾森林越野赛道及龙王岛登山游步道上体验运动的乐趣，还可以体验晨间瑜伽、温泉疗养、有机稻田种植、天然氧吧等丰富的康养项目。

（4）夜游类——"奇幻仙女湖"5D光影秀通过5D全息技术模拟电闪雷鸣、风霜雨雪、爆炸冲击等效果，将视觉、听觉、嗅觉、触觉融为一体，为游客带来沉浸式体验。七夕老街的篝火、天工开物园的酒吧、江口电厂艺术区的灯光、星空营地的美食不断给游客带来欢乐与笑声。

（5）节庆活动与日常体验类——度假区每年举行七夕文化旅游节、仙女湖杨梅节、凤凰湾千人长桌宴，同时举办或参与仙女湖国际马拉松、环鄱阳湖国际自行车大赛、中国卡丁车超级联赛、短道越野拉力赛暨江西越野联赛等赛事，不断丰富游客体验。

（资料来源，中国旅游报、新余发布：《〈中国旅游报〉整版报道！创建国家级旅游度假区"仙女湖模式"》，http://news.sohu.com/a/570019197_121106994，有删节、补充。）

上述案例向我们详细地展示了江西省新余市仙女湖旅游度假区（下文交替使用"旅游度假区"和"度假区"）创建国家级旅游度假区的故事。那么，什么是度假？什么是度假区？度假区可以分为哪些类型？它们各自有哪些特点？如何申报和创建各个级别的旅游度假区？如何开发、建设和管理一个度假区（包括选址、土地利用、规划、设计、环境管理、管理模式等）？这些问题都是本书所要试图回答

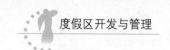

的问题。本书的主要宗旨是对度假区开发与管理做一个全景式的展示。在讲述和讨论具体的度假区开发与管理知识之前，我们必须先了解度假区的概念、特征和类型，以及与度假、度假区相关的旅游消费趋势。

第一节　度假的概念

度假（vacationing 或 holiday–taking）是指旅行或在某胜地度过一个假期。在旅游（一种前往异地并返回客源地的出于愉悦目的的旅行）情境下，度假是指利用假日/假期外出，以休闲（而非工作）为主要目的和内容，进行令精神和身体放松的康体休闲方式。在上述定义中，涉及休闲（leisure）的概念。休闲是指在非劳动及非工作时间以各种"玩"的方式求得身心的调节与放松，达到生命保健、体能恢复、身心愉悦目的的一种业余生活。科学文明的休闲方式，可以有效地促进能量的储蓄和释放，它包括对智能、体能的调节和生理、心理机能的锻炼。休闲是一种心灵的体验。

在日常生活和旅游体验中，与度假相对应或者经常相提并论的是观光。观光（sightseeing）是指人们参观名胜古迹、欣赏大自然的风光景象。此外，在上述有关度假的讨论中，还可能涉及运动、康养等。运动（sports）是一种涉及体力与技巧的、有一套规则或习惯所约束的活动，通常具有竞争性。在另一种意义上，运动是指以身体练习为基本手段，结合日光、空气、水等自然因素和健康卫生措施，达到增强体能、增进健康、丰富社会文化娱乐生活为目的的一种社会活动。康养（health care）则是一个宽泛的概念，涵盖的范围广，是健康和养生的结合，既是一种持续性、系统性的行为活动，又是诸如休闲、疗养、康复等具有短暂性、针对性、单一性的行为。以上涉及的诸多概念之间的关系，如图 1–1 所示。

在图 1–1 中，我们可以发现，作为旅游的主要形式，度假和观光活动都是在休闲情境下展开的。亦即，度假和观光，都是指人们在非劳动及非工作时间内的活动。但运动既包括休闲性质的运动，即体育休闲或休闲体育，例如，非专业人士的滑雪、冲浪、骑行；也包括非休闲性质（职业性质）的运动，例如，竞技运动（专业的体育赛事）。类似的，康养作为一种人类行为，既包括人们在休闲情境下的各种健康、养生行为，诸如，泡温泉、沙疗、SPA、森林疗养等，也包括病患群体的医疗、看护行为（这些行为并非一定是在放松的情境下展开的，也可能涉及"严肃"的情境）。但毫无疑问的是，度假作为一种新兴的旅游消费行为，不仅涉及人们在度假胜地的长时间停留（过夜）行为，也涉及人们参观名胜古迹、欣赏大自然风光景象的观光行为，与此同时还可能涉及人们的运动和康养行为。

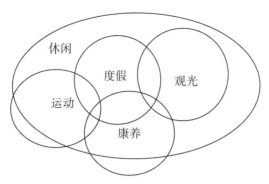

图 1-1　度假与休闲、观光、运动、康养等的关系

在西方，尤其是在英语语境下，"vacation"（度假）或"holiday"（假期）通常都指出于游憩或愉悦目的而暂时离开常规工作的休假（"a leave of absence from a regular occupation"）。人们外出度假通常是因为特定的假期、节日（festivals）或庆典/庆祝活动（celebrations），且多与家人和朋友一起。在加拿大，人们倾向于交替使用"vacation"和"holiday"这两个词。实际上，在北美英语区，"vacation"更多是指游憩性质的旅行，比如，短途游览或海外旅行。在英联邦国家，人们广泛使用"holiday"来描述"不工作"以及"假期"或"旅程"；"vacation"既可能意味着呆在家里，也可能意味着外出。

第二节　度假区的概念

2022 年 7 月，新版国家标准《旅游度假区等级划分》（GB/T 26358—2022）正式发布，并于 2023 年 2 月 1 日起实施。新版国家标准明确指出，旅游度假区（tourist resort）是指"以提供住宿、餐饮、购物、康养、休闲、娱乐等度假旅游服务为主要功能，有明确空间边界和独立管理运营机构的集聚区"。毫无疑问，这为"什么是旅游度假区"提供了国家层面的权威界定。这一界定涵盖了度假区的功能、空间边界和管理机构（见本章引导案例）。

但是，在行业实践以及具体语境，尤其是跨文化语境中，我们还需要对一些关键概念做区分和讨论。例如，百度百科指出，"度假区是人们在工作之余，集休息、游玩、娱乐等多方面因素构成的整体旅游区、休闲区。其中涵盖了游戏、放松、接近自然等多方面形式。度假区一般针对的人群都是具有一定社会地位的人、有一定财富的人。"这一定义主要是针对度假区的功能定位和消费人群的，也是在我们日常生活中对度假区的普遍理解，但它忽视了度假区的空间边界和管理主体。

在中文中，我们还经常见到"度假村"（有时亦被错误地表述为"渡假村"）这一表述，对应的英文是"resort"。"resort"也常被翻译成"度假胜地"或"旅游胜地"，大多意指为人们提供亲近大自然的机会，让人们享受一系列贴身服务与现代化的休闲和运动设施，以实现身心彻底放松的地方。同时，度假村（resort），也指用作休闲娱乐的建筑群（建筑综合体，即 complex），通常是由一间独立公司营运的，但也有由数个集团合作经营的。类似的，联合国世界旅游组织（United Nations World Tourism Organization，以下简称"UNWTO"）对度假村的定义是，"度假村是为旅游者的较长时间的驻留而设计的住宅群。在它的全价中，除了住宿费外，还有公共设备、体育及娱乐设施的使用费。"在我国，《公共服务领域英文译写规范》于 2017 年 12 月 1 日正式实施，其中规定度假村的标准英文名为"resort"。

在北美语境下，"resort"是一个"相对独立的自给自足的商业场所"（an isolated place，self-contained commercial establishment）。它能够满足度假者几乎全部的需求，包括餐饮、住宿、运动和娱乐。"resort"一词也常指能够提供一系列舒适物（amenities）的酒店，这些舒适物通常包括娱乐和游憩活动。因此，酒店通常也是度假村必不可少的组成部分。例如，位于密歇根州的麦基诺岛大酒店（Grand Hotel at Mackinac Island，Michigan）就是这一度假胜地的众多知名酒店之一。此外，一些度假村以共管公寓的形式出现，它们可能是为满足分时度假的需要，由业主部分或完全拥有。

另外一个常见词是"度假酒店"（resort hotel，亦翻译为"度假村酒店"）。它是酒店类型划分中的一个概念，一般与其他类型酒店（例如，商务酒店、会议酒店）相区别，以说明其主要功能是用于接待度假客人，而非商务客人或会议客人。当然，这些酒店类型或者酒店客户类型绝非截然对立，而是有一定的重叠。

近年来，"度假小镇"或"度假城镇"（均对应英文"resort town"）等概念也日渐流行起来。在我国，城镇通常是指以非农产业和非农业人口聚集为主要特征，具有一定规模工商业的居民点，是区别于乡村而言的。城镇一般包括按国家行政建制设立的市和镇。在日常生活语境和行业实践中，小镇一般是居民不多的集中地，比城市小一点（在英文中为"small town"）。小镇一般在自然环境较好的地方，但也可能较偏僻。因此，与度假酒店概念类似，度假小镇更多的是一种基于功能和定位将小镇作为一种聚落形态的类型划分，亦即某个小镇是以度假为主要功能的，它可能是一个全新打造的小镇，亦可能是传统小镇向度假功能转型与升级，抑或是两者兼而有之。一般而言，度假小镇主要分布在重要的旅游区周边，或沿主要的旅游交通廊道分布。当然，也有一些独立存在的旅游小镇。按所处区域划分，如果是濒临大海，一般被称为滨海度假小镇；内陆的度假小镇则包括滑雪度假小镇、山地度假小镇和温泉度假小镇等。在国外，比较有名的度假小镇包括尼泊尔的班迪普尔

（Bandipur，见同步案例 1-1）、瑞士的圣莫里茨（St. Moritz）、英国的布莱克浦（Blackpool）、巴基斯坦的莫拉姆贾巴（Malam Jabba）等。

同步案例 1-1　　　　　　　　**"雪山小镇"班迪普尔**

尼泊尔的绝美之处往往不为人知，例如，隐藏在山国诸地让人驻足流连的古老城镇。雪山之国那些安静、闲适、古朴的小镇，少了一些商业痕迹，而多了一些历史的味道。如果您还没有去造访过它们，那您还不算太了解尼泊尔。这些小镇，才是真正的尼泊尔，更能让游客体味到原汁原味的当地情怀与人文风貌。

班迪普尔位于尼泊尔加德满都和博卡拉之间，但更靠近博卡拉。从博卡拉出发向东行驶，在距离杜摩小镇 2 千米的公路岔口右转上山，行车约 7 千米即可抵达班迪普尔。班迪普尔有一条不长的主街道，街道两旁都是尼瓦尔人的小院和用当地民居改建成的客栈，基本上没有城市里那些铺天盖地的旅游纪念品小店，让人觉得这是一个专门为那些理解尼泊尔生活方式的外来者而特设的地方。这个小镇也有几个不太出名的旅游景点，比如 Tundikhel 古代阅兵场、宾得巴希及神庙（Bindebasini Mandir）、天主教圣母学校、Siddha Gufa 洞穴等。不过，到班迪普尔并不是来观光的。您完全可以不去理会那些所谓的景点，只需要融入班迪普尔慵懒的生活就足够了。清晨，您可以踱步到古代阅兵场，眺望朝阳普照的山峦和远方的喜马拉雅雪山，看着云海在阳光的强势威逼下渐渐消退，绿色的丛林和梯田展露出油亮的眩光；中午，您可以躺在无花果树下小憩片刻，任微风为您送来阵阵野花和浆草的气息；傍晚，班迪普尔的落日拖着长长的影子照亮街道两旁的三角梅和紫罗兰，又把它们藏进自己的黑袍中。

神庙的钟声唤醒沉睡的众神，班迪普尔的夜晚在众神庇护下显得如此宁静。不管您曾经有过多少烦心事，在班迪普尔的这一刻，在夜空里闪烁的繁星的注目下，您会感到心烦意乱正在逐渐溶化，美好的明天将与您很快相见。徜徉在班迪普尔街头，似乎来到一座具有浓浓尼泊尔风情的殖民时代小镇。古色古香的 18 世纪建筑让时光倒流，中世纪风情挥之不去。每一次转角，都是一次回到从前的历险。它还是座活生生的纽瓦丽人（Newari）建筑和文化的博物馆。从远方迁徙而来的纽瓦丽人被认为是加德满都谷地的原住民，他们血统复杂，有来自东方的蒙古人种，还有许多雅利安人的混血。17 世纪是纽瓦丽人的"黄金时代"。马拉王朝统治下的尼泊尔是西藏和北印度平原之间极为重要的贸易枢纽——因此纽瓦丽人行商遍布喜马拉雅各处，班迪普尔作为地位显赫的交通要道因此得以兴起。然而，到了 20 世纪 60 年代，在达摩里公路全线贯通后该地区的行政中心发生了迁移。班迪普尔从此失去了交通重镇的地位，逐渐变为了一个半荒废的城镇。正因为时光荒废，班迪普尔成为一个可以令身心放松的度假天堂，更能欣赏到原始的尼泊尔生活风情。值得小住几日，步行走遍全镇，慢慢欣赏班迪普尔繁华后的静寂。人们就这样悠闲地发呆着、生活着。

除了浓浓的人文风情，班迪普尔还是尼泊尔最美的雪山小镇之一。比起那些专门为游客开发出来的雪山观景平台，这座充满尼泊尔传统元素的市集与喜马拉雅美轮美奂的连绵雪山更加相得益彰。老街东面有一个观景平台，可以欣赏日出，喜马拉雅雪山的日照金山不容错过。清晨，如果您愿意，可以穿越小镇抵达一座废弃的旅馆，楼顶是全镇欣赏雪山遮挡最少的地方。班迪普尔是一个美丽的地方，每一位在这里的人都自觉守护着这份宁静。像我们梦想中的那个世外桃源一样，万事万物在此处充满谐和。虽然身居喜马拉雅山中，远离海洋，班迪普尔却能拥有如水一般的安详。

现在，一家尼泊尔公司正在修建从加德满都到博卡拉公路附近，由山脚直至班迪普尔的缆车。届时旅行者到雪山小镇自然会更加方便，然而，或许亦会破坏它原来的样貌。越来越便捷，意味着旧时光也越来越少。发展与传统，有时就是如此难以统一。所以，如果您去尼泊尔，请一定要去班迪普尔小住几日。忘记烦恼，忘记痛苦，平息纷争；没有利益，没有交际，唯有安宁。在柔软时光依然停留的此刻。

（资料来源，尼泊尔旅行：《尼泊尔："雪山小镇"班迪普尔》，https://baijiahao.baidu.com/s?id=1685366569668180154&wfr=spider&for=pc，有删节、补充。）

随着旅游业的转型升级，越来越多的目的地开始从单一的观光功能逐步转向兼顾观光、度假、运动、康养等多种功能，也有一些目的地专注于度假功能的开发与建设，并由此诞生了一批"度假型目的地"（resort destination 或 vacation destination）。度假型目的地，是一种目的地类型，区别于观光型目的地、运动型目的地、康养型目的地等。它的主要功能和定位聚焦于度假方面。与之相联系的另外一个概念是目的地型度假区（destination resort）。目的地型度假区是一种度假区的类型，是指它可以不依附于区域内其他旅游吸引物（旅游景区或度假区等）而具备独立的吸引力，是一个区域内的目的地（区别于"过境地"），是度假人群出游目的之所在。本书第二章将对目的地型度假区展开详细阐述。

从以上分析可以发现，国家标准所界定的旅游度假区、日常生活和行业实践中所广泛使用的度假村，以及英文中的"resort"，并非完全一致，涉及功能定位、空间边界、地理尺度、管理机构等方面的差异。实际上，2015年4月原国家旅游局公布的《旅游度假区等级管理办法》（《国家旅游局办公室关于下发〈旅游度假区等级管理办法〉的通知》（旅办发〔2015〕81号）曾明确规定：旅游度假区等级管理对象，是指具有独立管理和服务机构的综合性旅游度假区，不单独对度假村、度假酒店等独立度假设施进行等级评定。考虑到知识体系的完整性和弹性，本书所覆盖的度假区，既包括纳入国家标准认定范围的国家级旅游度假区、省级旅游度假区，也包括规模较小或尚未进入官方认定范围的度假区（度假村），但不包括单体度假酒店。

课堂讨论 1-1

问题：请思考度假与度假区的关系。具体而言，度假是否一定得在度假区？反之，在度假区的消费人群是否一定是度假人群？

讨论要点：

（1）度假作为一种休闲行为并非一定发生在度假区，它可以发生在任何适合度假的区域。从字面意思理解，度假即"度过一段假期"。在旅游情境下，度假则是指利用假日/假期外出，且以休闲而非工作为主要目的和内容。

（2）虽然度假区的主要功能是"住宿、餐饮、购物、康养、休闲、娱乐等度假旅游服务"，但也有不少前来消费的群体并不会在度假区过夜。按照政府部门、旅游行业现行的普遍理解，这部分不过夜的游客一般不被视为度假游客。

（3）讨论的要点主要集中在度假、度假区各自的定义上。

第三节　度假旅游消费趋势

正如中文的"度假"（度过一段假期）和英文的"vacation"或"holiday"所意指的，度假并不必然发生在异地，也可以是在常住地，甚至在家里。因此，如上文所述，本书在讨论度假时，是限定在旅游情境下展开的，即将度假看作一种旅行（旅游）的方式或形式。始于 2019 年末的新冠疫情（以下简称"疫情"）给全球各行各业都带来了巨大的冲击和挑战。旅游业首当其冲，是受影响最严重的行业之一。在危机事件的冲击下，旅游行业也发生了结构性的变化，不断转型、升级，出现了不少新的业态。同时，随着城市化进程的推进、2022 年北京冬奥会的顺利举办、人口老龄化加快等，国内度假旅游消费也出现了一些新的现象和趋势。总结起来，阐述如下：

一、"微度假"

"微度假"，实际上并非严谨的学术概念，而是对在疫情背景下出现的新的消费现象的概括。虽然没有统一的概念界定，甚至有泛化和滥用之嫌，但业界普遍认为，微度假是指以一线、二线城市及其周边为主，车程在 2 ～ 3 小时，为期 2 ～ 3 天的一种频次较高、满足感较强的新兴旅游消费模式。2022 年 3 月，由中国社会科学院财经战略研究院、中国社会科学院旅游研究中心和社会科学文献出版社共同发布的《旅游绿皮书：2021—2022 年中国旅游发展分析与预测》提出，受疫情影响和推动，微度假正逐步成为旅游业未来重要的发展模式以及游客消费趋势，"微度假时代"已经来临。在出行半径、出行时间等受限时，以周末游、周边游为主要特征的"微度假"正在成为旅游消费市场的全新增长点。"微度假"有以下三个方面的特点。

（1）"微距离"——以短距离出游为主，处于城市两三小时的旅游交通圈。受疫情的冲击，度假人群对长途旅行的态度变得更加谨慎，不再像以前那样愿意远距离出行。度假人群出行的选择更加偏向短途化，且出行更加趋于本地化，"市内游""省内游"等短距离出游意愿及行为较疫情之前更强。有数据显示，国内旅游的出游半径已经收缩到了一个"百千米时代"。据国家文化和旅游部的统计，国内游客在选择旅游目的地时，在"50 千米以内"形成了一个非常坚实的选择范围。2021 年，选择"50 千米以内"的游客的占比接近 50%。把"50 千米以内"和"100 千米以内"加总后，这个比例已远超过 50%。①

（2）"微时间"——时间短，出游时间以两三天为主。与"微距离"相对应的是，不少度假人群不再是"动辄三到五天""多则十天半个月"的外出度假，而是选择周末或利用短假期度假。2021 年，同程公司发布的《2021 中国居民周边游趋势报告》显示，在单次出游的天数方面，"2 天 1 晚的周末游"（37.6%）和"3 天 2 晚的大周末游（加上周五）"（33.7%）最受青睐，但出游时长在"5 天以上"的也占到了 10.9%。

（3）"微消费"——消费结构的相应变化。与出游距离、出游时间等一脉相承的是，度假人群出行所依赖的交通方式结构发生了变化。据资料显示，传统的高铁出行、飞机出行的比例正在收缩，自驾出行、城市公共交通出行的比例则变得非常高（约 80%）。此外，随着微度假的兴起，门票在度假人群消费中的占比已经降至 15% 以下，而餐饮和购物加起来的占比已经超过了 70%。

课堂讨论 1－2

问题：在许多新闻报道中，城市公园或者郊区的露营，似乎也经常被作为"微度假"的范例。这是否合适？为什么？

---

① 参见金准《微度假与旅游业新逻辑、新动能》，http://news.sohu.com/a/569553671_476087。

讨论要点：

（1）根据度假的定义以及对微度假的已有讨论，上述说法和做法是不严谨的。

（2）即便是微度假也依旧属于度假的范畴，在旅游情境下是指人们利用假日/假期外出，度过一段以休闲为主要目的和内容的时光，一般涉及过夜。

（3）虽然微度假涉及的时长、出行距离、消费结构等，与常规度假相比有所变化，但依旧涉及过夜。

（4）在许多新闻报道中，在城市公园或者郊区的露营一般不涉及过夜，不应被归为度假或者微度假。

二、"滑雪度假热"

滑雪度假其实是更广义的冰雪旅游的一种形态。冰雪旅游一般是指以冰雪资源为依托或作为旅游吸引物的旅游形式。冰雪资源则是指人类可利用的地球表面的积雪和积冰。因冰雪资源覆盖范围较广，冰雪旅游也是一个十分宽泛的概念，是以冰雪气候旅游资源为主要旅游吸引物，体验冰雪文化内涵的所有旅游活动形式的总称。冰雪旅游是一种极具参与性、体验性和刺激性的旅游产品。

总结起来，冰雪旅游主要包括观光类〔如冰雕（展）、冰灯（展/会）、冰瀑、雪雕（展）、冰挂雾凇、冰川等〕、运动休闲类〔如冰上竞技运动、雪上竞技运动、其他休闲运动类项目（如攀冰、冰上风火轮、登雪山等）〕、节庆类（如冰雪旅游节、冰雕艺术节、雪雕艺术博览会、冰灯节、冰瀑节、冰钓节等）、赛事类（如专业赛事）、游乐类（如冰雪游乐场）、演艺类（如冰雪文艺演出、冰上舞蹈、冰上体操、冰上模特秀等）等。

在旅游情境下，滑雪度假主要是指受滑雪资源和滑雪活动的吸引，前往滑雪度假区（地）度过一段假期的行为。在北京冬季奥运会成功申办（2015 年）和顺利举办（2022 年）的双重作用下，冰雪度假（包括滑雪度假）已经成为一种新兴的度假消费趋势。据《中国滑雪产业白皮书（2019 年度报告）》[①] 数据显示，2015 年至 2019 年，我国滑雪场（包括室内和室外）的数量从 568 个增长到 770 个，累计增长了 35.56%；滑雪人次从 1250 万人次增长到 2090 万人次，增长率为 67.20%。其中，目的地度假型滑雪场（12 家大型目的地滑雪场、8 家中型目的地滑雪场）的滑雪人次增幅（大型目的地滑雪场 31%、中型目的地滑雪场 22%）远远高于全国滑雪场滑雪人次增幅的平均水平（6%）。

近几年来，即使受到疫情的巨大冲击，目的地度假型滑雪场的数量和滑雪人次

---

① 伍斌：《中国滑雪产业白皮书（2019 年度报告）》，https://wenku.baidu.com/view/93d0af36c6da50e2524de518964bcf84b9d52dfe.html。

规模也都有所提升。《2021 中国滑雪产业白皮书》① 数据显示，2021—2022 年雪季财年（即 2021 年 5 月 1 日至 2022 年 4 月 30 日），处于营业或者间歇性营业的滑雪场有 692 家；其中，有 25 家属于典型的目的地型滑雪场，共有滑雪人次 309 万人次，占总滑雪人次的 14.37%。目的地型滑雪场的典型特征包括：过夜消费占比较大、客人平均停留时间在一天以上。

同步案例 1-2　　　冰雪游热度被"点燃"，滑雪场成为冬季度假目的地

人民网北京 2021 年 12 月 22 日电，距离北京冬奥会的到来还有一个多月的时间，冬奥会的"火种"让冰雪旅游"燃"了起来。记者从各大旅游企业了解到，滑雪场已经成为度假目的地，同时，"北雪南移"的趋势也逐渐明显，冰雪活动在南方不断"升温"。

一、冰雪游热度被"点燃"　滑雪场成为度假目的地

随着冬奥会进入倒计时，滑雪成为越来越多年轻人心中"当仁不让"的冬季必体验项目，中国消费者的滑雪需求也由欧洲、日韩转向国内。携程旅行数据显示，张家口、长白山、亚布力、松花湖、北大湖等集滑雪、度假为一体的滑雪场地备受欢迎，超过 30% 的一、二线城市游客选择在雪季来临前预订滑雪产品。

近些年，国内滑雪度假区配套设施日益完善，滑雪场不仅是运动场，已经发展成为度假目的地。去哪儿网数据显示，自 2021 年滑雪季开板后，四成以上游客住宿时间超过两晚，国内各大滑雪场周边酒店的平均入住价格为 401 元，比 2019 年同期贵了 20 元左右。

同时，"北雪南移"的趋势也逐渐明显，冰雪活动在南方不断"升温"，滑雪已不仅仅是北方人的专属。天眼查数据显示，我国目前有超过 6500 家滑雪相关企业，其中广东省有 500 家以上的滑雪相关企业，数量排名位居黑龙江、吉林和辽宁三省之前。此前，马蜂窝发布了 2021 冬季十大热门滑雪场，分别是松花湖滑雪场、亚布力滑雪场、云顶滑雪场、万龙滑雪场、西岭雪山滑雪场、云上草原星空滑雪场、神农架国际滑雪场、可可托海国际滑雪场、长白山万达国际滑雪场、广州融创滑雪场。其中，南方的滑雪场占据四席，兼具规模与特色的南方滑雪场，让南方人无需远行，在家门口就能享受到在雪中纵横飞驰的乐趣。

二、"酒店 +"微度假玩法迭代升级"南下避寒"受关注

除了冰雪，温泉这个"季节限定"元素的融入，正加速冬季旅游市场的持续升温。每逢冬季，低温天气催热了一批又一批温泉度假酒店和海岛度假酒店，"酒

---

① 伍斌：《2021 中国滑雪产业白皮书》，https://baijiahao. baidu. com/s?id = 1740125839779326644 &wfr = spider&for = pc。

店＋"微度假的玩法也在迭代升级。

现在的温泉度假酒店除了可以泡汤，还能兼顾室内休憩、疗养，室外赏景、运动，等多维度假需求，避寒仅仅是温泉度假酒店最基本的功能。书屋、茶室、咖啡馆、私人影院、露营营地等配置的加入，拉高了游客的期待值，周末或小长假去温泉酒店度假正引领着一股新潮流。同程旅行数据显示，广州、北京、南京、成都、重庆等地的主要温泉度假区位居全国前列。其中，广东、江苏等省份不仅拥有丰富的温泉资源，而且对温泉养生文化的社会认知度较高。部分具有资源优势和品牌影响力的温泉度假目的地，不仅仅受到本地居民的热捧，对于跨地区旅行者也具有较大的刺激作用，带动了周围省份温泉度假消费。

除此之外，气候宜人、温暖如春的一些南方城市在冬季也充满了吸引力，游客对于"南下避寒"的旅游产品也展现了高度关注，海岛度假酒店成为避寒旅游的一大热选，"海岛度假酒店＋当地玩乐"的产品组合让游客得以收获双倍的快乐。途牛旅游网相关负责人表示，"酒店＋"度假模式突破了酒店单品的局限性，在一定程度上补偿了游客暂缓远游的缺憾。基于市场现状，这类酒店有望在元旦前后迎来出游高峰。

三、体育旅游市场潜力逐渐显露 玩法日趋多样

在北京冬奥会的影响下，更广泛的体育旅游市场潜力也在逐渐显露。携程旅行数据显示，2021年上半年，徒步登山、露营、水上运动、骑行等户外运动旅游的人次相较去年同比增长110%。马蜂窝中体育相关内容占总内容比例较2020年同期上涨近49%。周末用一场体育运动来释放工作压力，结交同好，甚至"为一项运动，赴一座城"在年轻人当中已蔚然成风。

疫情之后人们对健康生活方式的重视，也使得徒步、爬山、马拉松等既锻炼身体又贴近自然的项目收获了越来越多的关注。除了传统运动，还有更多年轻人把目光投向了深潜、冲浪、跳伞等新兴体育项目，在玩法上也日趋多样。

马蜂窝联合创始人、CEO陈罡表示："旅游市场的业态已经从单一的门票经济和观光经济，走向了体验经济和个性经济，旅游业态正在不断更新迭代，文旅融合是大势所趋。文旅产业格局发生变化，主力消费群体更加年轻、消费水平更高、消费场景越发个性化，旅游服务者要洞察游客的偏好，推动供应链提供精准的个性化产品与服务。"

（资料来源，刘佳：《冰雪游热度被"点燃"，滑雪场成为冬季度假目的地》，https://www.sohu.com/a/510627483_120578424，有删节、补充。）

三、"一站式度假"

"一站式度假"也并非严谨的学术概念。在旅游行业，它是指度假人群主要或

只在一个地方或一个区域（度假区）内停留的度假形式。"一站式度假"可以有效避免"每天换酒店""每天赶行程"的困扰和疲惫，让度假人群能够在心仪、满意的度假区域轻松、无忧无虑地停留，实现 vacation（假期）和 stay（驻留）的结合——staycation。

举例来说，Club Med（地中海俱乐部）的一价全包以及主打亲子游的度假村模式符合当下休闲度假人群的上述需求。Club Med 开创了以家庭为中心的一价全包休闲度假服务。度假人群只需在预定时支付一笔费用，便可开启一段"无忧之旅"。游客从到达目的地开始，便有工作人员接送至度假区，在度假区内可以自在地放松享受，吃、住、娱都无需再支付费用。拥有专门的儿童娱乐项目也是 Club Med 的重要特色之一。针对 2～17 岁之间不同年龄的孩子，Club Med 的度假村提供适宜的娱乐项目及课程，在让家长充分享受轻松愉悦的度假体验的同时，让孩子也能乐在其中。如亚特兰蒂斯旨在打造高端一站式度假区，符合了当前旅游消费品质升级的趋势。

号称"一站式综合旅游度假目的地"的亚特兰蒂斯，位于三亚市海棠湾，集度假酒店、水世界、水族馆、餐饮、娱乐、购物、演艺、国际会展多种业态于一体，为度假游客提供一站式度假服务，在园区内游客即可从早玩到晚。针对儿童，园区也设有面积达 800 平方米的迷你营，提供各式各样的家庭娱乐设施，包含 4D 电影院、小小赛车手、儿童手工艺制作区、充气城堡等项目，让小朋友也能乐在其中。公司公告显示，2021 年上半年，到访三亚亚特兰蒂斯的客户数达 260 万人次，同比增长 92.7%；客房平均每日房价增长 43.0%，入住率达 79.9%，同比增长 34.8%。以上数据说明，亚特兰蒂斯在疫情后恢复情况良好，验证了高端一站式度假型目的地（目的地型度假区）符合当下旅游市场需求。[①]

| 同步案例 1-3 | 乌村：一价全包的精品民宿度假模式 |

今天为大家带来的乡村振兴产业案例，是以"乌村"为代表的"一价全包精品民宿度假模式"。

一、地理坐标

位于浙江省嘉兴市桐乡市乌镇国家 5A 级景区，距乌镇西栅 500 米，紧靠京杭大运河，总面积 450 亩[②]。

---

① 参见雷慧华《旅游景区行业研究：长期休闲度假升级趋势不改》，https://baijiahao.baidu.com/s?id=1724700119685710181&wfr=spider&for=pc。

② 1 亩≈666.67 平方米。

二、村庄规模

村庄占地总面积450亩，原有60多户人家，300多名村民。

三、开发主体

乌村由以陈向宏为首的古镇联盟景区咨询公司规划、设计和管理，由乌镇旅游股份有限公司进行投资管理。

四、开发理念

借鉴了Club Med的"一价全包"国际度假理念，按照"体验式的精品农庄"定位进行开发，强调在对乡村原有肌理进行系统保护的基础上，营造具有典型江南水乡农耕文化传统生活氛围、适应现代人休闲度假的"乌托邦"。围绕江南农耕村特点，导入酒店、餐饮、娱乐、休闲、亲子、农耕活动等配套服务设施，乌村定位为高端乡村旅游度假区，与西栅历史街区联袂互补。

五、获得荣誉

浙江省2016年度乡村旅游示范乡（镇）。

六、产业规划

围绕江南农耕村落特点，布局精品农副种植加工区、农事活动体验区、知青文化区、船文化区四大板块，完善"食住行游购娱"等旅游接待服务设施，与西栅景区联袂互补，成为乌镇目的地的新型旅游度假目的地景区。

（一）美食

（1）一小时蔬菜：乡土味中晚餐，采用健康的"一小时蔬菜"，严格按照"当餐到达，当餐使用"的原则，形成"从采摘到上菜一小时"的特色。

（2）纯正西餐：红酒和各色鸡尾酒配以牛排、意大利面。

（3）江南甜品：红豆糊、桃胶鸡头米、桂花年糕、鹅头颈、青团、猫耳朵……

（二）住宿

乌村将住宿细分为不同组团单元，分别是渔家、磨坊、酒巷、竹屋、米仓、桃园及知青年代，组团的名称与主题定位来源于村庄以前的生产小队。目前，共有客房186间。例如，渔家组团就是以公社化时期当地渔业生产小队的生活元素为主题而命名的。

（三）游玩

（1）每日提供蔬菜采摘、农耕深度体验、各类农事活动、童玩天地、手工DIY等丰富的休闲体验活动。

（2）在新建的活动中心、青墩、乌墩、码头等重点区域定期提供演艺、酒吧休闲、帐篷露营等活动。

七、运作模式

（1）一价全包的套餐式体验模式：颠覆传统经营模式，乌村引入国际领先的一价全包套餐式体验模式，打造了中国首个融"食住行游购娱"活动为一体的一站式的乡村休闲度假项目，即打包食住行和30多项免费体验项目集中销售。依托景区独特优势资源，将全村封闭起来，通过高门票限制人流，游客只需一张门票，即能享受全部服务。

（2）乌村运营的另一大特色CCO，即首席礼宾官：乌村CCO，即为游客提供面对面的近距离综合服务，提升游客的旅游体验，集景区导游和活动指导参与等服务为一身的首席礼宾官。按照现有活动内容，乌村CCO的特色服务主要以引导游客体验民俗活动为主。

（资料来源，为村智库：《乌村：一价全包的精品民宿度假模式》，https://xw. qq. com/cm-sid/20220616A0AHIW00?pgv_ref = amp。）

本章小结

（1）在旅游（一种前往异地并返回客源地的出于愉悦目的的旅行）情境下，度假是指利用假日/假期外出，以休闲（而非工作）为主要目的和内容，进行令精神和身体放松的康体休闲方式。

（2）《旅游度假区等级划分》（GB/T 26358—2022）所限定的旅游度假区（tourist resort）是以提供住宿、餐饮、购物、康养、休闲、娱乐等度假旅游服务为主要功能，有明确空间边界和独立管理运营机构的集聚区。这一界定凸显了对旅游度假区功能、空间边界和管理机构的要求。

（3）本书所覆盖的度假区，既包括纳入国家标准认定范围的国家级旅游度假区、省级旅游度假区，也包括规模较小或尚未进入官方认定范围的度假区（度假村），但不包括单体度假酒店。

（4）国内度假旅游消费的发展趋势包括"微度假""滑雪度假热"和"一站式度假"。这些趋势并非疫情之后才出现的，疫情只是加速了这些趋势的出现和凸显。

思考题

（1）比较度假区、度假地、度假村、度假小镇、度假目的地、目的地型度假区等概念之间的异同，并举例说明。

（2）举例说明"微度假""滑雪度假热"和"一站式度假"等度假消费新趋势之间是什么关系？

案例分析

旅居成为新趋势，度假区该如何转型升级?[①]

如何抢抓后疫情时代旅游业发展新机遇，推动度假区快速转型升级，走向资金密集、智力密集、人才密集、全面创新，有效提升市场竞争力? 2022 年 8 月 6 日，在江苏省宜兴市举行的 2022 度假区文之旅发展论坛上，来自中国旅游协会、长三角一体化旅游联盟、江苏省旅游协会、江苏省文化产业学会、江苏品牌策略研究中心，以及高校院所和文旅企业代表，重点围绕旅居度假模式、发展趋势、存在问题、未来发展方向等话题，进行了深入交流与探讨，达成了多方面的共识。

一、观光旅游与休闲度假有区别

在世界旅游城市联合会首席专家、中国旅游协会休闲度假分会会长魏小安看来，随着中国经济社会高速发展，在新时代的浪潮下，人民对旅游的需求已经从简单的观光上升到生活的体验。当前，在政府主导下，休闲度假的排浪式消费已经开始，而单一的观光旅游正在淡化，这是度假区转型升级的一个发展机遇。

"从休闲度假需求到休闲度假产业，现在已经培育出来。"魏小安说，国家级旅游度假区有 45 个，省级有上千个; 大体上，观光旅游占总体市场的 30%、休闲度假占 50%，剩下的 15% 是商务旅游，5% 为特种旅游。

专家指出，此次会上提出的旅居，这是一个新的概念和未来产业方向。旅游和度假都是超越日常生活的，是一种异质化的生活和体验。旅游是动，度假是静; 旅游是丰富眼界，度假是丰富内心，实质上是完全不同的事。我国旅游产业经过几十年发展，已从规模时代到质量时代，在不经意间，如今休闲度假的产业规模已经形成，但是现在大家更高的要求是对质量的要求。

专家还认为，中国旅游已发生了结构性的变化，而旅游产品也正处于结构性的调整之中，度假成为重中之重，不同的客人对不同的产品，更是有着不同的主体诉求。这就要重构产业体系，要加快补齐文化短板和品牌影响力的不足，让文创、活动更好地支撑起产业。

二、加快以旅居为中心的度假区转型升级

专家介绍，所谓度假区，就是以度假为主体诉求，超越日常生活的区域，区域面积不应该太小，否则不应该叫度假区。而黏性强、停留时间长、回头率高，这正是度假区的一个普遍现象。环境、气候、区位、设施，是建设度假区的"四要素"。宜兴地处苏浙皖三省交界、沪宁杭几何中心，拥有得天独厚的生态禀赋，素有"阳羡山水甲江南"的美誉; 同时还拥有厚重的文化底蕴，其"中国陶都""书

---

① 资料来源，柳鑫、过国忠:《旅居成为新趋势，度假区该如何转型升级?》，http://www.stdaily.com/index/kejixinwen/202208/49312defc8194522ae9d7523501096af. shtml。

画之乡""教授之乡"声名远播。自然生态与文脉传承的完美结合，使得宜兴具备了发展文旅产业的独特优势。

宜兴市委常委、阳羡生态旅游度假区党工委书记任飞介绍，多年来，宜兴致力于打造长三角最美"后花园"。而阳羡生态旅游度假区是宜兴旅游资源最丰富、生态资源最优越、文化底蕴最深厚的板块。2021年以来，宜兴市委、市政府先后委托度假区管理宜南山区的张渚、湖㳇、西渚、太华4个镇，实行"经济发展、组织人事、规划建设、财政管理"一体化运行，为度假区赋权赋能，推动旅游产业做强做大、带动整个宜南山区转型发展，形成了"一区四镇"发展格局。

如今，阳羡生态旅游建成了全域覆盖的"美丽乡村连片示范带"，不断探索、创新、丰富的文旅活动，让度假区日益成为旅游业态多样、内涵文化多元、有着多种生活延展性的旅游目的地，让度假区在后疫情时代的旅居度假大潮中占据先机。目前，在建文旅项目有15个，总投资超过450亿元。

"心安，旅居新选择。"这是在论坛上，宜兴阳羡生态旅游度假区发布的最新宣传语。这标志着宜兴在度假区转型发展的新理念上，将融合优美的生态环境和深厚的文化底蕴，以打造旅居目的地为目标，让游客慢下来、静下来，欣赏不一样的风景，了解不同的风情，感受不一样的文化，体验不一样的人生，从而让宜兴真正成为游客的心安旅居之处。任飞认为，旅居会成为后疫情时代旅游业发力的主战场，宜兴阳羡生态旅游度假区要充分发挥雅达、窑湖小镇等头部项目的拉动作用，构建成熟健全的文旅产业体系，全力打造世界知名、全国一流的生态旅游度假区。

"阳羡生态旅游度假区作为'集大成者'，坚定不移地将文旅产业作为主导产业来培育，通过整合资源、打造品牌、丰富业态等一系列举措，文旅产业发展势头正盛。下一步，我们将坚持以文塑旅、以旅彰文，更好推动文旅产业融合发展，开创文旅产业更加美好的未来。"宜兴市委副书记、市长胡小坚表示。

案例分析题：
结合上述案例，思考观光、休闲、度假、旅居以及度假区之间的关系。

第二章　度假区类型

【学习目标】

1. 掌握各类度假区的划分指标。
2. 掌握各类度假区的主要特征。
3. 了解各类度假区的典型代表。

2022 年部分省、自治区、直辖市旅游度假区开发建设与管理情况

一、江苏高质量推进旅游度假区建设

为高质量推进旅游度假区建设，江苏省政府办公厅印发《江苏省省级旅游度假区管理办法》（以下简称《办法》），2022 年 7 月 11 日，江苏省文化和旅游厅相关负责人对《办法》进行解读。

近年来，在疫情影响下旅游业态发生较大改变，"微度假""微旅游"逐渐被人们接受并成为出游趋势。旅游度假区，是集聚多元旅游产业的度假休闲旅游目的地，是最适合游客度假需求的目的地载体。

…………

记者了解到，此次《办法》还对省级旅游度假区的建设提出明确要求——投资经营者可通过出让、租赁、作价入股等有偿使用方式依法取得土地使用权，并按照规定的用途、期限使用。度假区可以且应依托各地优质旅游度假资源与环境，建设山地、河湖、湿地、温泉、海滨、森林、古城、古镇、乡村、文化、科技、康养、体育等类型多样的旅游度假区。鼓励省级旅游度假区采用多种市场机制和投融资方式，盘活存量，做好增量。

（资料来源，付奇：《管理升级！江苏对 55 家省级旅游度假区"动态会诊"》，https://baijiahao. baidu. com/s?id = 1738055637177815928&wfr = spider&for = pc，有删节。）

二、浙江新增 5 个省级旅游度假区，有你家乡的吗？

最近，记者从浙江省文化和旅游厅获悉，又有 5 个省级旅游度假区被批复

设立。它们分别是浙江宁波湾省级旅游度假区、宁波杭州湾省级旅游度假区、永嘉云岭山地温泉省级旅游度假区、衢州灵鹫山省级旅游度假区、江山江郎山省级旅游度假区。至此，浙江省省级以上旅游度假区已达 57 个。

下面，一起来看看最新设立的 5 个省级旅游度假区吧！

浙江宁波湾省级旅游度假区地处象山港湾中部的奉化滨海，规划总面积为 25.28 平方千米。该度假区以"康养旅居城、运动大景区"为功能定位，致力于打造集"运动旅游、文化体验、海洋观光、赛事研学、休闲度假、商业娱乐"等功能于一体的文体旅综合体和海湾特色度假区。

宁波杭州湾省级旅游度假区总面积为 8.5 平方千米，地处长江三角洲的几何中心，交通便利，旅游资源独特，拥有湿地、温泉、海洋等丰富的自然资源。该度假区内基础设施完善，能够满足游客"吃、住、行、游、购、娱"多方面需求，是理想的休闲度假胜地。

永嘉云岭山地温泉省级旅游度假区总规划面积为 43.7 平方千米，以云岭乡之"云岭"为意境，以海拔 500 米以上"高山温泉"为特色，衍生系列"云居度假生活"主题化业态，构建五位一体型山地度假新空间，打造融"文化体验·温泉养生·山地度假·诗意云居"于一体的特色省级旅游度假区。

衢州灵鹫山省级旅游度假区位于衢州市柯城区九华乡，规划面积为 13.16 平方千米。该度假区以灵鹫山良好的山水原乡本底为依托，以文化为内涵，以生态资源为底色，以山地运动为亮色，以旅居度假为特色，以亲水休闲为增色，打造浙江省一流山地旅游度假区，争创省级运动休闲产业发展带动共同富裕示范区。

江山江郎山省级旅游度假区紧临中国丹霞世界自然遗产、国家 5A 级旅游景区江郎山景区，区位优势明显。该度假区拥有得天独厚的自然地理环境和众多文化资源，致力于打造集运动健身、田园康养、休闲度假、生态观光为一体的全国一流综合旅游度假目的地。

（资料来源，陆遥：《管理升级！浙江新增 5 个省级旅游度假区，有你家乡的吗？》，https://baijiahao.baidu.com/s?id=1730419133443119226&wfr=spider&for=pc。）

三、上海乐高乐园度假区项目正式复工，计划于 2024 年正式开园

新民晚报讯（记者 屠瑜）2022 年 5 月 25 日上午，在统筹兼顾疫情防控和安全生产的前提下，位于金山区的上海乐高乐园度假区项目正式复工，成为金山区内重大项目复工的引领者。

…………

上海乐高乐园度假区是专为 2～12 岁亲子家庭打造的乐高主题乐园暨乐高主题度假酒店的旅游综合目的地。该度假区由默林娱乐集团运营，计划于 2024 年正式开园。建成后的乐高乐园度假区将由乐高主题乐园以及一座配套主题度假酒店组成，园内共有八大主题片区。乐高主题乐园将融合全球乐高乐园热门游玩项目和中国传统文化、海派特色以及江南元素，为游客提供独一无二的沉浸式亲子主题乐园游玩体验。

（资料来源，屠瑜：《上海乐高乐园度假区项目正式复工，计划于 2024 年正式开园》，https://baijiahao.baidu.com/s?id＝1733773987166821265&wfr＝spider&for＝pc，有删节。）

四、广东公布第二批省级旅游度假区

近日，广东省文化和旅游厅公布第二批省级旅游度假区名单，共有 7 家单位入选。

根据综合审核和评定，梅州市雁洋国际慢城旅游度假区、江门市恩平泉林黄金小镇休闲旅游度假区、江门市台山市川岛旅游度假区、阳江市海陵岛十里银滩旅游度假区、湛江市鼎龙湾国际海洋度假区、茂名市南海博贺滨海旅游度假区、潮州市潮州古城文化旅游度假区 7 家度假区被评定为第二批广东省级旅游度假区。

据了解，首批 6 家广东省级旅游度假区于 2019 年 12 月公布。目前，全省共有 13 家省级旅游度假区。其中，文化类型度假区 3 家，滨海旅游类度假区 4 家，主题乐园类度假区 2 家，温泉休闲类度假区 2 家，生态类度假区 1 家，休闲类度假区 1 家。

据了解，此次新增的 7 家省级旅游度假区中，滨海旅游度假区占据 4 席，凸显了广东的滨海旅游优势，"黄金海岸"已发展成为广东旅游的四大品牌之一。其中，有 3 家度假区位于粤西地区，可见粤西滨海旅游发展速度快、质量高、业态丰富。

（资料来源，陈熠瑶：《广东公布第二批省级旅游度假区》，https://www.mct.gov.cn/whzx/qgwhxxlb/gd/202101/t20210113_920719.htm。）

五、湖南将添 2 家省级旅游度假区，慈利县榜上有名

2022 年 7 月 13 日，湖南省文化和旅游厅发布公示，经有关市文化和旅游行政部门推荐，省文化和旅游厅按程序组织评定，张家界市慈利索水河旅游度假区、张家界七星山旅游度假区 2 家单位达到省级旅游度假区标准要求，拟确定为省级旅游度假区。

（资料来源，贺杰：《湖南将添 2 家省级旅游度假区，慈利县榜上有名！》，https://www.thepaper.cn/newsDetail_forward_19046049。）

六、内蒙古文旅厅认定阿尔山旅游度假区为自治区级旅游度假区

央广网北京 2022 年 5 月 19 日消息 据内蒙古自治区文化和旅游厅消息，日前，内蒙古自治区文化和旅游厅开展了自治区级旅游度假区评定工作。经材料审核、专家评审和自治区文化和旅游厅 2022 年第 15 次党组会议研究，并向社会公示无异议，认定阿尔山旅游度假区为自治区级旅游度假区，现予以公告。

（资料来源，央广网：《内蒙古文旅厅认定阿尔山旅游度假区为自治区级旅游度假区》，https://baijiahao.baidu.com/s?id=1733248240601474615&wfr=spider&for=pc。）

从上述案例不难发现，第一，度假区在规模上是有大小之别的。例如，浙江省永嘉县的云岭山地温泉省级旅游度假区的总规划面积为 43.7 平方千米，而同省的宁波杭州湾省级旅游度假区的总面积仅为 8.5 平方千米。第二，度假区有空间集聚意义上的单体与综合之分。实际上，有些度假设施聚集区自成体系，且周边不存在类似的度假设施聚集区，亦即，某些度假区从地理关系上看，相对比较"孤立"，例如，在建的上海乐高乐园度假区；而某些度假区则聚集了更多的吸引物、度假设施和配套设施，在功能上更加综合，且在空间上更加聚集，例如，浙江宁波湾省级旅游度假区。第三，度假区在经营主体上存在差别。具体来说，有些度假区是由某个经营主体独自运营的，例如，上海乐高乐园度假区由默林娱乐集团运营；有些度假区则吸纳众多的投资和运营主体，例如，江苏省鼓励省级旅游度假区采用多种市场机制和投融资方式，盘活存量、做好增量。第四，度假区有目的地型和过境地型（依附型）之分。具体而言，某些度假区需要，或者至少在某些特定阶段需要依附于周边的旅游吸引物（景区）或其他度假区，难以有独立的吸引力。例如，浙江省江山市的江郎山省级旅游度假区紧临中国丹霞世界自然遗产、国家 5A 级旅游景区——江郎山景区，在短时间内可能需要依靠江郎山景区的客源，尚难以成为具备独立吸引力的度假区。第五，任何一个度假区实际上都有核心的旅游资源本底或吸引力依托。例如，江苏省政府出台的《办法》鼓励度假区可以且应依托各地优质旅游度假资源与环境，建设山地、河湖、湿地、温泉、海滨、森林、古城、古镇、乡村、文化、科技、康养、体育等类型多样的旅游度假区。

因此，任何一个度假区实际上可以依据不同的划分指标被归为不同的类别。这些划分指标包括：规模（面积大小）、地理（空间）关系、独立/主导吸引力（是否构成目的地）、经营主体（独营或多主体联合）、资源禀赋（所依托的资源）等。基于这些指标，本章对度假区做出了如下类型划分。但需要重点说明的是，所谓的类型划分，往往都是出于研究和学习之便利的"事后行为"或是理想类型。同一个度假区，因分类指标的差异，肯定会被归为不同类型。同时，因度假区本身属性的复杂性和日新月异的变化，一些度假区其实是难以归类的。

第一节　按规模划分

依据规模（面积大小），度假区可以被划分成超大型旅游度假区、大型旅游度假区、中型旅游度假区和小型旅游度假区四类。

一、超大型旅游度假区

超大型旅游度假区是指面积（在实际情况中，各度假区可能使用"规划面积""总面积""占地面积"等不同的表述）超级大的度假区。但面积多大才能被称为"超大"，这是因地制宜或者因人而异的。本书结合世界各地主要旅游度假区的占地面积情况和新旧两版《旅游度假区等级划分》（GB/T 26358—2022、GB/T 26358—2010），将面积超过 30 平方千米的度假区划分为超大型旅游度假区。依据这一指标，位于美国佛罗里达州的华特迪士尼世界度假区（Walt Disney World Resort）和位于中国海南三亚的海棠湾国际休闲度假区都是典型代表。沃特迪士尼世界度假区包括 4 家主题公园、2 家水上乐园、27 家主题度假酒店、9 家非迪士尼酒店、若干高尔夫球场、1 家露营度假地，以及其他若干娱乐设施和购物场所［例如，"迪士尼之泉"（Disney Springs）］等，占地 25000 英亩①。定位为国家海岸的海棠湾的规划用地面积则超过 100 平方千米（最新的规划面积为 112.72 平方千米），预计建设超过 35 家国际一流度假酒店。截至 2020 年底，已经有 19 家国际知名的度假酒店在海棠湾国际休闲度假区开业。

二、大型旅游度假区

大型旅游度假区是指面积在 8～30 平方千米之间的度假区。之所以选择 8 平方千米这一指标是因为，2010 年版的国家标准《旅游度假区等级划分》（GB/T 26358—2010）规定，面积在 8 平方千米以上才能申报国家级旅游度假区［在新版国标（GB/T 26358—2022）中，这一指标降至 5 平方千米］。国外典型的案例有全球知名的墨西哥坎昆的酒店区（Hotel Zone，Cancún in Mexico），它长约 24 千米、宽不超过 400 米，占地面积约 10 平方千米。国内的典型案例有长白山旅游度假区，它位于吉林省白山市抚松县松江河镇、长白山西麓，是万达集团投资 230 亿元打造

---

①　1 英亩＝0.004047 平方千米。

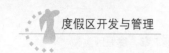

的中国高端山地度假体验地。该度假区集滑雪、山地度假、高端酒店群、度假小镇、娱乐、温泉于一体，满足度假需求。2015 年，长白山旅游度假区被原国家旅游局评为首批国家级旅游度假区。实际上，如表 2 - 1 所示，许多国家级旅游度假区的面积都在 8 ～ 30 平方千米之间，例如，汤山温泉旅游度假区（规划面积为29.74 平方千米）、天目湖旅游度假区（总体规划面积为 10.67 平方千米）、上饶市三清山金沙旅游度假区（总面积约 27.93 平方千米）等。

三、中型旅游度假区

中型旅游度假区是指面积在 3 ～ 8 平方千米之间的度假区。之所以选择 3 平方千米这一指标是因为，2022 年版的国家标准《旅游度假区等级划分》（GB/T 26358—2022）规定，面积在 3 平方千米以上才能申报省级旅游度假区［在旧版国标（GB/T 26358—2010）中，这一指标为 5 平方千米］。典型的案例有上海迪士尼度假区、广州长隆旅游度假区等。上海迪士尼度假区（Shanghai Disney Resort）占地 3.9 平方千米，包括上海迪士尼乐园、迪士尼小镇和 2 家带有主题风格的酒店，是中国内地第一座迪士尼度假区，也是继美国加州迪士尼乐园度假区、美国奥兰多华特迪士尼世界度假区、日本东京迪士尼度假区、法国巴黎迪士尼乐园度假区和中国香港迪士尼乐园度假区之后，全球第六个迪士尼度假区。广州长隆旅游度假区（Chimelong Tourist Resort）是综合性主题旅游度假区，总占地面积 1 万亩（约 6.67 平方千米），集旅游景区、酒店餐饮、娱乐休闲于一体，拥有长隆欢乐世界、长隆国际大马戏、长隆野生动物世界、长隆水上乐园、长隆飞鸟乐园、长隆酒店、长隆香江酒店、长隆高尔夫练习中心等设施。

四、小型旅游度假区

小型旅游度假区是指面积小于 3 平方千米的度假区。典型的案例有香港迪士尼乐园度假区、珠海长隆国际海洋度假区。香港迪士尼乐园度假区（Hong Kong Disneyland Resort）位于中国香港特别行政区新界的大屿山，占地 126 公顷①，于 2005年 9 月 12 日正式开幕，由香港特别行政区政府和华特迪士尼公司联合经营的香港国际主题乐园有限公司建设及运营，是全球第五座、亚洲第二座、中国第一座迪士尼乐园。珠海长隆国际海洋度假区，占地 132 公顷，位于广东省珠海市横琴新区，是集主题公园、豪华酒店、商务会展、旅游购物、体育休闲于一体的超级旅游度假区，同时也是大型海洋主题旅游度假区。

---

① 1 公顷 = 0.01 平方千米。

课堂讨论 2 - 1

问题：超大型旅游度假区、大型旅游度假区、中型旅游度假区和小型旅游度假区这四类旅游度假区，在主题或者所依托资源方面，分别有什么特征？

讨论要点：

（1）度假区的规模划分依据其所占面积。依照面积，度假区可以分为超大型旅游度假区、大型旅游度假区、中型旅游度假区和小型旅游度假区。

（2）度假区的规模和资源依托（主题）没有必然的对应关系。但是，因为占地面积、实际用地面积等原因，度假区的规模越大，其实际占地面积和实际用地面积也更大，越可能分布在非城市区域或远离城市的区域，且以自然资源（非人造资源）为主要依托。例如，海南三亚海棠湾这一超大型旅游度假区依托滨海资源，吉林长白山滑雪度假区则依托滑雪和山地资源，而位于大城市郊区或周边的主题公园依托型度假区多为中型（例如，广州长隆）和小型旅游度假区（例如，香港迪士尼）。

知识链接 2 - 1　　　　　　　　　63 家国家级旅游度假区的面积

正如本书第三章即将阐述的，国家级旅游度假区是指符合国家标准《旅游度假区等级划分》（GB/T 26358）的相关要求，经文化和旅游部（含原国家旅游局）认定的旅游度假区。1992 年起，国务院陆续公布了 12 家国家旅游度假区，它们以引进外资为主，即"国际经验中国做法"，且是"先批后建"。与之不同的是，国家级旅游度假区更注重度假旅游目的地建设，即度假区建设必须建立在对度假旅游市场进行充分调研的基础上，准确定位、科学规划、合理布局，注重软开发，适度硬开发，同时更注重"供给侧"的旅游项目开发。截至 2023 年 10 月，我国共有国家级旅游度假区 63 家，但规模不一，它们的面积（包括"规划面积""总面积"等各种表述）如表 2 - 1 所示。

表 2 - 1　63 家国家级旅游度假区的面积

省份	度假区名称	关于面积的表述
吉林	长白山旅游度假区	长白山国际旅游度假区……，占地 21 平方千米
江苏	南京汤山温泉旅游度假区	汤山温泉旅游度假区位于南京市江宁区汤山街道，规划面积为 29.74 平方千米
江苏	天目湖旅游度假区	天目湖旅游度假区总体规划面积为 10.67 平方千米（不包括水域面积 7.25 平方千米）

续表 2 - 1

省份	度假区名称	关于面积的表述
江苏	苏州阳澄湖半岛旅游度假区	阳澄湖半岛旅游度假区……，区域总面积为 24.39 平方千米，含内湖水域面积 9 平方千米
浙江	宁波东钱湖旅游度假区	2001 年 8 月，宁波市委、市政府做出加快东钱湖地区开发建设的重大决策，把包括鄞州区东钱湖镇、天童寺、阿育王寺、天童森林公园等地在内的约 230 平方千米确定为东钱湖旅游度假区规划范围
浙江	湖州太湖旅游度假区	湖州太湖旅游度假区位于湖州市区北部、太湖南岸，……行政区划总面积为 55.3 平方千米（并拥有 300 平方千米太湖水域的开发利用权）
浙江	浙江湘湖旅游度假区	湘湖旅游度假区于 1995 年经浙江省人民政府批准设立，规划面积为 51.7 平方千米
山东	凤凰岛旅游度假区	凤凰岛旅游度假区……，1995 年经山东省人民政府批准设立为省级旅游度假区，2005 年更名为凤凰岛旅游度假区。总面积约 27.2 平方千米，规划陆地面积 9.8 平方千米
山东	海阳旅游度假区	海阳旅游度假区……，总面积为 13.36 平方千米，二期规划面积为 18.28 平方千米，西扩控制面积为 45.5 平方千米
浙江	安吉灵峰旅游度假区	灵峰度假区方圆 84 平方千米，下辖灵峰村、横山坞村、剑山村、大竹园村、霞泉村、碧门村、城南社区、浒溪社区 8 个行政村（社区）
山东	蓬莱旅游度假区	蓬莱旅游度假区位于烟台市蓬莱区北海滨旅游区内，北部濒临渤海、黄海，与长山列岛隔海相望，核心区面积约 19 平方千米
安徽	巢湖半汤温泉养生度假区	巢湖半汤温泉养生度假区总规划面积为 43.4 平方千米，以四大古温泉之一"半汤温泉"为依托
西藏	鲁朗小镇旅游度假区	鲁朗小镇旅游度假区位于西藏自治区林芝鲁朗镇，是由广东省援建的重点旅游开发项目。占地面积为 70 公顷（0.7 平方千米）
广东	河源巴伐利亚庄园	巴伐利亚庄园位于广东省河源市源城区，占山地约 10.4 平方千米，建设用地约 4770 亩，总建筑面积约 351 万平方米

续表 2 - 1

省份	度假区名称	关于面积的表述
广西	桂林阳朔遇龙河旅游度假区	遇龙河旅游度假区位于阳朔县中西部，总面积为 86 平方千米（其中核心区面积为 30 平方千米），涉及阳朔镇、白沙镇、高田镇、金宝乡 4 个乡镇 7 个村委 64 个自然村 2.4 万人
四川	成都天府青城康养休闲旅游度假区	天府青城康养休闲旅游度假区位于三大世界遗产所在地都江堰市，扼守四川旅游黄金线枢纽，面积约 33 平方千米
云南	玉溪抚仙湖旅游度假区	抚仙湖旅游度假区区位优势明显，自然资源、文化旅游资源丰富。其核心资源抚仙湖，水域面积为 216 平方千米，湖岸线 108 千米
河北	崇礼冰雪旅游度假区	不详
黑龙江	亚布力滑雪旅游度假区	亚布力滑雪旅游度假区由具有国际标准的高山竞技滑雪区和旅游滑雪区两大部分组成，占地面积为 22.55 平方千米
四川	峨眉山峨秀湖旅游度假区	峨秀湖旅游度假区位于峨眉山市区，紧临峨眉山 5A 级风景区，内有成绵乐城际铁路峨眉山站，面积为 5 平方千米，核心景区为 1.2 平方千米，其中，水域面积为 0.7 平方千米
浙江	德清莫干山国际旅游度假区	莫干山国际旅游度假区位于浙江省湖州市德清县西部的莫干山地区，由庾村集镇和劳岭村、五四村等 10 个行政村组成，区域面积为 58.77 平方千米
江西	上饶市三清山金沙旅游度假区	三清山金沙旅游度假区位于江西省玉山县与德兴市的交接，有四季分明、春秋漫长、夏季凉爽、冬季雪漫群峰的特点。度假区总面积约 27.93 平方千米
湖南	常德柳叶湖旅游度假区	柳叶湖旅游度假区位于常德市区东北角，……南距长沙约 149 千米、西距张家界 126 千米，总面积为 169 平方千米
河南	尧山温泉旅游度假区	不详
湖北	武当太极湖旅游度假区	武当太极湖旅游度假区是湖北省首个国家级旅游度假区，位于鄂西北十堰市境内、武当山风景区北麓，规划面积为 60 平方千米，其中水域面积为 14.8 平方千米
湖南	灰汤温泉旅游度假区	灰汤温泉旅游度假区地处县境西南部、宁乡县与湘乡市交界处，位于中国著名的长沙—花明楼—韶山这一红色旅游线上，与周边城镇长沙、湘潭、娄底、益阳等皆在一小时经济圈内，总面积为 44.1 平方千米

续表2-1

省份	度假区名称	关于面积的表述
广东	深圳东部华侨城旅游度假区	东部华侨城坐落于广东省深圳大梅沙，占地近9平方千米
重庆	仙女山旅游度假区	仙女山旅游度假区规划范围为68平方千米，规划建设面积为16.36平方千米，建成区已达15平方千米
四川	邛海旅游度假区	不详
云南	阳宗海旅游度假区	不详
云南	西双版纳旅游度假区	西双版纳旅游度假区位于西双版纳州府景洪市南郊，北至景洪城市建成区、南抵规划中的绕城公路214线、东到澜沧江边、西接嘎洒镇，总面积为49.4平方千米
海南	亚龙湾旅游度假区	亚龙湾旅游度假区规划面积为18.6平方千米
江苏	宜兴阳羡生态旅游度假区	阳羡生态旅游度假区位于宜兴南部山区，区域面积为460平方千米，约占宜兴市域面积的23%
江西	宜春市明月山温汤旅游度假区	明月山温汤旅游度假区位于中国优秀旅游城市——江西省宜春市城南15千米处，总面积为13.6平方千米
贵州	赤水河谷旅游度假区	赤水河谷旅游度假区面积为208平方千米，以赤水河为纽带，两端连接着贵州茅台和赤水丹霞两大世界级品牌
福建	鼓岭旅游度假区	鼓岭旅游度假区总规划范围面积约88.64平方千米，核心区面积为9.5平方千米
贵州	六盘水市野玉海山地旅游度假区	野玉海山地旅游度假区位于"中国·凉都"六盘水市区南郊水城区境内，距市中心城区12.57千米，景区总面积为509.76平方千米，核心区面积为68平方千米
云南	大理古城旅游度假区	大理古城旅游度假区以大理古城为中心，北起银桥灵泉溪、南至葶溟溪、西起苍山东麓、东至洱海湖滨，辖区面积为122.20平方千米
陕西	宝鸡市太白山温泉旅游度假区	不详
新疆	那拉提旅游度假区	那拉提旅游度假区规划总面积为1848平方千米
上海	上海佘山国家旅游度假区	佘山国家旅游度假区……，地处上海市西南、松江区西北，规划控制面积为64.08平方千米

续表 2-1

省份	度假区名称	关于面积的表述
江苏	常州太湖湾旅游度假区	常州太湖湾旅游度假区规划面积为 30 多平方千米，核心面积为 18.6 平方千米
浙江	淳安千岛湖旅游度假区	千岛湖旅游度假区于 1997 年 10 月经省政府批准设立，……规划控制总面积为 84.29 平方千米，其中由浙江省政府批准的省级旅游度假区规划面积为 30.8 平方千米
山东	日照山海天旅游度假区	山海天旅游度假区位于日照市东北部，……现陆域面积为 168 平方千米，海域面积为 2000 平方千米
重庆	重庆丰都南天湖旅游度假区	南天湖旅游度假区总面积为 15.95 平方千米
河北	秦皇岛市北戴河度假区	北戴河度假区位于城市核心位置，东至鹰角路—金山嘴路、西至戴河、南至联峰山景区南侧—中海滩、北至联峰北路，面积为 16.2 平方千米
上海	上海国际旅游度假区	上海国际旅游度假区位于上海浦东中部地区，规划面积约 24.7 平方千米，其中核心区为 7 平方千米，包括上海迪士尼一期主题乐园及配套设施项目
江苏	常熟虞山文化旅游度假区	虞山文化旅游度假区"山湖湿地同城"，形成"七溪流水皆通海，十里青山半入城"的自然景观和独特的城市空间格局，整体规划面积约为 22.04 平方千米
浙江	泰顺廊桥—氡泉旅游度假区	泰顺廊桥—氡泉旅游度假区总面积为 51.6 平方千米，主要包括北部廊桥文化园（国家 AAAA 级旅游景区）、中部松垟旅游集散中心和南部氡泉景区（国家 AAAA 级旅游景区）三大部分组成
浙江	鉴湖旅游度假区	鉴湖旅游度假区位于绍兴"母亲湖"——鉴湖的核心区域，总面积为 14.35 平方千米
江西	新余市仙女湖七夕文化旅游度假区	仙女湖七夕文化旅游度假区成立于 2015 年，总面积约 36 平方千米，其中水域面积为 18.2 平方千米
江西	赣州市大余县丫山旅游度假区	丫山旅游度假区规划面积为 3.3 万亩
山东	烟台金沙滩旅游度假区	烟台金沙滩旅游度假区东西长约 10 千米，南北宽约 1600 米（含水域、沙滩、林带），总面积为 1553 万平方米，其中沙滩面积为 73.7 万平方米，水域面积为 1000 万平方米，绿地面积约 477.3 万平方米（含防风林面积），建筑面积近 2 万平方米

续表 2 – 1

省份	度假区名称	关于面积的表述
山东	荣成好运角旅游度假区	荣成好运角旅游度假区三面环海，海岸线长 112 千米，总面积 280 平方千米
河南	三门峡市天鹅湖旅游度假区	天鹅湖旅游度假区位于河南省三门峡市，紧邻黄河，地处黄河金三角文化和旅游核心区，面积约 30.87 平方千米
湖北	神农架木鱼旅游度假区	不详
湖南	岳阳洞庭湖旅游度假区	岳阳洞庭湖旅游度假区位于岳阳市城区南部，西傍浩瀚洞庭、东依京珠高速、北连中心城区、南面青山逶迤，面积为 35 平方千米
广西	大新明仕旅游度假区	大新明仕旅游度假区创建范围为 21.38 平方千米，北至圣泉谷、南至板或屯，主要为 G359 国道和明仕河两侧区域
四川	宜宾蜀南竹海旅游度假区	宜宾蜀南竹海旅游度假区总面积为 10.2 平方千米，东至七彩飞瀑、西至度假区综合服务中心、南至永江村、北至照映潭
陕西	商洛市牛背梁旅游度假区	商洛市牛背梁旅游度假区涵盖商洛市柞水县营盘镇朱家湾村及黄花岭部分区域，东起营盘镇度假区游客服务中心、西至黄花岭、北至牛背梁国家森林公园入口、南以 1500 米海拔线为界，总面积约 25.91 平方千米
江苏	宿迁骆马湖旅游度假区	宿迁骆马湖旅游度假区规划面积为 39.6 平方千米，坐拥 400 平方千米的骆马湖、12.7 平方千米的三台山国家森林公园，有 4A 级旅游景区 2 个、3A 级旅游景区 2 个，全国重点文物保护单位 1 个、国家级水利风景区 1 个；周边有大运河世界文化遗产 2 处
广西	北海银滩国家旅游度假区	北海银滩国家旅游度假区位于主城区南部，面积为 8.66 平方千米，是国务院 1992 年批复设立的 12 个国家级旅游度假区之一
海南	琼海博鳌东屿岛旅游度假区	琼海博鳌东屿岛旅游度假区位于琼海市博鳌镇东屿岛，是博鳌旅游的核心区……，占地面积为 1.78 平方千米

注：度假区名称来自原国家旅游局、文化和旅游部发布的信息；有关面积的资料来源于各度假区官方网站或百度百科。

第二节　按地理关系划分

这里所指的地理（空间）关系主要是从某个度假功能单元与其他度假功能单元（或其他相关的游憩、服务设施）在地理与空间上的关联而言。按照地理（空间）关系的差异，可以把旅游度假区划分成单体型旅游度假区（individual resort）和综合型旅游度假区（integrated resort）两类。

一、单体型旅游度假区

单体型旅游度假区一般以单个度假设施（例如，酒店）或吸引物（例如，主题公园）作为主要支撑，附带其他附属性的娱乐和游憩设施，自成体系。这类度假区多为小规模/小尺度的单体度假村或依托单个主题公园的度假区，且功能相对单一、集中。典型的案例有城市周边的单体温泉度假村，例如，广州从化的单体温泉度假村（以度假酒店为主体，附带娱乐和游憩设施）、珠海的御温泉度假村等。在建的上海乐高乐园度假区，由乐高主题乐园以及 1 座配套主题度假酒店构成，实际上也符合单体型旅游度假区的特征。

值得注意的是，近年来，澳门特别行政区不少基于赌场的度假（村）酒店（resort hotel），例如，澳门威尼斯人度假村酒店（The Venetian Macao-Resort-Hotel），常被称为"integrated resort"（可翻译成"综合型旅游度假区"或"综合型度假村"），但实际上它们是以酒店（赌场）为支撑、附带其他娱乐和游憩设施（包括购物中心、金光综艺馆、高尔夫、卫生设施、会议中心等）的自成体系的商业综合体，与下文将界定和阐述的综合型旅游度假区大相径庭。

二、综合型旅游度假区

相较于单体型旅游度假区，在综合型旅游度假区内，有类型各异和数量众多的度假设施（如度假酒店、度假小屋、第二居所等）以及其他游憩和娱乐设施（如购物场所、康体中心、游艇码头等）在空间上集聚，在功能上互补或竞争。综合型旅游度假区面积相对较大，且一般远离市区。综合型旅游度假区的典型案例有华特迪士尼世界度假区、墨西哥坎昆、泰国普吉岛乐古浪度假区（Laguna Phuket）、印度尼西亚努沙杜瓦（Nusa Dua）、珠海长隆国际海洋度假区、广州长隆旅游度假区、上海迪士尼度假区、三亚亚龙湾、三亚海棠湾、惠州南昆山、吉

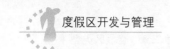

林长白山旅游度假区等。

以泰国普吉岛乐古浪度假区、印度尼西亚努沙杜瓦为例。作为亚洲第一个目的地型的综合型旅游度假区，乐古浪度假区占地 1000 英亩（约 4.05 平方千米），拥有 9 家世界顶级度假酒店、14 家住宅和别墅，以及高尔夫球场、购物店、康养中心、画廊、婚礼教堂等，它们在空间上相连、在功能上互补乃至竞争。印度尼西亚努沙杜瓦也是国际著名的综合型海滨旅游度假区，区内有数十家国际知名的度假酒店，还有购物中心、会议中心、高尔夫球场等。

第三节　按主导吸引力划分

这里所指的主导吸引力或独立吸引力主要是指一个度假区在区域旅游发展格局中是否具备成为目的地的能力。按照这种吸引力的差异，可以把旅游度假区划分成目的地型（独立型）旅游度假区（destination resort）和过境地型（transit resort）或依附型（dependent resort）旅游度假区两类。

一、目的地型旅游度假区

目的地型旅游度假区具备主导或独立的吸引力，本身就可以独自吸引度假游客前来度假，而不需要借助于周边的其他吸引物（例如，名山大川、节庆活动）。当然，如果有名山大川或重大节庆活动等的"加持"，则能为度假区带来更多的客源，相得益彰。这类作为目的地（区别于过境地）存在的旅游度假区的典型案例包括本章第二节所述的许多综合型旅游度假区（例如，三亚亚龙湾、三亚海棠湾、惠州南昆山等）。当然，需要注意的是，在区域旅游发展格局中，任何一个旅游区（包括度假区），它究竟是目的地还是过境地，是因人而异的，也是相对的、暂时的。有些旅游区，对一些客源市场而言，是过境地；但对其他客源市场而言，则可能是目的地。对某个特定客源市场而言，有些旅游区现在是目的地，也许之前或以后是过境地。

二、过境地型或依附型旅游度假区

过境地型或依附型旅游度假区并不具备独立的吸引力，本身难以独自吸引度假客前来度假，必须借助于周边的其他吸引物（例如，名山大川、重大节庆活动等）。度假区游客的主要目的是前往周边其他的吸引物，或是参加会议、商务活动、节庆活动，只是顺道或"迫不得已"在度假区停留、过夜。当然，需要指出的是，在区域旅游发展中，各种吸引物、接待设施等之间的相对重要性都是因人而异的，并非绝对的。但这类度假区的存在照样可以协助所在区域的旅游经济"做大蛋糕"，并与其他吸引物（度假区）一起共同构建区域旅游吸引力体系。位于澳大利亚北领地的尤拉拉度假区［Yulara Resort, Northern Territory；1992 年更名为"艾尔斯岩度假区"（Ayers Rock Resort），见同步案例 2 - 1］以及我国许多依附于名山大川的度假区（例如，福建武夷山国家旅游度假区）都是典型的案例。

同步案例 2 - 1　　　　　　　　艾尔斯岩度假区

作为澳大利亚三大景点之一的乌鲁鲁（Uluru），又译为尤拉拉，是北领地最出名的景点。位于爱丽丝泉（Alice Springs）以南的世界遗产地乌鲁鲁 - 卡塔丘塔国家公园（Uluru - Kata Tjuta National Park），提供各种游玩体验。乌鲁鲁又叫艾尔斯岩（Ayers Rock），全长 3000 米，宽 2000 米，高 360 米，是世界上最大的单体岩石。我们看到的部分只是它的三分之一，其他三分之二依旧埋在地下。乌鲁鲁在北领地已经存在了 5 亿年。让它闻名的是它的通体颜色会随着时间和光线产生各种变化，在不同季节、不同气候，甚至一天中不同时间，它让我们所看到的色彩都完全不同。

艾尔斯岩度假村（Ayers Rock Resort）是乌鲁鲁 - 卡塔丘塔国家公园的门户，坐落于澳大利亚北领地红土中心，是北领地乌鲁鲁地区唯一的度假区。整个艾尔斯岩度假区有各种不同的度假酒店，适合几乎所有到乌鲁鲁旅游的人群。它们分别是沙漠风帆酒店（Sails in the Desert）、沙漠花园酒店（Desert Gardens Hotel）、内陆先驱者酒店（Voyages Outback Pioneer Hotel & Lodge）、迷失骆驼酒店（The Lost Camel Hotel）、东经 131°沙漠帐篷酒店（Longitude 131°）、鸸鹋高级公寓（Emu Walk Apartments）、野营地（Ayers Rock Campground）以及青年旅馆。

乌鲁鲁地区正式的旅游开发始于 20 世纪 50 年代——爱丽丝泉居民伦图伊特（Len Tuit）组织了第一批旅行团，并在乌鲁鲁攀爬区（Uluru climb）的西侧建立了营地。1958 年，造访游客人数第一次得以记录。记录显示，有 2296 名勇敢的旅行者从爱丽丝泉出发，穿越飞扬的尘土，经过长达 12 小时的努力，探索了世界上最著名的岩石。1959 年，两家旅行运营商获颁执照，开始在乌鲁鲁地区经营 1 家酒店、4 家汽车旅馆、1 家商店和 1 家服务站。20 世纪 60 年代，从爱丽丝泉前往乌鲁鲁的道路得以改善。1968 年，超过 23000 名访客造访了乌鲁鲁地区。20 世纪 70 年代，政府决定将接待设施和简易机场搬出公园区域。1976 年，尤拉拉小镇成立，用于支持乌鲁鲁地区的旅游发展和周边地区的生态保护。1979 年，乌鲁鲁 - 卡塔丘塔国家公园成立，并承认了本地原著居民的土地所有权。1983 年，艾尔斯岩营

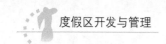

地开业。1984年，四季酒店（如今的沙漠花园酒店）、喜来登酒店（如今的沙漠风帆酒店）开业。同年，度假小镇广场（包括银行）开始营业，同时小学竣工。1988年，尤拉拉公寓（Yulara Maisonettes，即现在的鸸鹋高级公寓）正式开业。1989年，长途汽车营地开业。1990年，红土中心酒店（即现在的内陆先驱者酒店）开业。1992年7月，尤拉拉开发有限公司解散，艾尔斯岩度假村有限公司成立。

（资料来源：艾尔斯岩度假村官网，https://www.ayersrockresort.com.au/our-story，经翻译、整理。）

课堂讨论 2-2

问题：按地理关系和主导吸引力对度假区进行划分，有何异同？

讨论要点：

（1）按地理关系划分主要是基于某个度假功能单元与其他度假功能单元在地理上的关系；按主导吸引力划分，主要关注某个度假区对主要客源市场（游客）的吸引力，基于游客的消费心理和消费行为。

（2）两者实际上也是有关系的。例如，综合型旅游度假区因为类型各异和数量众多的度假设施在空间上高度集中，形成了集聚效应，而更可能发展成为对潜在游客有独立吸引力（即不需要依靠其他吸引物，例如，自然景区、人文景区等）的、游客出行的"目的之所在"的目的地型度假区。

第四节 按开发管理主体划分

按开发管理主体划分，是指度假区是由唯一的一家企业或机构在投资、建设和运营的，还是吸纳了多元主体共同来投资、建设和运营的。依照开发管理主体的差异，可以将旅游度假区划分成独营型（垄断经营型）旅游度假区和多主体共同经营型旅游度假区两类。

一、独营型旅游度假区

独营型（垄断经营型）旅游度假区由单一商业主体经营，具有垄断性、排他性，不允许其他商业机构在度假区内从事商业活动，所有度假产品和服务由单一商业主体承担。独营型旅游度假区往往见诸小型、单体旅游度假区，例如，基于主题公园的度假区，像香港迪士尼乐园度假区、珠海长隆国际海洋度假区。与此同时，大型旅游度假区（例如，长白山旅游度假区由万达集团统一投资、运营和管理）和超大型旅游度假区（例如，巴哈马天堂岛亚特兰蒂斯度假区）亦可由单一商业主体全权运营和管理。

二、多主体共同经营型旅游度假区

与独营型旅游度假区相区别，多主体共同经营型旅游度假区是指一个特定度假区内，由多个商业主体共同投资、建设或运营，因此不具备垄断性，且理论上允许任何有资质的企业在度假区内从事商业活动。多主体共同经营型旅游度假区常见诸综合型旅游度假区。例如，我国三亚的亚龙湾、海棠湾、三亚湾（海坡段）、大东海，以及墨西哥的坎昆、泰国的普吉岛乐古浪度假区、印度尼西亚的努沙杜瓦都是依托滨海资源的多主体共同经营型旅游度假区的典型代表。以印度尼西亚努沙杜瓦为例，区内吸引了超过 10 家世界知名度假酒店品牌入驻，例如，地中海俱乐部（Club Med）、索菲特（Sofitel）、威斯汀（Westin）、君悦（Grand Hyatt）、瑞吉（St. Regis）、香格里拉（Shangri – La）等。

课堂讨论 2 – 3

问题：按地理关系和按开发管理主体对度假区进行划分，有何异同？
讨论要点：
（1）按地理关系划分主要是基于某个度假功能单元与其他度假功能单元在地理上的关系；按开发管理主体划分，主要是看一个度假区的投资、建设和运营主体是单一的还是多元的。
（2）两者实际上是有关系的。例如，综合型旅游度假区因为拥有类型各异和数量众多的度假设施，不太可能由单一的主体来投资、建设和运营，而是吸纳了众多的商业主体。相应地，单体型旅游度假区一般以单个度假设施（例如，酒店）或吸引物（例如，主题公园）作为主要支撑，附带其他附属性的娱乐和游憩设施，自成体系。不论是从面积，还是从投资、运营管理难度上，单体型旅游度假区更容易由单一的商业主体投资、建设和运营，从而具有垄断性、排他性。

第五节　按旅游资源依托划分

度假区是一个以度假旅游服务为主要功能的区域，是一个度假设施的高度集聚区，而且经常是以特定的旅游资源或吸引物为依托的，所以不可能将它修建在"不毛之地"。如前文所述，度假往往是与观光、运动、康养等活动紧密结合在一起的。因此，任何一个度假区都可以找出它所依托的资源本底或资源禀赋（例如，海岛/海滨、森林/山地、湖泊、温泉、滑雪场、农村/农业、城镇/城市等）。需要指出的是，任何一个度假区都不太可能只依托某种特定的旅游资源或吸引物，但大部分的度假区都可以识别出主导的或者核心的旅游吸引物或旅游资源依托。依照所依托资源的差异，旅游度假区也可以被划分成以下类型。

一、海岛/海滨依托型旅游度假区

海岛/海滨一直是全球度假旅游最集中的区域，也是最受顶级度假酒店青睐的区域之一。很多人一想起度假，脑海中可能首先浮现的是椰风海韵、沙滩、阳光、帆船等。世界知名的海岛/海滨依托型度假目的地有大家耳熟能详的夏威夷、地中海、加勒比海、佛罗里达、马尔代夫、大溪地、巴厘岛、墨西哥坎昆、中国三亚、泰国芭提雅和普吉岛等。在我国，依托海岛/海滨建设的旅游度假区也是最常见的一种度假区类型。从表2-1可以看出，截至2023年10月，在63家国家级旅游度假区中，有至少10家是明确以海岛/海滨作为主要吸引物和资源依托的，它们分别是位于山东的凤凰岛旅游度假区、海阳旅游度假区、蓬莱旅游度假区、日照山海天旅游度假区、烟台金沙滩旅游度假区、荣成好运角旅游度假区，河北秦皇岛市的北戴河度假区，海南亚龙湾旅游度假区、琼海博鳌东屿岛旅游度假区，以及广西北海银滩度假区。

二、山地/森林依托型旅游度假区

山地/森林依托型旅游度假区的典型案例有亚龙湾热带天堂森林公园的鸟巢度假村、广东南昆山度假区。亚龙湾热带天堂鸟巢度假村是世界顶级森林度假村，位于亚龙湾热带天堂森林公园内，伴山面海，拥有独栋别墅共210栋，每栋别墅如同鸟儿筑巢一样，巧筑木屋于热带雨林之间，质朴中透出尊贵，野趣中尽显奢华。南昆山度假区坐落在广东省南昆山国家4A级旅游景区内。南昆山是受重点保护的国家森林公园之一，位于广东省惠州市龙门县境内，与广州市辖区的增城、从化交界。南昆山享有"北回归线上的绿洲""南国避暑天堂""珠三角后花园"等美誉，该度假区内的十字水生态度假村更是被誉为"中国首家顶级生态度假村"。

三、湖泊依托型旅游度假区

湖泊依托型旅游度假区是我国常见的度假区类型。从表 2-1 可以看出，截至 2023 年 10 月，在所有 63 处国家级旅游度假区中，至少有 20 处是依托湖泊的。典型的案例有：江苏天目湖旅游度假区、江苏阳澄湖半岛旅游度假区、浙江宁波东钱湖旅游度假区、浙江湖州太湖旅游度假区、浙江湘湖旅游度假区、云南玉溪抚仙湖旅游度假区、四川峨眉山市峨秀湖旅游度假区、湖南常德柳叶湖旅游度假区、湖北武当太极湖旅游度假区、云南阳宗海旅游度假区等。

四、温泉依托型旅游度假区

与湖泊依托型旅游度假区类似，温泉依托型旅游度假区也是我国常见的一种度假区类型。从表 2-1 可以看出，截至 2023 年 10 月，在所有 63 处国家级旅游度假区中，至少有 7 处是依托温泉的。它们分别是江苏汤山温泉旅游度假区、安徽巢湖半汤温泉养生度假区、河南尧山温泉旅游度假区、湖南灰汤温泉旅游度假区、江西宜春市明月山温汤旅游度假区、陕西宝鸡市太白山温泉旅游度假区和浙江泰顺廊桥—氡泉旅游度假区。除了上述国家级旅游度假区外，依托温泉的著名旅游度假区还有广东珠海御温泉度假村、珠海海泉湾度假区、常州恐龙谷温泉度假村等。

五、滑雪场依托型旅游度假区

北京冬奥会的成功申办（2015 年）和顺利举办（2022 年），有效刺激了大众参与冰雪运动的热情和意愿。在消费需求和政策支持的双重驱动下，滑雪旅游迎来了发展的黄金期。根据《中国滑雪产业白皮书（2019 年度报告）》，2015—2019 年，我国滑雪场的数量从 568 个增长到 770 个，滑雪人次从 1250 万人次增长到 2090 万人次。其中，目的地度假型滑雪场的滑雪人次增幅远远高于全国滑雪场滑雪人次增幅的平均水平。以上信息表明，休闲度假已成为冰雪旅游市场发展的重要特征。在上述背景下，依托滑雪场的旅游度假区的发展方兴未艾，并逐渐成为我国一种日渐重要且常见的度假区类型。从表 2-1 可以看出，截至 2023 年 10 月，在所有 63 处国家级旅游度假区中，有 3 处是依托滑雪场的，它们分别是吉林省长白山旅游度假区、河北省崇礼冰雪旅游度假区、黑龙江亚布力滑雪旅游度假区。

除上述国家级旅游度假区外，以滑雪场（冰雪资源）为主要依托的国内知名度假区还有由文化和旅游部、国家体育总局于 2022 年 1 月联合公布的 12 处国家级滑雪旅游度假地。这 12 处国家级滑雪旅游度假地，除了上述 3 处之外，还包括如下 9 处：北京延庆海陀滑雪旅游度假地、河北涞源滑雪旅游度假地、内蒙古扎兰屯滑雪旅游度假地、辽宁宽甸天桥沟滑雪旅游度假地、吉林丰满松花湖滑雪旅游度假地、四川大邑西岭雪山滑雪旅游度假地、陕西太白鳌山滑雪旅游度假地、新疆阿勒泰滑雪旅游度假地 ［包括阿勒泰市将军山国际滑雪度假区、可可托海国际滑雪度假区、禾木（吉克普林）国际滑雪度假区等］、新疆乌鲁木齐南山滑雪旅游度假地。

同步案例 2-2　　　　　　　　　　可可托海国际滑雪度假区

你或许没有去过可可托海，但你一定听过"心上人，我在可可托海等你……"。

冬日的可可托海，是新疆大地上一幅浓厚的水墨画。山峰、村落、河床、森林、草地都覆盖着一层白雪，清新素雅。所有的风景都简化成黑白蓝三色，反而有种震撼心灵的美。

"可可托海"在哈萨克语中意思为"绿色的丛林"，在蒙古语中，则为"蓝色的河湾"。曾经的富蕴县，特别是可可托海镇是国家重要的稀有金属矿产生产基地，这里的三号矿坑曾为国家偿还外债做出过突出贡献。

20 世纪 80 年代，在矿业转型后，如何促进当地经济发展成为困扰富蕴县的问题。优质的自然条件，加之漫长冬季的厚厚白雪，让富蕴县看到了发展冬季旅游的潜力。最终，富蕴县旅投公司投入了近 8 亿元资金，建设了一个世界级的优质滑雪场。

阿尔泰山可可托海国际滑雪场（滑雪度假区）位于新疆富蕴县可可托海镇以东，距可可托海镇约 18 千米。在该滑雪场中的山体，最高海拔 3041 米，海拔落差 1200 米，是全国唯一一个落差超过 1000 米的滑雪场，可满足国际高山滑降赛事场地对垂直落差的严格要求。

该滑雪场主要分为高山竞赛区、大众滑雪区、技巧区、北欧训练中心、野雪区，最大承载力达 2.3 万人，融汇了"雪期长、落差大、雪质好、雪道多、风小、逆温"六大特点，是一家集滑雪、竞技、承办国内国际比赛为一体的国际滑雪场。

这里有长达 7 个月的存雪期，积雪厚度达 1.5～2 米，且雪季平均气温不低于 -6 ℃。不仅吸引了全国各地的雪友，高山滑雪、单板滑雪等国家队、省市队也将此地定为长期训练基地。

2019 年，上海大世界吉尼斯总部认证可可托海国际滑雪场为雪道海拔落差最大的滑雪度假区。2021 年，可可托海国际滑雪场被定为 5S 滑雪场、国家体育旅游示范基地。

可可托海国际滑雪场的雪道面积为 193 万平方米、野雪面积为 592 万平方米、规划雪道总长为 58 千米，涵盖初、中、高各级雪道共 44 条（包括连接道 7 条、初级道 2 条、中级道 8 条、高级道 27 条）。

目前，滑雪场共开放 22 条雪道（包括 1 条初级道、1 条中级道、20 条高级道），正在开发的雪道有 12 条。拥有 3 条高速吊厢式缆车，分为黄色缆车（中级道）、灰色缆车（高级道）、红色缆车（高级道，上下半段）。

可可托海国际滑雪场有 3 条雪道为"全国之最"——最长雪道、最陡雪道、最大落差雪道。

（1）全国最长雪道——宝石大道：可滑行超过 9 千米。宝石大道有两处平缓地带，抱着板子走走歇歇，看着延绵的雪山、空旷的景象，或许才能体会到，什么叫"见天地、见众生、见自己"。

（2）全国最陡雪道——黑钻道：高差为 227 米，长度为 295.84 米，平均坡度为 71.28%。

（3）全国最大落差雪道——钻石道：最大落差为 900 米，最大坡度为 41.87%，宽为 52 米，长度可延伸至 4.5 千米，被称为"王冠上的钻石"。

除此之外，滑雪场因其独特的气候和地形优势，拥有众多野雪路线，滑雪者可以随意穿梭在拥有云杉和落叶松的树林里。因为没有过多的局限性，所以这里也被雪友称为"中国最野的滑雪场"。

2020 年，可可托海国际滑雪场 2 号、3 号索道投入运行，为广大滑雪爱好者提供了更加方便、快捷、多元化的滑雪体验。

2 号索道水平长为 1368 米，高差为 308 米，设计运行速度为每秒 6 米，单向运量为每小时 1500 人，连接雪具大厅和 3 号索道下站，对应雪道中级道；3 号索道水平长为 1895 米，高差为 548 米，设计运行速度为每秒 6 米，单向运量为每小时 1500 人。

2021 年，可可托海国际滑雪场新建了超大的雪具大厅，里面除了必备的售票中心、租赁中心、储存区以外，二楼设有餐饮区、休闲区、VIP 包房等，还有咖啡、奶茶、特色小吃。另外，滑雪场还新建了 3 栋滑雪宿营地和 1 栋滑雪驿站，房间共计 117 间。这样，游客就不用每天下山上山了，且早晨起来，就能拥抱整个滑雪场。

可可托海的美食也非常值得品尝。山脚下的雪具大厅二楼中午会有自助餐，还有新疆奶茶。红色缆车中间休息处和山顶也都有小木屋可以吃饭，有烤肉、火锅、自嗨锅等等，在冰天雪地里享受丰盛的美食绝对是人生一大幸事。

整个 2020—2021 年雪季，可可托海国际滑雪场接待游客量达 11.86 万人次，消费收入达 640 万元。

（资料来源，滑雪之家 HXZJ：《观雪场.13——3 条雪道为"全国之最"，这个 5S 滑雪场什么来头？》，https://baijiahao.baidu.com/s? id = 172601462756316 9978&wfr = spider&for = pc，有增删。）

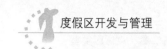

六、主题公园依托型旅游度假区

主题公园（theme park）一般是指以营利为目的兴建的具有一个或多个特定文化旅游主题、为游客提供有偿休闲和文化娱乐体验园区，是一种人造的娱乐空间。主题公园本身并不被认为是旅游度假区，但依托、围绕主题公园可以建设相应的度假区。国外依托主题公园发展起来的大型度假区如前文所述的华特迪士尼世界度假区，它包括4家主题公园、2家水上乐园、27家主题度假酒店、9家非迪士尼酒店、若干处高尔夫球场、1家露营度假地，以及其他若干娱乐设施和购物场所等。在国内，依托主题公园发展度假区也方兴未艾。长隆集团在广州和珠海的两处度假区都是依托主题公园发展的。例如，在广州的长隆旅游度假区就是依托长隆野生动物世界、长隆欢乐世界、长隆水上乐园、长隆飞鸟乐园、长隆国际大马戏等发展起来的，度假设施包括长隆酒店、长隆香江酒店、长隆高尔夫练习中心等。位于珠海横琴岛的长隆国际海洋度假区依托的主要吸引物是已投入运营的海洋王国、海洋科学乐园以及宇宙飞船等，度假设施包括4家主题酒店、1家主题酒店公寓，以及长隆国际马戏城和长隆剧院。

七、农村/农业景观依托型旅游度假区

农村（乡村）是许多人，特别是城市居民向往的休闲度假之地。各种农业景观（包括村景、山景、水景、田园风光、生态农业观光示范基地等）亦是农村（乡村）吸引游客前往、驻足的原因。农村/农业景观依托型旅游度假区是以农村（乡村、田园）为生活空间，以农作、农事、农活为度假内容，让度假游客能够回归自然、享受生命、修身养性、恢复身心甚至治疗疾病的度假设施聚集地。这些度假设施，除了"大兴土木"新建的度假酒店、度假公寓外，也包括基于本地原有建筑的特色民宿等。随着乡村振兴战略的实施和"逆城市化"现象的出现，越来越多的农村（乡村）/农业景观依托型旅游度假区出现在中国大地，成为国内异军突起的度假区类型。从表2-1可以看见出，截至2023年10月，在所有63处国家级旅游度假区中，德清莫干山国际旅游度假区以精品化、特色化、国际化的民宿（乡村住宿）闻名中外，广西桂林阳朔遇龙河旅游度假区的精品民宿也是它的特色主题。

八、城镇/城市依托型旅游度假区

城镇/城市依托型旅游度假区是指依托有特色的城镇或城市景观发展起来的度

假设施聚集区。城镇通常是指以非农产业和非农业人口聚集为主要特征的居民点，广义上包括按国家行政建制设立的市和镇。不同国家和地区对城镇有不同的界定。例如，在秘鲁、马耳他，单纯以城镇特征为界定指标；在埃及、蒙古，则单纯以某级行政中心所在地以上的居民点为指标；在伊朗、肯尼亚、爱尔兰、澳大利亚等国，单纯以人口数量为指标；在瑞典、冰岛、加拿大等国，以人口数量和密度为双重指标；在巴基斯坦、南非，以人口数量和城镇特征（景观）为双重指标；在荷兰，则以从业人员构成和人口数量为双重指标。然而，不管如何界定，作为一个人口稠密的人类聚居地，城镇具备与乡村和其他聚落形态不一样的景观和吸引力。特别是历史悠久、文化遗存丰富、交通区位良好的小城镇往往成为人们休闲、度假的好去处，从而也成为度假设施的高度聚集区，或被叫作度假小镇。法国的普罗旺斯、希腊的圣托里尼以及英国的诸多小镇、小城都是度假型的小镇。在我国，城镇/城市依托型的旅游度假区也开始涌现。例如，从表 2-1 可以看出，截至 2023 年 10 月，在 63 处国家级旅游度假区中，位于西藏林芝市的鲁朗小镇旅游度假区、云南大理古城旅游度假区等都是主要以城镇景观作为吸引物或者资源依托。

九、复合型旅游度假区

如前所述，类型划分可能是所谓的"事后诸葛亮"式的理想类型实践。按所依托的旅游资源进行度假区类型划分时，也必然存在某类度假区依托多种类型的旅游资源或吸引物，甚至不存在所谓的主导旅游吸引物，而是说，众多类型的旅游吸引物"势均力敌"或"相得益彰"，是度假区共同的旅游吸引物依托。这种类型的旅游度假区，一般称为复合型旅游度假区。在截至 2023 年 10 月的 63 处国家级旅游度假区中（表 2-1），就有这样的典型案例，例如，广东省东部华侨城旅游度假区依托山地生态、主题公园，四川省邛海旅游度假区依托滨水、山地、彝族风情等，贵州遵义市赤水河谷旅游度假区更是兼具峡谷观光、滨河骑游、美酒养生、峡谷运动、红色体验、古镇游憩、生态科普等多重属性。

本章小结

（1）任何一个度假区实际上都可以依据不同的划分指标被划分成不同的类型。

（2）度假区类型划分的指标包括：规模（面积大小）、地理关系、是否有独立吸引力、经营主体、所依托旅游资源。

（3）依据规模（面积大小），度假区可以被划分成超大型旅游度假区、大型旅游度假区、中型旅游度假区和小型旅游度假区四类。

（4）按照地理（空间）关系的差异，可以把度假区划分成单体型度假区（individual resort）和综合型度假区（integrated resort）两类。

（5）按照在区域内是否具备独立吸引力，可以把度假区划分成目的地型（独立型）度假区（destination resort）和依附型（dependent resort）或过境地型（transit resort）度假区两类。

（6）依照开发管理主体的差异，可以将度假区划分成独营型（垄断经营型）度假区和多主体共同经营型度假区两类。

（7）依照所依托资源的差异，度假区可以被划分成以下类型：海岛/海滨依托型、山地/森林依托型、湖泊依托型、温泉依托型、滑雪场依托型、主题公园依托型、农村/农业景观依托型、城镇/城市依托型和复合型。

思考题

（1）度假区类型划分的指标之间是什么关系？
（2）度假区与所依托旅游资源之间是什么关系？
（3）度假区所处的地理关系、独立吸引力等都是一成不变的吗？

案例分析

金山滨海国际文化旅游度假区，也许不止是"亚特兰蒂斯"

逐步复苏的上海，利好消息接连不断：前有全球高端时尚百货SKP落户，今有"金山滨海国际文化旅游度假区滨海新片区"方案出炉。业内惊呼："上海亚特兰蒂斯"真的要来了？

一、金山区滨海新片区规划方案出炉

近日，上海金山区公示了"金山滨海国际文化旅游度假区滨海新片区"详细规划的初步方案。一经发布，便引发业内强烈关注。

方案中指出，金山滨海国际文化旅游度假区核心区规划定位为世界级滨海旅游度假目的地、滨海城市会客厅、上海湾区生态地标。

其中，滨海新片区为旅游度假功能的核心承载地，重点布局娱乐、酒店、文化、休闲、度假、商业商办等功能，规划形成"一轴、两区"。"一轴"，为打造垂海公共活动轴；"两区"以亭卫南路为界划分的东、西两个区域，西部为文旅核心区，东部为度假体验区。"十四五"期间将重点推进核心区约3.7平方千米的开发建设。

据悉，滨海新片区建设用地约257万平方米，其中公共绿地面积、水域面积合起来就是一个114万平方米的滨海超级巨无霸湖景公园，湖景、海景、公园三位一体。

上海"十四五"规划指出，将完善旅游功能空间，重点布局六大板块。其中包含了结合沿江湾旅游新空间，推动金山、宝山"生产岸线"向"生活岸线""生态岸线"功能转型。金山滨海国际文化旅游度假区是上海"十四五"规划首批30个重大旅游项目之一，投资金额约300亿元。

作为上海世界著名旅游城市建设的重点旅游项目，金山滨海国际文化旅游度假区是上海唯一汇聚自然山、海、岛、渔特色的区域。中国社科院上海市人民政府上海研究院研究员李萌认为，金山区位于上海南部，原来该地区休闲旅游的功能比较弱，但随着金山滨海国际文化旅游度假区、乐高乐园等项目的推进，该地区被视为带动和支撑"南上海"文旅力量崛起的重要支撑点。

随着初步方案的公布，"上海亚特兰蒂斯"概念呼之欲出。

二、金山滨海国际文化旅游度假区 VS 三亚亚特兰蒂斯

2021年8月，金山区委常委、副区长张权权提到，金山滨海国际文化旅游度假区设想打造成上海金山的亚特兰蒂斯，计划建设至少有一座七星级酒店、两座五星级酒店。

这在初步方案中也有所体现。滨海片区内大部分都是商业和商办建筑，其中有两栋标志性建筑高度分别控制在220米和180米以内。同时还规划了多座高等级公共文体设施，包括博物馆、海洋馆、剧院、水上运动场地和社区文化活动中心等。

众所周知，三亚亚特兰蒂斯2014年由复星旅文投资逾百亿元兴建，2018年开始营业，如今已发展成三亚旅游标志性IP。

作为国内唯一一家七星级酒店的三亚亚特兰蒂斯以酒店为核心，内嵌多元化产品及服务项目，包括水族馆、水世界、海豚湾、迷你营等亲子娱乐项目，配套的高端餐饮、购物等充分体现了其高端休闲度假的定位。

一经面世，三亚亚特兰蒂斯迅速成为游客追捧的网红酒店和旅游目的地。数据显示，2019年，三亚亚特兰蒂斯到访客户人数520万人次，较2018年增长63%；营业额13.1亿元，增长74.2%；客房平均每日房价2167元，增长13%。即使在遭受疫情冲击下，三亚亚特兰蒂斯依然凭实力成为旅游业的复苏标杆。

李萌认为，从休闲度假目的地建设、规划等角度来看，上海金山滨海国际文化旅游度假区和三亚亚特兰蒂斯的确有很多相同之处，加之又是同一个投资运营商，很容易让人联想到下一个"亚特兰蒂斯"。

的确，首先从定位上看，二者均是以国际性的旅游目的地为目标。金山滨海国际文化旅游度假区滨海新片区的规划定位为"世界级滨海旅游度假目的地"，而在三亚市规划中，三亚海棠湾总体定位为"国际休闲度假区"，沿海则规划为高端滨海旅游度假区。

其次是在资源上。海洋资源、文化有诸多相似之处。比如上海滨海新区拥有23.3千米长的海岸线，7.2千米长的生活岸线；而三亚海棠湾拥有21.8千米的海岸线以及18.7千米的洁白沙滩。

最后是品牌。三亚亚特兰蒂斯的投资运营商是复星旅文，而这一次，复星集团又出现在上海金山滨海国际文化旅游度假区核心区的投资方名单中。

有消息称，复星集团针对这个项目已经准备了8年。2022年2月，金山区与复星集团签订上海金山滨海国际文化旅游度假区核心区投资合作协议，计划标志性建筑于2022年底开工建设。

"金山滨海国际文化旅游度假区既类似于亚特兰蒂斯，又明显不同于亚特兰蒂斯。"李萌也表示，从度假区发展定位、业态结构和功能布局的角度来看，金山滨海新区在文旅产业内涵、功能以及体验拓展上可能要比三亚亚特兰蒂斯更为丰富和多元。

除此之外，二者从地理位置、气候条件、客源市场等角度对比，也有着许多不同之处。李萌认为，三亚的目标客群主要是海南之外的游客，更侧重于中远途客源。而上海，在传统上一直是一个最大的客源地，目前正在着力从客源地向客源地和目的地并重转型，未来的文旅消费更多依靠的是上海本地客源和长三角地区客源，其中还包括商务差旅人群。

三、广袤的休闲度假市场，上海金山的机会有多大？

相关数据显示，从全球旅游产业来看，休闲度假占比为58%，2022年预计突破60%。中国的休闲度假才刚刚开始。

"目前来看，国内休闲度假市场供需间匹配、平衡还在动态发展当中。"李萌认为，金山滨海国际文化旅游度假区的推进，一方面，很好地呼应了国家旅游业高质量发展、旅游业供给侧结构性改革的政策导向；另一方面，也顺应了国内休闲旅游消费升级、分层的消费端发展趋势。

休闲度假市场的崛起，离不开国人消费的不断升级，特别是高净值人群的不断增长。2020年我国高净值人群总量220万人，预计仍将以约10%的年均复合增长率持续增长至2025年。从地区分布看，华东地区占比最高，达44%。

不可忽视的是，上海是长江三角洲地区（简称"长三角"）乃至整个华东地区的中心城市。作为全国最具活力的经济体和消费市场，在2019年GDP 30强城市中，长三角共有10个城市上榜，合计GDP超过14亿元，十城经济总量占全国的14.5%，超强的消费能力足以令人羡慕。

特别是在长三角高质量一体化发展的交通规划中，长三角区域的高铁网络、轨道网络、高速公路网络被不断加密，金山滨海新城又是这个大交通战略里的枢纽区域。于内，半小时可直达上海其他各区；于外，一小时可通达杭州等联动城市。这显然为金山文旅经济发展提供了强有力的支撑。

　　金山滨海国际文化旅游度假区的到来，会不会与三亚亚特兰蒂斯形成竞争关系？中国旅游研究院副研究员黄璜博士表示，中国有庞大的度假市场，不会局限于一两个高等级度假区，二者有不同的核心度假资源和目标客源市场，可以通过差异化竞争，实现发展共赢。

　　市场仍旧广阔，不知即将到来的金山滨海国际文化旅游度假区能否走出一条极具稀缺性、又有着高奢品级的独特之路，恐怕只有等待真正面纱揭晓。

　　（资料来源，品橙旅游：《金山滨海国际文化旅游度假区，也许不止是"亚特兰蒂斯"》，https：//new.qq.com/rain/a/20220711A03DZF00。）

　　案例分析题：

　　结合案例所述内容，运用本章所提出的5个划分指标，对金山滨海国际文化旅游度假区做出类型划分，并讨论这些划分指标之间的关系。

第三章　度假区申报与认定

【学习目标】

(1) 掌握国家级旅游度假区申报与认定所涉及的国家标准和法律法规。

(2) 掌握国家旅游度假区与国家级旅游度假区的关系。

(3) 了解省级旅游度假区申报与认定所涉及的地方制度。

引导案例

国家旅游局公布首批 17 家国家级旅游度假区

中国经济网北京（2015 年）10 月 10 日讯　国家旅游局网站消息，10 月 9 日，国家旅游局在京召开新闻发布会，规划财务司司长彭德成宣布吉林省长白山旅游度假区等 17 家度假区创建为首批国家级旅游度假区。

首批 17 家国家级旅游度假区包括：吉林省长白山旅游度假区、江苏省汤山温泉旅游度假区、江苏省天目湖旅游度假区、江苏省阳澄湖半岛旅游度假区、浙江省东钱湖旅游度假区、浙江省太湖旅游度假区、浙江省湘湖旅游度假区、山东省凤凰岛旅游度假区、山东省海阳旅游度假区、河南省尧山温泉旅游度假区、湖北省武当太极湖旅游度假区、湖南省灰汤温泉旅游度假区、广东省东部华侨城旅游度假区、重庆市仙女山旅游度假区、四川省邛海旅游度假区、云南省阳宗海旅游度假区、云南省西双版纳旅游度假区。

据中国经济网记者了解，为认真贯彻落实《国民旅游休闲纲要（2013—2020 年）》、《国务院关于促进旅游业改革发展的若干意见》（国发〔2014〕31号）和《国务院办公厅关于进一步促进旅游投资和消费的若干意见》（国办发〔2015〕62 号），适应我国居民休闲度假旅游需求快速发展需要，为人民群众积极营造有效的休闲度假空间，提供多样化、高质量的休闲度假旅游产品，为落实职工带薪休假制度创造更为有利的条件，国家旅游局近年先后制定了《旅游度假区等级划分》国家标准（GB/T 26358—2010）、《旅游度假区等级划分细则》和《旅游度假区等级管理办法》。今年上半年，国家旅游局正式下发了《关于开展国家级旅游度假区评定工作的通知》。各省区市和旅游度假区高度重视，积极参与国家级旅游度假区创建工作。国家旅游局先后收到 60 多家度假区创建国家级旅游度假区申请。经全国旅游资源规划开发质量评定委员会组织专家对照国家级旅游度假区的标准和评定细则进行现场检查、集体听取创建工作成果汇报，最后报经国家旅游局批准。

　　彭德成表示，创建国家级旅游度假区是促进和引领旅游行业由观光型向休闲度假型转变的一项重要工作，对我国旅游产品体系的建设和完善具有重要意义，对我国旅游业今后长期发展有深远的影响。国家旅游局将严格按国家标准来衡量，遵循实事求是的原则，力争将国家级旅游度假区打造成我国旅游休闲度假产业的新名片，使之成为旅游行业继 5A 级景区之后又一金字招牌。

　　（资料来源，中国经济网综合：《国家旅游局公布首批 17 家国家级旅游度假区》，http：//culture. people. com. cn/n/2015/1010/c172318 - 27681470. html。）

　　读完上述案例，我们可以知道，旅游度假区是有等级之分的。实际上，不仅有国家级旅游度假区，还有省级旅游度假区。那么，如何申报和评定国家级、省级旅游度假区呢？同时，很多读者还会有类似的疑问，例如，"国家级旅游度假区"与"国家旅游度假区"有何区别和联系呢？这其实也是 2015 年首批 17 家国家级旅游度假区公布时很多业内人士和学者的疑问。这些问题都是本章需要回答的问题。

第一节　国家级旅游度假区的申报与认定

一、国家级旅游度假区的认定部门与概念界定

　　如第二章中表 2 - 1 所示，截至 2023 年 10 月，我国共有 63 家国家级旅游度假区。那么，到底什么是国家级旅游度假区？2015 年 4 月，《国家旅游局办公室关于下发〈旅游度假区等级管理办法〉的通知》（旅办发〔2015〕81 号）发布。该通知所发布的这一管理办法，实际上就是原国家旅游局组织认定的国家级旅游度假区的准则和依据。当时，这一管理办法兼顾了省级旅游度假区和国家级旅游度假区的管理。

　　2019 年 12 月 20 日，《文化和旅游部关于印发〈国家级旅游度假区管理办法〉的通知》发布。其中，《国家级旅游度假区管理办法》成为国家文化和旅游行政主管部门（文化和旅游部）组织认定国家级旅游度假区的准则和依据。需要注意的是，依据这一管理办法，文化和旅游部只负责国家级旅游度假区的管理。《国家级

旅游度假区管理办法》明确规定，省级文化和旅游行政部门负责本辖区内国家级旅游度假区的初审推荐和日常管理，以及省级旅游度假区的认定和管理。《国家旅游局办公室关于下发〈旅游度假区等级管理办法〉的通知》（旅办发〔2015〕81号）同时废止。

由此，我们可以发现，前三批共计 30 家（2015 年、2017 年、2019 年）国家级旅游度假区的申报和认定工作是依据《旅游度假区等级管理办法》（2015 年 4月，原国家旅游局印发）开展的，而第四批 15 家（2020 年）、第五批（2022 年）、第六批（2023 年）的申报和认定则是依据《国家级旅游度假区管理办法》（2019年 12 月，文化和旅游部印发）。

《国家级旅游度假区管理办法》明确规定：①本办法所称旅游度假区，是指为旅游者提供度假休闲服务、有明确的空间边界和独立管理机构的区域。②本办法所称国家级旅游度假区，是指符合国家标准《旅游度假区等级划分》（GB/T26358）① 相关要求，经文化和旅游部认定的旅游度假区。③国家级旅游度假区的认定和管理由文化和旅游部按照本办法和国家标准《旅游度假区等级划分》（GB/T 26358）及相关细则组织实施，具体工作由文化和旅游部资源开发司承担。

知识链接 3 - 1　　　　2022 年新版国标《旅游度假区等级划分》8 大要点②

近日（2022 年 7 月），国家标准《旅游度假区等级划分》（GB/T 26358—2022）出台，并将于 2023 年 2 月 1 日起实施。目前，我国旅游度假区体系已经初步形成，以 45 家国家级旅游度假区（笔者注：截至 2023 年底，这一数据更新为63 家）为核心和以 631 家省级旅游度假区为基础的度假区梯队，在度假区标准和管理办法的指引下，不断完善发展。品橙旅游根据新版度假区国标整理出 8 大要点，帮助读者迅速了解新版国标。

（1）旅游度假区定义进一步明确。旅游度假区，即以提供住宿、餐饮、购物、康养、休闲、娱乐等度假旅游服务为主要功能，有明确空间边界和独立管理运营机构的集聚区。

（2）度假区面积界定发生调整。国家级旅游度假区由原来的（2010 年版国标，下同）应不小于 8 平方千米，调整到"不小于 5 平方千米"；省级由原来的面积应不小于 5 平方千米调整到"不小于 3 平方千米"。

---

① 截至 2023 年底，《旅游度假区等级划分》（GB/T 26358）已经发布两版，即 2011 年 1 月 14 日发布（2011 年 6 月 1 日起实施）的所谓"旧版"（GB/T 26358—2010）和 2022 年 7 月 11 日发布（已于 2023 年 2月 1 日起实施）的所谓"新版"（GB/T 26358—2022）。新旧两版的比较，可见知识链接 3 - 1。

② 参见品橙旅游：《新版国标〈旅游度假区等级划分〉8 大要点速读》，http://www.pinchain.com/article/275532。

（3）度假酒店"国际"性调整。在旧标对应的细则"强制性指标"中，强调"应具备至少3个国际品牌或国际水准的度假酒店"，此次在新国标"基本条件"中阐述为"度假住宿设施应品质优良，规模和种类应满足旅游接待需求"，在国家级旅游度假区中，即8.2.2.7中强调了"高质量度假住宿设施的数量合计不少于3处"，各处高质量度假住宿设施的总客房数合计不少于300间（套）。旧标中的总床位数概念，均以新标的总客房数形式表述。

（4）市场规模结构简单明了。新版标准摒弃了旧标"市场"部分复杂的计算公式，用简单的数字指引了度假区的市场规模和结构的准入门槛。新标在省级旅游度假区中规定：年游客规模宜不低于25万人天，年过夜游客规模应不低于10万人天，过夜游客平均停留天数应不低于2天。新标在国家级旅游度假区中规定：年游客规模宜不低于50万人天，年过夜游客规模应不低于25万人天，过夜游客平均停留天数应不低于2.5天，过夜游客中省外游客比例宜不低于20%。原来的境外游客人数等在新标中未单独列出明确要求。

（5）明确度假产品数量。新标在省级旅游度假区产品方面，强调了"332"结构：类型方面，除住宿、餐饮、购物外，所提供的度假产品不少于3种类型；品质方面，应提供不少于3项在本省/市/区范围内品质优良的度假产品；融合方面，提供不少于2项文化和旅游融合的度假产品。新标在国家级旅游度假区产品方面，强调了"5331"结构：类型方面，除住宿、餐饮、购物外，所提供的度假产品不少于5种类型；品质方面，应提供不少于3项在全国范围内品质优良的度假产品；融合方面，提供不少于3项文化和旅游融合的度假产品；非遗方面，应提供不少于1项非物质文化遗产转化的度假产品。

（6）强调休闲娱乐活动数量。新标在省级旅游度假区活动层面，强调了"6421"结构：类型方面，提供不少于6项与核心度假产品相关的休闲娱乐活动；户外活动方面，宜提供不少于4项户外休闲娱乐活动；常态化方面，宜提供不少于2项常态化的文化休闲娱乐活动；夜间方面，宜提供不少于1项夜间休闲娱乐活动。新标在国家级旅游度假区活动层面，强调了"8532"结构：类型方面，提供不少于8项与核心度假产品相关的休闲娱乐活动；户外活动方面，宜提供不少于5项户外休闲娱乐活动；常态化方面，宜提供不少于3项常态化的文化休闲娱乐活动；夜间方面，宜提供不少于2项夜间休闲娱乐活动。

（7）智慧化更加明确。在新版国标中，有明确的章节分别对省级和国家级旅游度假区的智慧化做了要求。以国家级为例：主要活动区域应覆盖高速无线网络；应配置线上平台和线下智能终端，提供及时准确的信息服务和电子导览等特色服务；应提供在线预定、支付等电子商务支持以及智慧票务、智慧停车等特色智能服务；应运用信息化、数字化技术支持旅游管理、统计和调查；宜采用网站、公众号等数字化营销方式，运用大数据、人工智能等新技术进行智慧化精准营销和舆情

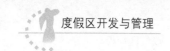

监测。

（8）其他方面变化要点。新标强调的"应具有统一独立有效的运营管理机构"，与旧标"应具有统一有效的管理机构"略有不同；旧标要求的"应制定有统一的总体规划"，变为新标准中"总体规划应有效落实"，主要度假产品和服务设施应依据总体规划基本建成；另外，旧标中的标识标牌视觉系统的"多语言支持"，变为新标中的中英文双语。

二、申报国家级旅游度假区的基本条件

文化和旅游部于 2019 年 12 月印发的《国家级旅游度假区管理办法》明确规定，申报国家级旅游度假区，应当具备下列条件：

（1）符合国家标准《旅游度假区等级划分》（GB/T 26358）及相关细则要求。

（2）符合社会主义核心价值观要求。

（3）度假设施相对集聚，经营状况良好。

（4）旅游公共信息服务体系健全。

（5）游客综合满意度较高。

（6）在全国具有较高的知名度和品牌影响力。

（7）土地使用符合法律法规有关规定。

（8）主要经营主体近 3 年无严重违法违规等行为记录。

（9）近 3 年未发生重大旅游安全责任事故。

（10）被认定为省级旅游度假区 1 年以上。

需要指出的是，与新国标《旅游度假区等级划分》（GB/T 26358—2022）配套的《旅游度假区等级评价细则》已于 2023 年 7 月正式发布。

三、申报国家级旅游度假区应提交的材料

文化和旅游部于 2019 年 12 月印发的《国家级旅游度假区管理办法》明确规定，任何一个度假区，若要申报国家级旅游度假区，应当经省级文化和旅游行政部门向文化和旅游部提交下列材料：

（1）省级文化和旅游行政部门推荐文件。

（2）国家级旅游度假区认定申请报告书，包括旅游度假区基本信息（含名称、管理机构、空间范围、面积、总览图等）、度假设施分布和经营状况、旅游公共信息服务体系、游客综合满意度、知名度和品牌影响力等内容。

（3）旅游度假区总体规划、自评报告及相关说明材料（含文字、图片和视频）。

（4）县级以上自然资源部门关于土地使用符合法律法规有关规定的相关材料。

（5）近3年无严重违法违规等行为记录和未发生重大旅游安全责任事故的承诺书。

（6）文化和旅游部要求的其他材料。

四、国家级旅游度假区的组织认定流程

文化和旅游部于2019年12月印发的《国家级旅游度假区管理办法》明确规定，文化和旅游部按照下列程序组织认定国家级旅游度假区：

（1）对申报材料进行审核。

（2）组织专家评审组按照旅游度假区等级基础评价评分细则[①]，对通过材料审核的旅游度假区进行基础评价。

（3）组织专家或者第三方机构按照旅游度假区等级综合评分细则[②]，对通过基础评价的旅游度假区以暗访的形式进行现场检查。

（4）对通过现场检查的旅游度假区进行审议，根据需要可以安排答辩环节，确定公示名单。

（5）对确定的公示名单，在文化和旅游部政府门户网站公示5个工作日。

（6）对公示无异议或者异议不成立的，发布认定公告。

知识链接3-2　　　　　　　　　旅游度假区等级评价细则

2015年4月，原国家旅游局网站发布《旅游度假区等级划分细则》。2023年7月，配合《国家级旅游度假区管理办法》（2019年版）以及新国标《旅游度假区等级划分》（GB/T 26358—2022）的《旅游度假区等级划分细则》正式发布实施。

本细则系依据《旅游度假区等级管理办法》（2019年版）和《旅游度假区等级划分》（GB/T 26358—2022）的相关规定制定。本细则共分为两个部分，即《细则一：旅游度假区等级基础评价》和《细则二：旅游度假区等级综合评价》。

如表3-1所示，在基础评价评分阶段，由文化和旅游部资源开发司组织专家评审组，依据《细则一：旅游度假区等级基础评价》对欲申请国家级旅游度假区认定的度假区进行评价。其中，"必备条件"共10项，主要依据新国标的基本条件及相关量化指标进行评价，即"一票否决"制，亦即任何一个指标不达标，都

---

① 即2023年正式发布的《旅游度假区等级评价细则》中的《细则一：旅游度假区等级基础评价》，详见知识链接3-2。

② 即2023年正式发布的《旅游度假区等级评价细则》中的《细则二：旅游度假区等级综合评价》，详见知识链接3-2。

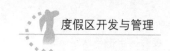

会导致申报的度假区在这一环节失败，从而无法继续剩余申报环节。

在"资源环境与度假产品基础评价"中，一共有8个评价项目（度假资源，10分；自然环境，8分；人工环境，12分；度假产品体系，15分；住宿设施，20分；休闲娱乐活动，10分；公共服务，10分；品牌影响力，15分。总分100分），得90分及以上者符合国家级旅游度假区条件，可以继续剩余申报环节。

在现场检查（综合评分）阶段，依据《细则二：旅游度假区等级综合评价》，满分为1000分。如表3-1所示，要获得国家级旅游度假区认定，总得分需在900（含）分以上。

表 3 - 1　国家级、省级旅游度假区总得分要求

度假区类型	细则一 （基础评价）		细则二 （综合评价）
	第一部分 必备条件 （10项）	第二部分 资源环境与度假产品基础评价 （100分）	总分 （1000分）
国家级旅游度假区	达标	90分	900分
省级旅游度假区	达标	80分	800分

第二节　国家旅游度假区与国家级旅游度假区的关系

一、国家旅游度假区成立的背景

1992年及之后几年（1993年、1995年），依据《国务院关于试办国家旅游度假区有关问题的通知》（国发〔1992〕46号，见知识链接3-3），国务院陆续批准成立了12个国家旅游度假区。本节将以太湖国家旅游度假区、青岛石老人国家旅游度假区、上海佘山国家旅游度假区等为例，阐述国家旅游度假区成立的背景。

知识链接3-3　　　《国务院关于试办国家旅游度假区有关问题的通知》

《国务院关于试办国家旅游度假区有关问题的通知》（国发〔1992〕46号）是

国务院于 1992 年 8 月 17 日发布并施行的法律法规。它的效力级别是：国务院规范性文件。全文引用如下：

各省、自治区、直辖市人民政府，国务院各部委、各直属机构：

　　为进一步扩大对外开放，开发利用我国丰富的旅游资源，促进我国旅游观光型向观光度假型转变，加快旅游事业发展，国务院决定在条件成熟的地方试办国家旅游度假区，鼓励外国和台湾、香港、澳门地区的企业、个人（以下简称"外商"）投资开发旅游设施和经营旅游项目。现将有关问题通知如下：

　　一、国家旅游度假区是符合国际度假旅游要求，以接待海外旅游者为主的综合性旅游区。国家旅游度假区，应有明确的地域界限，适于集中设置配套旅游设施，所在地区旅游度假资源丰富，客源基础较好，交通便捷，对外开放工作已有较好基础。

　　二、旅游业是国家鼓励发展的创汇型产业，对国家旅游度假区实行以下优惠政策：

　　（一）在区内兴办的外商投资企业，其所得税减按 24% 的税率征收；其中生产性外商投资企业，经营期在十年以上的，从企业获利年度起，第一年和第二年免征企业所得税，第三年至第五年减半征收企业所得税。

　　（二）区内的外商投资企业在投资总额内进口自用的建筑材料、生产经营设备、交通工具和办公用品，常驻的境外客商和技职人员进口的安家物品和自用交通工具，在合理数量范围内，免征关税和进口工商统一税。为生产出口旅游商品而进口的原材料、零部件、元器件、配套件、辅料、包装物料，海关按保税货物的有关规定办理。

　　（三）建设度假区基础设施所需进口的机器、设备和其他基建物资，免征进口关税和产品税（增值税）。

　　（四）区内可开办外汇商店，具体审批按国家有关规定办理。

　　（五）区内可开办使用国产车的中外合资经营的旅游汽车公司。对其购置的国产车，在核定的数量内，国家免征横向配套费、车辆购置附加费和特别消费税。对国内企业在区内开办的旅游汽车公司，可比照上述政策执行。这些车辆限于区内旅游汽车公司自用，不得转售。具体由国家计委会同有关部门办理。

　　（六）区内可开办中外合资经营的第一类旅行社，经营区内的海外旅游业务。具体由国家旅游局负责审批和管理。

　　（七）区内的开发建设用地，按《中华人民共和国城镇国有土地使用权出让和转让暂行条例》（国务院〔1990〕第 55 号令）办理。土地出让金从该区批准兴办之日起，五年内留在区内用于基础设施建设。

　　（八）区内的旅游外汇收入，从该区批准兴办之日起，外汇额度五年内全额留成，用于区内自我滚动发展。

　　三、国家旅游度假区内利用外商投资建设的旅游设施项目，投资额在国务院规

定的审批限额以内的，由所在省、自治区、直辖市和计划单列市自行审批，其中旅游住宿设施项目，应报国家旅游局和国家计委、经贸部备案；投资额在国务院规定的审批限额以上的，按国家有关规定办理。利用外商投资建设的旅游住宿设施项目，企业经营期限一般不得超过30年。

四、试办国家旅游度假区，由地方人民政府报国务院审批。

五、试办国家旅游度假区，是旅游业深化改革、扩大开放，改变我国旅游产品结构，提高旅游产品档次，提高国际竞争力的一项重要部署。国务院有关部门和有关地方政府要切实做好规划，搞好试点工作。旅游度假区起步阶段规划不宜过大，应从小到大，逐步发展。

1992年5月25日，由国家旅游局等9个部门组成的国务院旅游开发区考察组到江苏吴县考察，听取关于太湖旅游开发区建设规划的汇报。1992年10月4日，《国务院关于建立江苏太湖国家旅游度假区的批复》（国函〔1992〕134号）下发，同意建立江苏太湖国家旅游度假区。太湖国家旅游度假区分为苏州胥口度假中心和无锡马山度假中心。批复还限定：苏州胥口度假中心位于苏州市太湖景区内，东起胥口镇西，西至渔洋山太湖边，北以塘河、蒋墩一线为界，南至长沙岛，规划面积为11.2平方千米，划分为综合服务区、度假别墅区、吴文化城、水上风情园、桥岛风光区、高尔夫球场等功能小区。无锡马山度假中心位于无锡市太湖景区内，东起峰影河、东大坝交点，西至大溇河，北以峰影河、东大堤为界，南至仙鹤嘴，规划面积13.5平方千米，划分为综合服务区、度假别墅区、水上活动区、康复中心、高尔夫球场等功能小区。

1993年6月11日，《国务院关于江苏太湖国家旅游度假区两个度假中心更名的批复》（国函〔1993〕83号）下发，同意将"江苏太湖国家旅游度假区苏州胥口度假中心"更名为"苏州太湖国家旅游度假区"，将"江苏太湖国家旅游度假区无锡马山度假中心"更名为"无锡太湖国家旅游度假区"。更名后两个度假区的地域界限、规划面积、功能小区等仍按《国务院关于建立江苏太湖国家旅游度假区的批复》（国函〔1992〕134号）的规定执行。

与江苏太湖国家旅游度假区同时获得批复的还有大连金石滩国家旅游度假区（国函〔1992〕132号）、青岛石老人国家旅游度假区（国函〔1992〕133号，见知识链接3-4）、杭州之江国家旅游度假区（国函〔1992〕136号）、莆田湄洲岛国家旅游度假区（国函〔1992〕137号）、武夷山国家旅游度假区（国函〔1992〕137号）、广州南湖国家旅游度假区（国函〔1992〕138号）、广西北海银滩国家旅游度假区（国函〔1992〕139号）、昆明滇池国家旅游度假区（国函〔1992〕140号）和三亚亚龙湾国家旅游度假区（国函〔1992〕141号）。

情况较为特殊的是上海佘山国家旅游度假区。1992年10月4日，国务院下发

《国务院关于建立上海横沙岛国家旅游度假区的批复》（国函〔1992〕133 号），批准设立上海横沙岛国家旅游度假区。1995 年 6 月 13 日，《国务院关于同意上海改在佘山建立国家旅游度假区的批复》（国函〔1995〕60 号）下发，同意设立上海佘山国家旅游度假区，不再设立横沙岛国家旅游度假区，并委托上海市政府直接管理度假区（见知识链接 3 - 5）。至此，业界和学界常说的 12 家国家旅游度假区全部成立。

知识链接 3 - 4 **《国务院关于建立青岛石老人国家旅游度假区的批复》**

山东省人民政府：

你省《关于建立青岛旅游开发区的请示》（鲁政发〔1992〕8 号）收悉。现批复如下：

一、同意建立青岛石老人国家旅游度假区。青岛石老人国家旅游度假区位于青岛市前海至崂山中间，东起中韩镇石老人村东部边界，西至南京路与东海路交界处，北起金家岭山南坡，南至海滨，规划陆地面积为 10.8 平方千米，划分为综合服务区、度假别墅区、海洋公园及海上游乐区、啤酒文化城、高尔夫球场、休闲健身区等功能小区。

二、青岛石老人国家旅游度假区主要利用外资进行建设，实行《国务院关于试办国家旅游度假区有关问题的通知》（国发〔1992〕46 号）规定的各项政策。

三、青岛石老人国家旅游度假区要做到特色鲜明，建筑风格和谐统一。区内的开发建设项目，要严格按规划进行。住宿接待设施的建设标准要符合国际旅游度假要求，起步阶段的建设规模要控制在 1500 间客房以内。

四、要对度假区的规划实施、土地开发、项目建设等方面加强管理。度假区开发建设中的其他有关事宜，请商国家旅游局等有关部门研究办理。

知识链接 3 - 5 **《国务院关于同意上海改在佘山建立国家旅游度假区的批复》**

上海市人民政府：

你市《关于改在佘山风景区建立国家旅游度假区的请示》收悉，现批复如下：

一、同意上海不再设立横沙岛国家旅游度假区，易地在佘山建设国家旅游度假区。

二、上海佘山国家旅游度假区位于上海市松江县的佘山，以东西走向的沈砖公路为主轴线，东以方松公路为界，西至规划中的 5120 国道，南以旗天公路（洞泾旗天村至天马山）为界，北达泗陈公路及佘山镇的罗村山和天马镇的三界址村、九曲村南界。主轴线两侧包括 9 座小山，即小昆山、北干山、横山、天马山、钟贾山、辰山、西佘山、东佘山、凤凰山。

三、上海佘山国家旅游度假区的建设项目必须符合《国务院关于严格控制高档房地产开发项目的通知》（国发〔1995〕13 号）的规定。

二、国家旅游度假区的开发现状

自 1992 年至今，已经过去了 30 多年。12 家国家旅游度假区的发展现状可谓是五花八门，发展模式也是各显神通，但总体上却是不尽如人意的。不少度假区依旧坚守休闲、度假，或者至少是（观光）旅游的功能定位，但有的度假区已经偏离了当初的休闲、度假甚至旅游的总体功能定位。具体的基本现状，如表 3 - 2 所示。

表 3 - 2　12 家国家旅游度假区的基本现状①

度假区（国务院批复函序号）	现状
大连金石滩国家旅游度假区（国函〔1992〕132 号）	①该度假区是 1992 年国务院批准设立的综合性旅游度假区，是大连这座旅游城市一张亮丽的旅游名片和辽宁旅游的主体功能区。金石滩地处北纬 39 度，欧亚大陆东岸，属暖温带半湿润气候，有"东北小江南"的美誉。②金石滩辖区总面积为 70.34 平方千米，常住人口 7.2 万人，海岸线长 35 千米，拥有国家地质公园、十里黄金海岸等得天独厚的地理条件和资源优势。现已建成发现王国主题公园、植物园、文化博览广场、EX 机器人未来科技馆、地球之光科普体验馆、金石狩猎俱乐部、葡萄酒研发中心、金石万巷、浴殿温泉别墅酒店、汤景泽日式温泉、鲁能海洋温泉、鲁能希尔顿酒店、硬石酒店、金石国际会议中心、海上日出酒店、船屋酒店等 50 多个文旅项目，拥有鲁迅美术学院等 10 余所院校。③度假区每年承办大连国际沙滩文化节、国际婚庆节、国际冬泳节、花灯会、全国水下机器人大赛、国际马拉松大赛、徒步大会等多项节庆活动和体育赛事。④良好的环境、功能和影响力吸引着世界游客慕名而来，2022 年接待海内外游客 658 万人次

---

① 资料来源于各度假区管委会官网或度假区所在县、市、区人民政府官网，展示顺序按国务院批复函序号。

续表3-2

度假区（国务院批复函序号）	现状
青岛石老人国家旅游度假区（国函〔1992〕133号）	①该度假区位于青岛市前海至崂山之间，东起石老人社区东部边界，西至南京路与东海路交界处，北起金家岭山南坡，南至海滨。②规划陆地面积为10.8平方千米，划分为综合服务区、度假别墅区、海洋公园及海上游乐区、啤酒文化城、高尔夫球场、休闲健身区等。③度假区区内有石老人海水浴场、国际高尔夫俱乐部、青岛国际啤酒城、极地海洋世界（国家4A景区）以及海滨雕塑园、石老人观光园（国家4A景区）等旅游度假场所，形成了海滨度假、文化休闲和海洋娱乐特色
苏州太湖国家旅游度假区（国函〔1992〕134号、国函〔1993〕83号）	①该度假区位于古城苏州西侧15千米处，地处太湖国家重点风景名胜区中心。度假区总面积为173平方千米（陆地），启动开发面积为11.2平方千米；下辖香山街道、金庭镇、光福镇。②2018年和2019年，度假区连续两年位列苏州市10个省级以上旅游度假区高质量发展考核第一。③2020年，全年接待游客675.75万人次，旅游总收入104.45亿元，分别恢复至2019年的74%和75%。④截至2020年底，度假区内拥有万豪万丽、会议中心（香山酒店）、太美香谷里、太美逸郡等度假、会议酒店，星级酒店客房超过2600间。⑤工业、商业项目建设方兴未艾。仅2020年，就引进了世沃、远荣等工业项目5个，商务办公项目1个，租赁厂房企业10家。2020年，近5年新招引项目实现税收达1.2亿元。在江苏省苏州市吴中区人民政府官网的"信息公开"板块的区、镇政府（街道办事处）部分（http://www.szwz.gov.cn/szwz/xxgk/xxgk.shtml），可以找到该度假区的相关资料
无锡太湖国家旅游度假区（国函〔1992〕134号、国函〔1993〕83号）	①该度假区位于太湖风景区马山半岛，绿化覆盖率80%，三面环湖，属亚热带气候，全年四季分明，总规划面积为65平方千米。②形成了旅游休闲、生物医药、先进制造业三大特色产业。③旅游业方兴未艾，拥有全国首批4A级景区——灵山胜境（2009年，创建成国家5A级景区），以世界上最高的88米释迦牟尼青铜大佛立像而闻名中外；另外，还有无锡太湖赛马场、月亮湾度假中心、无锡太湖国际高尔夫俱乐部等。④制药企业汇聚成群，龙头产业（如华辉制药、辉瑞制药等）集聚效应凸显，且先进制造业基础扎实。在无锡（马山）太湖国家旅游度假区旅游网（http://www.taihutour.com/index.asp）有更多基本信息

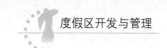

续表 3 - 2

度假区（国务院批复函序号）	现状
杭州之江国家旅游度假区（国函〔1992〕136号）	①该度假区位于杭州市区西南，南濒钱塘江，北依五云山，总面积为9.88平方千米。②主要建成有宋城（主题公园、演艺）、未来世界（2007年倒闭）、杭州西湖国际高尔夫乡村俱乐部三大主题项目和九溪玫瑰园、西湖花园等一批度假单元（房地产项目）
武夷山国家旅游度假区（国函〔1992〕137号）	①该度假区与著名的武夷山风景名胜区一溪之隔（占地实际也在风景名胜区范围内），距武夷山自然保护区40千米，规划总面积为12平方千米。②在总体布局上，划分为旅游接待区、休闲度假、高尔夫度假区、综合娱乐区和特色游览区五大功能区以及综合服务区、民俗风情区、水上活动区等15个功能小区。③展示中国茶文化的大型山水实景演出《印象大红袍》位于该度假区内
莆田湄洲岛国家旅游度假区（国函〔1992〕137号）	①该度假区位于福建省莆田市秀屿区湄洲镇（湄洲岛、镇、度假区合一）。在行政区划上，为秀屿区下辖镇。②核心旅游吸引物包括：世界妈祖文化论坛永久性会址、湖石淉生态公园、湄屿潮音、妈祖平安里、黄金沙滩等。目前，正在创建国家5A景区。③2018年，度假区累计接待游客672万人次，累计完成旅游收入41亿元。2021年，度假区接待过夜游客25.7万人次，恢复到2019年的76.72%。更多详细信息见莆田市湄洲岛国家旅游度假区管委会官网（http://mzd.putian.gov.cn）
广州南湖国家旅游度假区（国函〔1992〕138号）	①该度假区位于广州市白云区同和镇原磨刀坑水库库区，1992年获批面积为15平方千米（含配套开发的白云山景区的10平方千米）。度假区东起广州旧广从公路，西至白云机场至南湖专用车公路，北起红路水库以北300米处，南至同和镇。②目前，度假区及周边已开发运营项目包括南湖高尔夫俱乐部、颐和高尔夫庄园、南湖游乐园、大河马水上世界、南湖桃园以及若干度假酒店等。③负责该度假区开发建设的广东省广州南湖国家旅游度假区建设总公司成立于1993年

续表 3－2

度假区（国务院批复函序号）	现状
广西北海银滩国家旅游度假区（国函〔1992〕139 号）	①该度假区位于北海市南部海滨，距北海市区 8 千米。银滩西起侨港镇渔港，东至大冠沙，由西区、东区和海域沙滩区组成，东西绵延约 24 千米，海滩宽度在 30～3000 米之间，陆地面积为 12 平方千米，总面积约 38 平方千米。②度假区年平均水温为 23.7℃，每年有 9 个多月可以入水游泳；空气清新，是各类慢性及老年性疾病患者适宜的疗养环境，是中国品质最好的海滨浴场之一和度假疗养胜地，有"南方北戴河"之誉。③主要吸引物有银滩公园、海滩公园，度假区内有皇冠假日等酒店。在北海市人民政府门户网站（http://xxgk.beihai.gov.cn/bhytgjlydjqgwh/#.airline）可以获取该度假区的最新信息
昆明滇池国家旅游度假区（国函〔1992〕140 号）	①该度假区是所有 12 家国家旅游度假区中唯一位于内陆省份的旅游度假区。截至 2018 年 11 月，辖区面积为 47.5 平方千米，由海埂片区（22.5 平方千米）和大渔片区（25 平方千米）两部分组成，总人口 11 万人。②海埂片区位于昆明市西南部 5 千米的滇池之滨，属滇池环湖生态旅游圈核心区。目前，海埂片区已建成逾百个以观光游览、度假休闲、商务会议、健身娱乐为主要内容的项目。大渔片区基础设施，如 1 个 18 洞高尔夫球场及道路等已建成，以旅游业为主导，重点发展高端旅游业、服务业和创意产业。③2021 年，度假区实现旅游收入 54.7 亿元，同比增长 50.8%；接待游客 1455.3 万人次，同比增长 27.9%。更多详细信息见昆明滇池国家旅游度假区管委会官网（http://dianchi.km.gov.cn）
三亚亚龙湾国家旅游度假区（国函〔1992〕141 号）	①该度假区北至 228 国道，东至亚龙湾热带天堂森林公园，西至六道岭、六盘岭一带，南至海岸线，面积为 1860 公顷。②亚龙湾是三亚承载世界顶级滨海度假功能的热带海湾之一，唯一性资源禀赋决定了亚龙湾应在三亚各海湾中提供顶级旅游度假服务。亚龙湾的发展定位是：中国旅游度假区的典范，世界顶级旅游度假区之一。③度假区内共有城市建设用地 912.56 公顷，村庄建设用地 80.40 公顷，特殊用地 13.06 公顷。④度假区内聚集了数十家国际水准的度假酒店，包括：瑞吉、丽思卡尔顿、希尔顿、万豪、喜来登、美高梅金殿、红树林、天域、假日、铂尔曼、亚龙湾五号、华宇皇冠等，并拥有亚龙湾高尔夫俱乐部以及公主郡等房地产（包含度假地产）开发项目。⑤2017 年，海南三亚市亚龙湾旅游度假区成功申报国家级旅游度假区（第二批）

续表 3 - 2

度假区（国务院批复函序号）	现状
上海佘山国家旅游度假区（国函〔1995〕60 号）	①该度假区是全国首批 12 个国家旅游度假区中唯一个坐落在直辖市的国家旅游度假区，也是上海市首个国家级旅游度假区，拥有沪上唯一的陆地山林资源，总规划面积为 64.08 平方千米，核心区面积为 10.88 平方千米。②目前（截至 2023 年 2 月），佘山度假区共有旅游骨干企业 26 家，4A 级旅游景点 6 个，按 5 星级标准建设酒店 6 个；基本形成了以佘山国家森林公园、辰山植物园、欢乐谷与玛雅水公园、广富林文化遗址、佘山世茂洲际酒店、月湖雕塑公园等为核心载体的全域旅游发展格局，现已成为上海市两个"千万级流量"入口之一，是上海深化世界著名旅游城市建设的重要功能区、承载区。③2020 年，上海佘山国家旅游度假区成功申报国家级旅游度假区（第四批）。上海佘山国家旅游度假区官网（http://www.sheshan-travel.gov.cn/index/index）有更多详细信息

三、国家旅游度假区与国家级旅游度假区的关系

从上述分析可以看出，国家旅游度假区与国家级旅游度假区，虽然只有一字之差，但却存在很多方面的差别。

首先，认定或批准/批复部门不同。国家旅游度假区是由度假区所在省份人民政府请示、经国务院批复（同意）建立的（如知识链接 3 - 4、3 - 5 所示），而国家级旅游度假区则是由省级文化和旅游行政部门初审推荐、文化和旅游部（原国家旅游局）组织认定的。

其次，认定或批准/批复方式不一样。国家旅游度假区可谓是"先批后建"，大部分度假区在被批准（试点建设）为国家旅游度假区之前，并没有度假区的"实质"（亦即度假产业尚未起步），之后的发展也带有浓重的"开发区"的特色；而国家级旅游度假区则是一个"先建设后申报、认定"的创建过程，是典型的"先建再评"。

最后，从开发现状来看，正如表 3 - 2 所示，12 家国家旅游度假区在过去 30 年的发展中，走过了各自不同的道路，呈现出现状上的巨大差异。有些度假区一直坚守度假、休闲的基本职能，或是至少坚持旅游开发；而有些度假区则有所偏离，以旅游度假区为名，实则是包括旅游、休闲、度假、制造业、农业、房地产等在内的全方位的产业开发。可以说，12 家国家旅游度假区的开发建设成效在整体上

是不如预期的。这或许是国家旅游行政主管部门（原国家旅游局，现文化和旅游部）在时隔 20 多年后（2015 年）选择"另起炉灶"，启动国家级旅游度假区的创建和评定工作的部分原因。或许，这也可以部分地解释为什么三亚亚龙湾国家旅游度假区（2017 年）、上海佘山国家旅游度假区（2020 年）会选择再申请成为国家级旅游度假区。

课堂讨论 3 - 1

问题：近年来，不少国家旅游度假区申请评定国家级旅游度假区。除上文论及的原因外，还有别的原因吗？

讨论要点：

（1）不论是国家旅游度假区还是国家级旅游度假区，本质上都是一种基于特定标准和流程的评定或认定。对于特定的任何度假区而言，申请评定国家级旅游度假区都是一种品牌创建和提升活动。

（2）由于国家旅游度假区更多是"先批后建"，且后续的开发大多不尽如人意，导致这块金字招牌的知晓度和认可度可能并不如预期。国家级旅游度假区则是一个"先建设后申报、认定"的创建过程，是典型的"先建再评"。同样是国家级金字招牌，它的知晓度和认可度正在日渐攀升。所以，也就不难解释为什么不少国家旅游度假区申请评定为国家级旅游度假区了。

第三节　省级旅游度假区的申报与认定

一、省级旅游度假区的认定部门与概念界定

截至 2022 年 8 月，全国共有 631 家省级旅游度假区。① 那么，什么是省级旅游度假区？或者说，省级旅游度假区的认定（批准设立）主体是谁？从我国大陆地区 31 个省、自治区和直辖市的实践看，省级旅游度假区的认定（批准设立）主体分为两类（两个层级）：省级（包括省、自治区、直辖市）人民政府和省级文化和旅游行政主管部门（一般是指文化和旅游厅）。

---

① 品橙旅游：《新版国标〈旅游度假区等级划分〉8 大要点速读》，https://www.pinchain.com/article/275532。

（一）第一类：省级人民政府作为认定（批准设立）主体

在这一情境下，省级旅游度假区一般是指由省级（包括省、自治区、直辖市）人民政府认定的旅游度假区。例如，2020年11月25日，山东省人民政府发布《关于印发山东省省级旅游度假区管理办法的通知》（鲁政字〔2020〕242号）。其中，《山东省省级旅游度假区管理办法》（2021年10月15日根据《山东省人民政府关于修改山东省省级旅游度假区管理办法的通知》修改）明确规定："本办法所称旅游度假区，是指为旅游者提供度假休闲服务、有明确的空间边界和独立管理机构的区域。""省级旅游度假区由省政府批准设立，由省文化和旅游行政主管部门管理。省级旅游度假区的认定和管理坚持公开、公平、公正原则，自愿申报、规范认定、动态管理。"

类似的，2022年6月13日，江苏省人民政府办公厅印发的《江苏省省级旅游度假区管理办法》（详见《省政府办公厅关于印发江苏省省级旅游度假区管理办法的通知》，苏政办发〔2022〕44号）中明确规定："本办法所称省级旅游度假区，是指符合国家标准《旅游度假区等级划分》（GB/T 26358）相关要求，经省人民政府同意后认定，依托优质旅游度假资源、设施、服务与环境，为旅游者提供度假休闲服务，具有明确空间边界和独立管理机构的区域。"

《浙江省旅游度假区管理办法》（详见《浙江省人民政府办公厅关于印发浙江省省级旅游度假区管理办法的通知》，浙政办发〔2020〕15号）亦明确规定："本办法所称省级旅游度假区，是指有明确的空间边界，依托优质的度假资源与环境，具备高质量的度假设施和服务，能够满足旅游休闲度假需求的综合性旅游区。""旅游度假区所在地市或县（市、区）政府根据预审结果编制可行性研究报告，经论证审核通过后，向省政府提出设立省级旅游度假区的书面申请（附可行性研究报告和相关材料）。省文化和旅游行政部门牵头会同宣传、发展改革、司法行政、自然资源、生态环境、水利、林业等部门，在6个月内完成可行性研究报告审核，符合条件的报请省政府批复设立，不符合条件的作出书面说明。"

（二）第二类：省级文化和旅游行政主管部门作为认定（评定）主体

在这一情境下，省级旅游度假区一般是指由省级（包括省、自治区、直辖市）文化和旅游行政主管部门认定（评定）的旅游度假区。例如，2022年8月18日，宁夏回族自治区文化和旅游厅发布公示，拟确定宁夏（银川）阅海湾休闲旅游度假区、宁夏六盘山旅游度假区、丰安屯旅游度假区3家旅游度假区为宁夏回族自治区（省）级旅游度假区。这一公示的具体内容为：

按照文化和旅游部《国家级旅游度假区管理办法》相关要求，依据《旅游度假区等级划分》（GB/T 26358）及评定细则，经旅游度假区自愿申报、设区的市级文化旅游行政部门推荐，自治区旅游景区质量等级评定委员会按程序综合评定，宁夏（银川）阅海湾休闲旅游度假区、宁夏六盘山旅游度假区、丰安屯旅游度假区达到省级旅游度假区标准，拟确定为省级旅游度假区，现予以公示。公示时间为 2022 年 8 月 18 日至 8 月 24 日（5 个工作日）。

公示期间，如有问题或问题线索，请向自治区文化和旅游厅资源开发处反映。

宁夏回族自治区文化和旅游厅

2022 年 8 月 18 日

类似的，2022 年 5 月 17 日，内蒙古自治区文化和旅游厅发布公告（《内蒙古自治区文化和旅游厅关于认定自治区级旅游度假区的公告》，2022 年第 2 号），认定阿尔山旅游度假区为自治区级旅游度假区。这一公告的具体内容为：

依据《国家级旅游度假区管理办法》《旅游度假区等级划分》（GB/T 26358），自治区文化和旅游厅开展了自治区级旅游度假区评定工作。经材料审核、专家评审和自治区文化和旅游厅 2022 年第 15 次党组会议研究，并社会公示无异议，认定阿尔山旅游度假区为自治区级旅游度假区，现予以公告。

特此公告。

内蒙古自治区文化和旅游厅

2022 年 5 月 17 日

近年来，有些省份的文化和旅游行政主管部门还出台了省级旅游度假区的管理制度。例如，2021 年 7 月，湖南省文化和旅游厅出台了《湖南省省级旅游度假区管理办法》（以下简称《办法》，详见《湖南省文化和旅游厅关于印发〈湖南省省级旅游度假区管理办法〉的通知》，湘文旅资源〔2021〕80 号）。对于什么是旅游度假区，《办法》明确规定："本办法所称旅游度假区，是指为旅游者提供度假休闲服务、有明确的空间边界和独立管理机构的区域。"关于省级旅游度假区，该《办法》具体规定："省级旅游度假区，是指符合国家标准《旅游度假区等级划分》（GB/T 26358）相关要求，经省文化和旅游厅认定的旅游度假区。"

从以上政府文件可以发现，经省级人民政府批准设立或同意后认定，或经省级文化和旅游行政主管部门认定（评定）的旅游度假，都需要符合《国家级旅游度假区管理办法》《旅游度假区等级划分》（GB/T 26358）等对度假区属性的界定，即旅游度假区是这样一个区域——它为旅游者提供休闲、度假服务，且有明确

的空间边界。

二、申报省级旅游度假区的基本条件

截至目前，出台了省级旅游度假区管理制度的省份（包括省、自治区、直辖市）在度假产业发展和旅游度假区建设方面也大多成绩斐然，两者相得益彰。例如，地处东部沿海地区的江苏省、浙江省和山东省，度假产业发展迅速，度假区的建设亦是取得了长足的进步。截至 2022 年 11 月，江苏省共有 6 家国家级旅游度假区、2 家国家旅游度假区（无锡太湖国家旅游度假区和苏州太湖国家旅游度假区）；截至 2022 年 7 月，共有 55 家省级旅游度假区。截至 2022 年 11 月，浙江省共有 8 家国家级旅游度假区、1 家国家旅游度假区（杭州之江国家旅游度假区）；截至 2022 年 4 月底，共有 51 家省级旅游度假区。截至 2022 年 11 月，山东省共有 6 家国家级旅游度假区；截至 2020 年底，共有 42 家省级旅游度假区。

近年来，中部地区的旅游大省湖南省也非常重视旅游产业转型升级和度假区建设，并取得了长足的发展。截至 2022 年 11 月，湖南省共有 3 家国家级旅游度假区；截至 2022 年 7 月，共有 18 家省级旅游度假区。

业已出台的省级旅游度假区管理办法（或其他规章制度）对申报省级旅游度假区的基本条件做出明确规定。这些具体规定都因地制宜，从所在省域度假产业发展和度假区建设的实际情况出发。例如，《江苏省省级旅游度假区管理办法》和《浙江省旅游度假区管理办法》对省级旅游度假区的面积都作了严格的规定（见知识链接 3 - 6）。

知识链接 3 - 6　　江苏、浙江、山东和湖南省级旅游度假区的申报条件

一、《江苏省省级旅游度假区管理办法》第五条规定，申报省级旅游度假区，应具备以下条件：

（一）地域界限明确，面积大小适宜，原则上不小于 5 km²、不大于 20 km²。地域范围应避让生态保护红线，尽可能避让生态空间管控区域，确需占用的，应当符合相应的管控要求。周边环境、景观风貌与旅游度假区发展要求相协调，区内及周边 3 km 范围内无洪涝、滑坡、崩塌等可预测性自然灾害威胁，无明显安全隐患，无污染源。

（二）应当符合旅游发展规划，各项建设应符合国土空间规划管控要求，区内应有满足未来建设发展的预留用地。

（三）应有统一有效的管理机构，市场运营主体清晰。投资建成一批具有一定规模和较高水准的旅游度假项目，并在功能配套、基础设施、业态更新和环境改造

等方面有持续性投入。

（四）旅游度假设施设备齐全，符合国家相关标准要求。旅游业态丰富，能满足游客的住宿、餐饮、康体、娱乐、休闲、购物、文化体验等度假需求。各类住宿设施总房间数不小于 500 间，其中高品质酒店、精品民宿的房间数占比不低于 1/2，并拥有一定数量的度假酒店、绿色旅游饭店或国内外品牌酒店。

（五）公共服务完善，具备智慧化管理手段、旅游安全紧急救援与公共卫生防疫能力，能提供优质的旅游交通、信息咨询、安全保障、便民惠民、公共行政、消费维权等服务，能满足老人、儿童、残障人士等特殊群体需求。区内 2A 级及以上旅游厕所数占比不低于 1/2。

（六）市场结构合理，上年度游客规模不低于 50 万人天，其中省外游客占比不低于 1/3，过夜游客平均停留 1.5 夜以上。品牌形象的识别度、知名度、美誉度高，游客满意率达 90% 以上。

（七）近三年无生态环保、公共卫生、旅游安全等较大及以上责任事故和重大旅游负面舆情发生。

（八）应符合国家标准《旅游度假区等级划分》国家标准（GB/T 26358）及相关细则要求。

二、《山东省省级旅游度假区管理办法》第四条规定，申报省级旅游度假区，应当具备下列条件：

（一）符合国家标准《旅游度假区等级划分》（GB/T 26358）及相关细则要求。

（二）符合社会主义核心价值观要求。

（三）符合旅游发展总体规划，所在地区自然景观、人文景观等旅游度假资源丰富并有特色。

（四）地域界限明确，符合国土空间规划。

（五）具有独立的度假区管理机构，职能明确。

（六）有明显的区位优势或其他特殊优势，具备交通、通信、能源、供水等公用设施。

（七）具有较为完善的旅游度假服务项目和设施。

（八）正式开业从事旅游度假经营业务 2 年以上。

（九）近 2 年未发生重大旅游安全责任事故，主要经营主体近 2 年无严重违法违纪等行为记录。

三、《浙江省省级旅游度假区管理办法》第四条规定，申报省级旅游度假区，应符合《旅游度假区等级划分》国家标准（GB/T 26358），同时具备下列条件：

（一）旅游度假资源丰富，生态环境质量优良。

（二）区位优势明显，具备良好的交通、通信、供水、供电、供气等公用设施。

（三）符合国家有关自然资源、历史文化遗产保护等方面法律法规的规定。

（四）突出文化和旅游融合发展，注重优秀文化保护、传承和利用。

（五）有一批具备一定投资规模和影响力且投资主体明确的旅游项目，建成、在建和已签订合同的旅游项目总投资达 50 亿元以上［26 个加快发展县（市、区）达 30 亿元以上］。

（六）具有明确的地域界限，无泥石流、崩塌、滑坡等可预测地质灾害威胁，无明显的旅游安全隐患和污染源。

（七）与所在地文化和旅游发展规划、国土空间规划、环境保护规划、林地保护利用规划、流域和区域水利规划等相衔接。

（八）总占地面积在 5 平方千米以上。

四、《湖南省省级旅游度假区管理办法》第五条规定，申报省级旅游度假区，应当具备下列条件：

（一）符合国家标准《旅游度假区等级划分》（GB/T 26358）及相关细则要求。

（二）符合社会主义核心价值观要求。

（三）度假设施相对集聚，经营状况良好，旅游公共信息服务体系健全。

（四）游客综合满意度较高。

（五）在全省具有较高的知名度和品牌影响力。

（六）地域界限明确，符合国土空间规划。

（七）主要经营主体近 1 年无严重违法违规等行为记录。

（八）近 1 年未发生重大旅游安全责任事故。

（九）正式开业从事旅游度假经营业务 1 年以上，通过了运营前安全评估。

三、申报省级旅游度假区应提交的材料与认定流程

与基本条件类似，出台了专门的省级度假区管理制度的省、自治区和直辖市，在申报省级旅游度假区应提交的材料方面，也做出了专门规定。这些规定都是依照国家标准《旅游度假区等级划分》（GB/T 26358），并参照《国家级旅游度假区管理办法》的。

在省级旅游度假区的认定流程方面，因认定主体的差异而存在不同。具体而言，省级文化和旅游行政主管部门（文化和旅游厅）作为认定（评定）主体时，例如，湖南省、宁夏回族自治区、内蒙古自治区等，一般不再需要会同省内其他部门（例如，宣传部门、发展改革部门、司法行政部门、自然资源部门、生态环境

部门、水利部门、林业部门等）来审核申报材料，亦无需报经省级人民政府批准，即可自行组织认定（包括公示和认定公告）。具体流程参见同步案例 3-1。

同步案例 3-1　　　　　湖南省省级旅游度假区的认定流程

《湖南省省级旅游度假区管理办法》第七条规定，省文化和旅游厅按照下列程序组织认定省级旅游度假区：

（一）对申报材料进行审核。

（二）对通过资料审核的旅游度假区进行基础评价，对通过基础评价的，按照旅游度假区等级综合评分细则以明查和暗访相结合的形式进行现场检查。

（三）对通过现场检查的旅游度假区进行审议，确定公示名单，公示期不少于5 个工作日。

（四）对公示无异议或者异议不成立的，发布认定公告。

与之相对应的是，当省级人民政府作为认定（批准设立）主体时，省级文化和旅游行政主管部门在组织认定的某些阶段（例如，预审阶段、正式审批阶段等）需要会同省内其他部门进行申报材料审核、提出办理意见等，并最终报经省级人民政府同意后，方可予以认定或批复设立。具体流程参见同步案例 3-2、3-3。

同步案例 3-2　　　　　浙江省省级旅游度假区的设立流程

《浙江省省级旅游度假区管理办法》对省级旅游度假区的申报与设立流程，有如下规定：

第五条　省级旅游度假区的申报与设立，坚持统筹布局、优中选优、成熟一个批准一个的原则，分为预审和正式审批两个阶段。

第六条　预审阶段。旅游度假区所在地市或县（市、区）政府向省文化和旅游行政部门提出资源评估与基础评价书面申请。省文化和旅游行政部门对申请材料进行审核；组织专家进行资源评估与基础评价；对通过预审的旅游度假区予以公示；对公示无异议或异议不成立的，反馈预审结果。

第七条　正式审批阶段。旅游度假区所在地市或县（市、区）政府根据预审结果编制可行性研究报告，经论证审核通过后，向省政府提出设立省级旅游度假区的书面申请（附可行性研究报告和相关材料）。省文化和旅游行政部门牵头会同宣传、发展改革、司法行政、自然资源、生态环境、水利、林业等部门，在 6 个月内完成可行性研究报告审核，符合条件的报请省政府批复设立，不符合条件的做出书

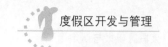

面说明。

《江苏省省级旅游度假区管理办法》第六条，对申报省级旅游度假区有如下规定：

申报省级旅游度假区，应遵循以下程序：

（一）提交申报材料。由设区市文化和旅游行政部门向省文化和旅游厅提交下列预审材料：

1. 市级文化和旅游行政部门推荐文件（含市级相关部门初审意见）；

2. 省级旅游度假区申请报告书，包括旅游度假区基本信息（含名称、管理机构、四至范围及坐标、面积、总览图等）、休闲度假资源和产品情况、度假设施分布和经营状况、旅游公共信息服务体系、游客满意度等内容；

3. 相关部门要求的其他材料。

（二）组织预审。省文化和旅游厅会同省发展改革委、省自然资源厅、省生态环境厅等相关部门对申报材料进行预审。

（三）正式申请。通过预审的申报单位，由设区市人民政府向省人民政府提出书面申请，并提交通过预审后的申报材料。

（四）审核办理。申请受理后，由省文化和旅游厅会同相关部门提出办理意见，报经省人民政府同意后予以认定。

本章小结

（1）文化和旅游部印发的《国家级旅游度假区管理办法》是国家文化和旅游行政主管部门（文化和旅游部）组织认定国家级旅游度假区的准则和依据。

（2）国家级旅游度假区的认定和管理由文化和旅游部按照《国家级旅游度假区管理办法》和《旅游度假区等级划分》（GB/T 26358）及相关细则组织实施。

（3）《旅游度假区等级划分》（GB/T 26358）已经发布两版，即 2011 年发布（2011 年实施）的"旧版"（GB/T 26358—2010）和 2022 年 7 月发布（已于 2023 年 2 月实施）的"新版"（GB/T 26358—2022）。

（4）国家旅游度假区与国家级旅游度假区在认定或批准/批复部门、认定或批准/批复方式和开发现状 3 个方面存在差异。

（5）省级旅游度假区的认定（批准设立）主体分为两类（两个层级）：省级（包括省、自治区、直辖市）人民政府和省级文化和旅游行政主管部门（一般是指文化和旅游厅）。

（6）省级文化和旅游行政主管部门（文化和旅游厅）认定（评定）省级旅游度假区时，一般不再需要会同省内其他部门审核申报材料，无需报经省级人民政府批准，可自行组织认定（包括公示和认定公告）。省级人民政府认定（批准设立）省级旅游度假区时，省级文化和旅游行政主管部门在认定的某些阶段需要会同省内其他部门进行申报材料审核、提出办理意见等，并最终报经省级人民政府同意后，方可予以认定或批复设立。

思考题

（1）国家级旅游度假区与国家5A级风景区两者是什么关系？

（2）影响国家旅游度假区发展现状的因素有哪些？

（3）各省（自治区、直辖市）在省级旅游度假区的开发建设方面有何异同？

案例分析

宁夏确定3家自治区级旅游度假区

为促进自治区级旅游度假区提质扩容升级，适应旅游消费需求变化，优化旅游产品结构，大力发展全区休闲旅游业，经自治区旅游景区质量等级评定委员会按程序综合评定，沙坡头旅游度假区、沙湖旅游度假区、宁夏（银川）贺兰山东麓旅游度假区达到省级旅游度假区标准，评定为宁夏回族自治区（省）级旅游度假区。

（1）沙坡头旅游度假区。空间范围为东起迎闫公路，西至长流水，南临定武高速，北至宁蒙边界，区域总面积约123.5平方千米。管理机构为港中旅（宁夏）沙坡头旅游景区有限责任公司，主要度假酒店包括星星酒店、黄河宿集、西北故事酒店、帐篷露营基地等，总客房数为2936间，总床位数为7192张。认证强制性指标均达标，资源环境与度假产品综合评价为90分（满分100分，达标70分），旅游度假区等级综合得分为918.8分（满分1000分，达标750分），旅游问卷得分为92分（满分100分，达标70分）。通过省级旅游度假区评定。

（2）沙湖旅游度假区。空间范围是以沙湖景区为核心，南至沙湖南大门与贺兰山交界线，北至与平罗接壤的干沟，东至京藏高速公路，西至包兰铁路，面积为198平方千米。管理机构为宁夏沙湖旅游股份有限公司，主要度假酒店包括沙湖假日酒店、美鱼别墅酒店、奇趣蛋蛋屋等，总客房数为1176间，总床位数为2116张。认证强制性指标均达标，资源环境与度假产品综合评价为91分（满分100分，达标70分），旅游度假区等级综合得分为882分（满分1000分，达标750分），旅游问卷得分为89分（满分100分，达标70分）。通过省级旅游度假区评定。

（3）宁夏（银川）贺兰山东麓旅游度假区。空间范围是贺兰山国家自然保护区以东，银川绕城高速以西，北至学院路，南至北京路的区域，面积为 475 平方千米，包含镇北堡西部影城、贺兰山岩画、贺兰山国家森林公园、西夏陵等景区。管理机构为银川西夏映象文化旅游投资发展有限公司，主要度假酒店包括瑞信天沐温泉酒店、宁夏大学国际交流中心、铁道宾馆等，总客房数为 4300 间，总床位数为 8592 张。认证强制性指标均达标，资源环境与度假产品综合评价为 90 分（满分 100 分，达标 70 分），旅游度假区等级综合得分为 831.2 分（满分 1000 分，达标 750 分），旅游问卷得分为 86 分（满分 100 分，达标 70 分）。通过省级旅游度假区评定。

（资料来源，银川新闻网：《宁夏确定 3 家自治区级旅游度假区，名单看这里！》，http://www.ycen.com.cn/xwzx/rd/202008/t20200810_92095.html。）

案例分析题：
结合案例所述内容，试分析本案例涉及本章哪些知识点。

第四章　度假区选址

【学习目标】

(1) 掌握度假区选址的概念、目标与原则。

(2) 掌握度假区选址的标准。

(3) 掌握滨海度假区、滑雪度假区选址的标准。

(4) 了解滨海度假区、滑雪度假区选址的典型案例。

引导案例

天津、安徽和广西等地的旅游度假区选址、落户与开业情况

一、万达文化旅游度假区落户天津生态城

2021年8月27日，滨海新区人民政府、中新天津生态城管委会与大连万达集团股份有限公司（简称"万达集团"）签署合作协议。万达集团将在生态城建设文化旅游度假区项目，打造国际知名的海洋主题文化旅游度假目的地。据了解，万达文化旅游度假区项目选址生态城临海新城区域，包括文化旅游产业和生态社区两部分，其中，文化旅游产业部分将建设"一园、一场、一街、两酒店"，涵盖文化旅游、商业购物、休闲娱乐、体育康养等业态。作为国家全域旅游示范区，生态城拥有绵延36千米长的生活海岸线，现有旅游项目均依河、湖、湾、海而建，区域海洋文化、休闲娱乐等沿海优质旅游资源丰富，形成了"蓝绿交织、河海相连、动静结合、全域游乐"的滨海旅游城市风光。

（资料来源，天津北方网：《万达文化旅游度假区落户生态城》，https://baijiahao.baidu. com/s?id = 1709390229460190709&wfr = spider&for = pc。）

二、域见国际旅游度假区项目选址黟县宏村

2022年2月10日，总投资30亿元的域见国际旅游度假区项目正式签约。这一度假区项目将有助于黟县加快建设高颜值国际乡村旅游示范区，助力黄山打造生态型国际化世界级休闲度假旅游目的地城市以起到示范带动作用。域见国际旅游度假区项目选址在黟县宏村镇龙江村秀里，项目计划投资30亿元，总体规划面积约946亩（不含秀里影视村项目120亩），其中建设用地约464亩，

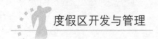

一期流转用地约 107 亩，二期流转用地约 375 亩。该项目拟结合秀里影视村及周边可建设用地，打造高端国际化集生态康养、休闲、体验为一体的健康产业发展项目。

（资料来源，黟县投资促进局：《我县举行"双招双引"项目云签约仪式　30 亿大强项目正式签约》，https://www.yixian.gov.cn/zwzx/jryx/9096239.html。）

三、桂林融创国际旅游度假区开城

2021 年 6 月 26 日，作为广西文旅融合发展的龙头项目、桂林市建设世界级旅游城市的地标式项目，"世界旅游城　欢乐甲天下"桂林融创国际旅游度假区开城活动盛大举行。桂林融创国际旅游度假区位于桂林市雁山区，横跨桂林阳朔黄金旅游带上，总规划面积约 3907 亩，投资 160 亿元，是以山水文化和民族文化为设计灵感打造的广西世界级文旅综合度假区。桂林融创国际旅游度假区开城后，为桂林带来比肩世界品质体验的一站式旅游目的地及城市文旅新地标，使桂林再添一张"山水之外"的文旅新名片。

（资料来源，桂林日报社全媒体：《2021 年桂林市十大新闻》，https://www.163.com/dy/article/GSG05LT70550FW1B.html。）

阅读完上文 3 个案例，我们可以发现，旅游度假区作为一个大型的开发建设项目，是需要选择特定的地址来开展的。例如，天津万达文化旅游度假区选在滨海新区，安徽黟见未来国际旅游度假区选在黟县，而桂林融创国际旅游度假区则选在雁山区。那么，什么是选址呢？度假区的选址需要实现什么目标？度假区的选址需要遵循哪些原则？度假区的选址需要遵循哪些标准？这些都是本章将要重点阐述的内容。

第一节　度假区选址的目标与原则

一、度假区选址的概念

选址（site selection），就是为特定的开发建设项目选择一个地点、场所。选址的主体可以是企业、政府部门、咨询机构或它们的联合体。针对可供选择的多个地点，选址意味着选择最具潜力、最合理可行的地点。针对单个备选地点而言，选址则意味着评估其开发潜力（例如，资源条件、市场条件、政策环境、财务盈利能力、可持续性等）与风险（例如，可持续性风险、政策风险、财务风险、市场风险等），并最终做出是否开发以及何时开发的决策。因此，选址涉及非常复杂的过程，且需要对这一过程进行科学的管理。

相应地，度假区的选址意味着以下两种可能：①在可供选择的多个地点中，选择最具潜力、最合理可行的地点，用于后续的度假区开发与建设；②针对单个备选地点，评估将其开发为度假区的潜力和风险，并最终做出是否开发或何时开发的决策。

二、度假区选址的目标

一般而言，通过度假区选址，投资主体（开发建设主体）希望达成若干基本目标。也就是说，一个合理的用于开发和建设度假区的地点必须满足一些基本要求。这些基本要求包括：

（1）经济效益最大化。投资者建设旅游度假区的根本目的是获得最大的经济效益。这是度假区选址的首要目标。为实现经济效益的最大化，可经由两条途径：其一，增加旅游度假区的收入；其二，降低旅游度假区的成本（建设成本和运营成本）。因此，一个合理的甚至优异的度假区选择，需要一方面能在运营后最大限度地增加度假区的收入，另一方面能尽量节省度假区的建设成本和运营成本。

（2）客流量最合理化。对于度假区而言，并非客流量越大越好。因为，一旦超过度假区的最大承载量，度假区的度假环境、氛围、服务质量等都难以保证，度假游客的体验质量、满意度、忠诚度也将受到负面影响，从而影响度假区的市场可持续发展。但与此同时，也并非客流量越小越好。因为，低于最佳门槛值的客流量将导致度假区的收入不够，使其经济效益得不到保障。所以，一个好的度假区需要选择在能实现其客流量最合理化之地。在度假区选址时，客流量的预测是相当重要的。

（3）区位最优化。一般意义上的选址，即为区位选择（包括地理区位、经济区位等）。区位（location）主要指某事物占有的场所，但也含有位置、布局、分布、位置关系等方面的意义。由于区位理论限定于研究人类为生存和发展而进行的各类活动，从这个意义上讲，区位是人类活动（人类行为）所占有的场所。因此，区位的选择不当会直接影响到旅游度假区的开发、建设和正常运营。因此，为了达到区位最优化的目标，就要充分考虑到设施、资源、气候环境、交通、政策环境等各种因素，以提高度假游客的满意度。

（4）可持续发展最大化。在选址初期，咨询方、投资决策主体需要为旅游度假区的可持续发展（包括生态环境、治理模式、社区关系、市场可持续等）预留足够的空间，以增强旅游度假区的持续竞争力。

从以上阐述可以发现，旅游度假区选址所欲实现的四个目标之间其实是相辅相成的。具体而言，客流量最合理化是经济效益最大化的前提，可持续发展最大化则是区位最优化的前提。客流量最合理化与可持续发展最大化互相依存，互为前提。

三、度假区选址的原则

度假区在选址时，必须遵循一系列的基本原则。具体阐述如下：

（1）综合性原则。鉴于度假区的开发、建设与运营受自然、经济和社会等多方面因素的综合作用，需从全面、科学、系统的发展视角，融合城乡规划学（土地利用规划）、地理学（自然地理学和区域发展）、社会学（主客关系）、工程学（建筑、土木工程等）、旅游学（旅游市场等）等多学科知识，综合考虑影响度假区建设的各项因素，确定全面涵盖度假区发展要求的各个要素建立评价指标体系，力求实现经济、社会和环境三大效益的统一。

（2）协调性原则。度假区的建设和发展将会对区域原有自然环境、经济和社会等方面产生相应的影响。特别是，度假区选址与当地政府的城乡发展规划关系密切，应该与城市建成区、城镇发展规划相协调。从度假区建设和发展所涉猎的各个方面，即用地、能源供应、给排水、地质、环境保护等方面统筹协调各个关系，实现度假区建设和发展与区域整体发展的充分协调。

（3）安全性原则。如本书第二章所述，度假区有多种类型，各种类型的度假区的开发建设会涉及不同的自然、人文环境。以山地森林度假区为例，它的选址要充分考虑区域及当地的地质构造情况；场地不应设置在滞洪区、滑坡、岩溶发育地带、冲沟发育地带，活断层及7度以上地震区。度假区的工程建设应尽量避免较大规模地影响原有生态格局的活动，保证当地原有生态格局的稳定性和安全性。

第二节 度假区选址的标准

度假区选址的标准包括如下三个方面（图4-1）[1]：选址的前提条件、选址的价值、选址的风险（这些标准，大部分都体现在同步案例4-1中）。具体而言，选址的前提条件意味着某一个特定地点必须符合的基本条件、门槛条件；若不符合，正常情况下，则无需继续其他方面的评估。选址的价值意味着这个地点在未来所能给投资者带来的经济利益。相应地，选址的风险则是指选择在某个特定地点开发、建设旅游度假区所面临的挑战和不确定性。接下来将分别对这三个方面的标准（指标）做详细介绍。

---

[1] 李斌：《长白山国际旅游度假区项目选址初探》，载《现代交际》2018年第6期，第251-253页；刘家明、季任钧：《旅游度假区开发的选址研究》，载《人文地理》2001年第5期，第49-52页。

一、选址的前提条件

度假区选址的前提条件包括政策环境稳定性、区位便利性、资源适宜性。具体介绍如下：

（1）政策环境稳定性。这一标准又可进一步分为区域经济发展水平、旅游政策稳定性和税收政策稳定性。其中，区域经济发展水平是指度假区所在地的中观和微观层面的经济发展水平。例如，当时在考虑三亚亚龙湾旅游度假区的选址时（针对特定地点的评估），就需要综合考虑所处的三亚市以及海南省的区域经济发展水平，包括地区生产总值、地方财政收入、人均生产总值、人均收支等情况。假如要在珠三角地区选址投资兴建度假区，那么，所处区域的经济发展水平将会成为优势，因而也是选址的重要依据。因为这一地区高水平的经济发展所带来的是较高的居民消费能力、消费意愿以及投资商数量和质量等。旅游政策稳定性是指与旅游产业相关的地方政策的一致性、连贯性等，用以表征地方政府对旅游业发展的支持力度和态度。类似的，税收政策稳定性是指地方政府有关税收的政策的历时一致性和连贯性。这三个方面（区域经济发展水平、旅游政策稳定性、税收政策稳定性）都会影响旅游度假区的"生死成败"，因而是度假区选址的关键性的前提因素。

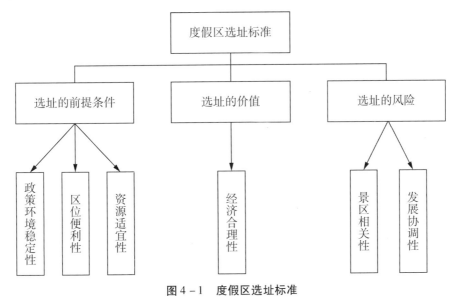

图 4-1 度假区选址标准

（2）区位便利性。区位便利性是指度假区具备在地理区位上、交通区位上与主要客源市场连接的便利性。这一标准包括客源市场规模、区域内交通网络和与主要客源市场的交通通达条件 3 个方面。如果一个度假区所在地的客源市场规模足够大（例如，毗邻黄山风景名胜区的域见未来国际旅游度假区、地处国际旅游城市桂林的融创国际旅游度假区等）、区域内交通网络发达（例如，地处珠三角的珠海长隆国际海洋度假区、广州长隆旅游度假区等）、与主要客源市场的交通通达条件良好（例如，苏州太湖国家旅游度假区，位于经济高度发达、区内交通条件十分优异的长三角地区；长三角本身亦是它最主要的客源市场），那它的成功是有保障的。但是，反过来，如果度假区选址在一个客源市场规模较小、区域内交通网络不够完善、与主要客源市场的交通条件受限的地方，那么，投资方可能面临着巨大的经营挑战，甚至有投资失败的风险。

（3）资源适宜性。这一标准可进一步分为度假气候资源、自然风光与环境、土地资源、文化资源。诚如本书第一章、第二章所述，度假区是具备良好的度假资源与环境以服务于度假游客的休闲度假需求的场所。因此，舒适怡人的气候、优美的自然景观、有吸引力的文化资源等都是度假游客所追求的。与此同时，度假区的建设还需要大量建设用地和其他用地。例如，20 世纪 80 年代末 90 年代初，海南省政府和国务院选址在三亚亚龙湾建设滨海旅游度假区就是充分考虑到它优质的度假气候资源、优美的自然风光与环境、充足的土地资源以及颇具特色的地域文化资源。实际上，如本书第三章所述，自 1992 年起国务院陆续批准的 12 家国家旅游度假区，都具备良好的资源适宜性。此外，20 世纪 60 年代末，墨西哥中央银行在调查、比选度假区开发选址时，也因为土地资源和水资源的可得性、自然景观条件等原因，放弃了纳入选择范围的其他四个地点，最终选择了坎昆。因此，资源适宜性成为度假区开发、建设的必备条件，也是度假区选址的前提条件。

二、选址的价值

度假区选址的价值主要是指选址的经济合理性（财务合理性）。具体而言，也包括如下三个方面：

（1）投资的财务成本。度假区的投资、兴建是一个"大兴土木"的开发项目，因而涉及大量投资，有些甚至高达数百亿元。财务成本，实际上是财务会计中的一个流动概念，包括生产成本、期间费用、利息费用、净汇兑损失、金融机构手续费以及因融资而发生的其他财务费用等。在不同的地方，由于税收政策、劳工成本、建材成本、土地出让价格等的差异，投资兴建度假区可能会面临着不同的财务成本。因此，投资兴建任何一个度假区都需要特别重视财务成本。

（2）运营成本与收益。运营成本也称经营成本，是指企业所销售商品或者提供劳务的成本。营业成本应当与所销售商品或者所提供劳务而取得的收入（亦即运营收益）进行配比。营业成本是与营业收入直接相关的。营业成本主要包括主营业务成本、其他业务成本。度假区在开业之后的运营成本与收益，亦是决定它

"生死成败"的关键。同样地，因为税收政策、劳工成本、消费水平等的差异，投资兴建度假区可能面临着不同的运营成本与收益。因此，度假区在投资兴建前期的选址中，亦需预测好未来的运营成本与收益情况。

（3）投资的机会成本。机会成本是指企业为从事某项经营活动而放弃另一项经营活动的机会，或利用一定资源获得某种收入时所放弃的另一种收入。相应地，对于企业而言，在某地投资兴建度假区的机会成本意味着它放弃在另外一地投资兴建度假区的潜在收益或投资别的项目的潜在收益。类似的，对地方政府而言，选择开发某地并将它规划、开发成度假区，意味着地方政府的政策优惠、前期基础设施建设、管理投入等，都将流向此地，而非别处，亦因此会放弃掉（至少暂时）源自在别地建设旅游度假区所带来的税收、土地出让收入以及相应的社会效益。

三、选址的风险

度假区选址的风险包括景区相关性（地理与功能关系）（如本书第二章所述）、发展协调性两个方面。

（1）景区相关性。这一标准可以从互补型旅游区、替代型旅游区两个视角分析。当一个度假区的潜在选址周边，有一处或多处与之在功能上、市场上互补的景区（或其他类型的旅游区）时，则度假区与这些旅游区可以互相取长补短，共同建构和增强区域旅游吸引力，亦即"一起把蛋糕做大"。例如，三亚亚龙湾旅游度假区是滨海类型的度假区，与毗邻它的亚龙湾热带天堂森林公园（包括森林观光区和鸟巢度假区两个板块）相得益彰、互相补充。反之，当一个度假区的潜在选址的周边，有一处或多处与之在功能上、市场上同质且互相竞争的旅游区时，则在区域市场规模相对稳定的情况下，双方之间可能会出现恶性竞争、互相排挤，从而两败俱伤。当然，另外一种可能的情况是：这一区域的度假市场容量足够大，任何一家度假区（或其他类型的旅游区）都不可能完全消化这一市场，这些市场主体则可能会（至少短时间内会）相安无事。例如，在我国最负盛名的度假城市三亚，市内仅滨海度假区就有亚龙湾、海棠湾、大东海、三亚湾等，且还在积极开发其他湾区。市内滨海度假区在交通区位、功能定位、度假设施档次等方面存在较大差异，并不存在显著的恶性竞争。

（2）发展协调性。这一标准又可进一步划分为与自然环境的协调、与人文及社会政治环境的协调、进一步发展的潜力。正如本章在"度假区选址的原则"部分论述的，度假区的建设和发展将会对区域内原有自然环境、经济和社会等方面产生相应的影响。度假区选址应该与当地政府的城乡发展规划、土地利用规划等相协调，与用地、能源供应、给排水、地质、环境保护等方面统筹协调，要处理好与当地社区的关系，且施工建设要尽量避免较大规模地影响原有生态格局，否则将会严重损害度假区的可持续发展。

一、基本情况

某投资主体欲在吉林省长白山地区兴建长白山国际旅游度假区，项目的性质、定位、规模和建设内容，如下所述。

（1）项目性质：长白山某国际旅游度假区项目。

（2）项目定位：度假、旅游休闲、房地产开发。

（3）项目规模：约1000亩。

（4）建设内容：高档度假酒店、温泉度假别墅群、国际滑雪场、水上乐园及相应配套设施。

二、三个地块介绍

三个潜在选址（地块）的基本情况，简述如下：

（1）地块1（宝财岭）。地块1位于长白山南坡风景区和西坡风景区的交界带，距长白山景区西门和南门均不超过50千米（直线距离），既可体验西坡风景区的高端旅游项目，又可领略南坡风景区内保存完好的原始风貌。目前，地方政府正在规划周边公路、铁路。地块面积较大，可开发利用土地资源较丰富。地块1以宅基地、一般耕地以及集体林地为主，审批办理周期短。地块1自然资源良好，具有丰富的人参、贝母、天麻等资源，并且地势较高，视野开阔，可登高远眺长白山。前进村和枫林村均有山泉河流一条，水质良好，可直接饮用。周边居民点可依附性较强。地块1周边主要三个居民点包括镇中心以及公有林场。地块1距周边居民点平均距离为3.5千米，交通联系较便捷，可借用周边居民点部分资源。宝财岭山峰东可遥望整个长白山山峰奇景，东南可远观天鹅主峰及一望无际的茫茫林海，北拥万达长白山旅游度假区南区，东临长白山西景区，南望长白山南景区；同时，镇域内旅游景点较多，特别是孤顶子古木屋村落等文化景观独具特色。地块1开发难度小，地块内部宅基地、耕地及集体林地征地容易，手续办理周期短，整个项目房屋拆迁费用为2075.56万元，费用适中。并且，漫江镇政府已制订了相关拆迁方案，确保项目的顺利实施。需要注意的是，地块1距离中心城市以及万达南区较远，同时漫江镇的综合实力较弱；地块1周边原生态景观少；地块1的对外交通相对不便捷，距离长白山、长白山机场以及省道距离比较远。地块1周边原始森林等覆被较少，地块内部分旅游资源与长白山其他地区具有雷同性，特色并不突出。

---

① 本案例改编自李斌：《长白山国际旅游度假区项目选址初探》，载《现代交际》2018年第6期，第251-253页。

（2）地块2（果松地块）。地块2靠近机场、紧邻S302省道（国道G504），交通方便；紧邻中心城市和长白山池西旅游风景区交通干线，且距离西门距离短，便于参观长白山天池景色；紧邻万达长白山国际旅游休闲度假区，近期可以有效利用万达度假区的经济辐射作用，有利于项目快速起步。地块2周边具有一定规模的居民点，可以作为基础支撑，其外部主要交通基础设施条件良好，毗邻万达长白山国际旅游度假区（南区），各类社会服务设施及相应配套基础设施齐全，有利于在近期内完成土地整理，进行建设。地块2自身具有山、林、水等景观资源的良好结合，可以近观果松山，远眺长白山。由于紧邻万达长白山国际旅游度假区，地块2可以直接享用度假区内部的康体休闲娱乐设施。地块2所在的长白山西坡度假区，具有较好的旅游吸引力。地块2处于快速发展中的长白山西坡景区范围内，所在区域土地开发热度较高，基础设施和外部可依托条件将会逐步优化，有利于项目的建设和发展。现状土地属于集体林地，且未来规划定为建设用地，用地性质转变较为容易。需要注意的是，地块2的不利条件也较明显。具体而言，附近没有可以依托的高等级景点，且离最近的中心城镇东岗镇的距离较远；地块形状不规则，对开发建设有一定影响；地块周边及内部道路除S302省道之外，其他全部为乡道和村道，等级较低；自然旅游资源过多，缺乏人文旅游资源；距离万达长白山国际旅游度假区过近，存在一定的竞争。此外，地块2已于2011年被抚松县政府出让给北京华天科技有限公司，选择该地块进行开发需要与北京华天科技有限公司协商，对项目开发成本构成重要影响。地块2处于长白山西坡景区，旅游景点处于开发阶段，目前发展不够成熟和稳定。

（3）地块3（光明林场）。地块3位于池北区南侧7千米处，区域交通便利。地块3现已有部分品位较高景点，融自然景观和人文景观为一体，背靠东、西奶头山，奶头河、三道白河环绕其间，原始森林茂盛，自然生态环境优越，为长白山外围景区的重要节点。地块3从用地面积、地形地貌特征等方面来看，都比较符合项目发展要求，并有利于项目的建设。地块3的现状地上物属于职工住房、经济林及林场建设用地，便于开发建设。地块3所临近的池北区是长白山旅游发展的核心服务区，开发时间较早，开发成熟度高，旅游基础设施良好，区内交通、酒店、学校、医疗等设施一应俱全。从地块自身来看，地块3旅游资源比较丰富，山、水、林、泉、文化等景观要素兼备。既有山体、河流、森林、温泉等自然旅游资源，又有朝鲜族、满族等少数民族文化，红色文化，林场生活文化，宗教传说文化等人文资源，这些人文资源与地块的自然资源形成了合理有机的搭配组合。地块3毗邻池北旅游经济开发区，具有度假区位优势，是自身具有一定品位的旅游资源，且在上位规划中拥有两大重点项目，旅游开发潜力巨大，发展前景广阔。地块3现状面积基本可以满足项目建设需求。需要注意的是，地块3的不利条件也十分明显。其中，地块3无高等级的陆路交通直接进入，距离机场有一定的距离，可进入性相对

较差；项目建设可能会涉及林场职工住宅动迁问题，对开发建设有一定影响；区域的航空交通仍相对滞后，长白山机场和池北区没有公共交通连接，降低了区域可达性；与长白山景区相比，无论在资源数量、资源品位以及景区开发成熟度方面，都处于劣势。最后，地块3用地可能会涉及征地动迁及经济林补偿等问题，增加了建设周期和资本投入，存在一定的障碍。

三、选址建议

通过建立包括16个二级指标、5个一级指标（区位条件、用地条件、周边可依托条件、旅游资源、发展潜力）在内的指标体系，并对上述三个地块进行赋分和权重分配，最终计算出各自地块的最终得分。数学表达式为：

$$Q = \sum_{j=1}^{n} W_j P_{ij}(i = 1,2,3,\cdots,6; \quad j = 1,2,3,\cdots,16; \quad n = 16)$$

式中，Q 为各地块综合得分，W_j 为第 j 个指标权重值，P_{ij} 为第 i 个地块第 j 个指标得分值。

结果显示，综合得分由高到低的排序依次为：地块1（宝财岭）、地块3（光明林场）、地块2（果松地块）。

课堂讨论 4 – 1

问题：针对案例4-1所做出的选址建议，你是否有不同的看法？

讨论要点：

（1）所谓度假区选址，是为特定的度假区选择一个地点或场所。选址意味着在可供选择的多个地点中选择最具潜力、最合理可行的地点。

（2）度假区选址涉及选址目标和一系列选址标准（前提条件、价值、风险）。在不同的时空情境下，不同评估或投资主体可能会有不同的目标并面临不同的条件、价值和风险。因此，所有的选址方案都受制于特定的时空情境。

第三节　典型度假区选址

一、滨海度假区选址

（1）墨西哥坎昆酒店区。坎昆（Cancun）是墨西哥著名的国际旅游城市。它位于加勒比海北部，尤卡坦半岛东北端海滨，是一座长21千米、宽仅400米的美丽岛屿。整个岛呈蛇形，西北端和西南端有大桥与尤卡坦半岛相连。坎昆隔尤卡坦海峡与古巴岛遥遥相对。坎昆拥有世界公认的十大海滩之一。我们平常所说的坎昆度假区，是指它的酒店区（坎昆岛）。除此之外，坎昆还包括居住区（坎昆城）、国际机场区、保护区、"白沙滩"、圣米盖里托古迹废墟、尼楚普特、波荷奎礁湖七大功能区。20 世纪 60 年代及之前，坎昆是一处只有 300 多人的僻静渔村。1972年，墨西哥政府在这里投资 3.5 亿美元，建设旅游区和自由贸易中心，并重点发展旅游业。坎昆于 1975 年开始接待游客。如今，坎昆已发展成为世界一流的集滨海度假、运动养生、旅游休闲、玛雅文化体验、国际会议于一体的度假区。

1969 年，坎昆因符合以下标准[①]，才被墨西哥中央银行在调查、比选时选中：①拥有怡人的热带气候和迷人的海滩；②能有效利用加勒比地区的旅游客源市场结构；③能促进旅游资源丰富的边远地区和无其他就业出路的地区的旅游开发；④能带动区域旅游业和其他产业的发展；⑤土地获取难度低、水资源充足、交通条件良好。当时，纳入考察的还有其他 4 个地点。其中，科苏梅尔岛、穆杰莱斯岛由于土地所有权问题无法得到解决而被排除在外，另外两个地点则由于水资源缺乏、交通条件不佳、自然景观稀缺等问题而被放弃。

（2）印度尼西亚巴厘岛努沙杜瓦度假区。努沙杜瓦（Nusa Dua）位于印度尼西亚巴厘岛的南端，距离巴厘岛国际机场仅 15 分钟车程，距巴厘省[②]省会和最大城市——登巴萨（Denpasar）市中心约 30 分钟车程。努沙杜瓦以洁净、宁静的海滩（海滩绵延长达 5 千米）以及清澈见底的海水闻名，是一个经过完整规划与建设的国际一流的旅游度假区。1972 年，印度尼西亚政府出台了巴厘岛旅游发展规划，并邀请世界银行和 SETO（世界著名的规划咨询公司）开发巴厘岛的度假区。自此，巴厘岛的库塔（Kuta）、沙努（Sanur）、乌布德（Ubud）、罗威纳（Lovina）开始成为观光旅游胜地。20 世纪 80 年代，高端度假酒店（度假村）开始向努沙杜瓦聚集。选择努沙杜瓦作为高端度假区进行开发建设，主要原因如下：①与巴厘岛国际机场（又称巴厘岛登巴萨国际机场、努拉莱伊机场等；英文名：Ngurah Rai International Airport）距离适宜；②有可供使用（即未作水稻种植用地或其他高价值农作物种植用途）的大面积土地；③有迷人的海滩。[③]

从以上两个案例可以发现，海滩是滨海度假区选址的重要考虑因素。关于海滩旅游资源的评价的更多信息，参见知识链接 4 - 1。

---

① 参见〔美〕爱德华·因斯克普、〔美〕马克·科伦伯格《旅游度假区的综合开发模式：世界六个旅游度假区开发实例研究》，国家旅游局人教司组织翻译，中国旅游出版社 1993 年版。
② 巴厘岛（Bali Island）在行政区划上即巴厘省，是印度尼西亚 33 个省之一。
③ 参见〔美〕爱德华·因斯克普、〔美〕马克·科伦伯格《旅游度假区的综合开发模式：世界六个旅游度假区开发实例研究》，国家旅游局人教司组织翻译，中国旅游出版社 1993 年版。

知识链接 4 - 1　　　　　　　　　　海滩旅游资源质量评价指标①

在众多类型的旅游度假区中，滨海度假区总是给人一种浪漫的印象。阳光、白云、海滩都是必不可少的景观和资源。滨海沙滩（海滩）也经常被认为是滨海度假区选址的重要考虑因素。那么，怎么样的海滩才是高质量的海滩？如何评价一个海滩的质量，从而有助于滨海旅游度假区的选址决策呢？

海滩是指由海水搬运积聚的沉积物（沙或石砾）堆积而形成的岸。海滩可分为砾石滩（卵石滩）、粗砂滩和细砂滩。作为一类旅游资源的海滩的质量评价一直受到国内外海洋环境科学研究、海洋开发利用研究的关注。在国外，已经形成的一系列海滩旅游资源评价标准，主要有以下几种：欧洲"蓝旗"评价标准（blue flag campaign）、英国海滩奖励标准、英国格拉摩根大学海滩评价标准、美国健康海滩评价标准、美国蓝色波浪评价标准、哥斯达黎加海滩评价标准等。

在国内，也有学者对我国海滩（包括海岛沙滩）旅游资源的质量评价做过探索，并形成了一些评价体系。下文对其中两个予以简介，以"管窥"在滨海旅游度假区的选址实践中，对作为一种旅游资源的海滩，应该如何予以评估。表 4 - 1 展示了秦登妹等学者提出的"中国海滩旅游资源评价因子"②，表 4 - 2 则展示了姜呈浩等学者提出的"海岛沙滩质量评价体系"③。

表 4 - 1　中国海滩旅游资源评价因子

评价项目	评价因子	因子评价标准				
		1	2	3	4	5
A1 海滩开发程度	B1 浴场设施配备状况	无设施	极少设施	较全设施	齐全设施	极齐全设施
A2 自然因素	B2 海滩长度/km	<0.5	0.5～1	1～2	2～5	>5
	B3 海滩宽度/km	0.05～0.1	0.1～0.15	0.15～0.2	0.2～0.3	>0.3
	B4 后滨状况	侵蚀淤积	陡峭地貌	改造地貌	沙岸	防护林
	B5 沙子中值粒径（Φ）	<-1	-1～2	6～8	4～6	2～4

①　文化和旅游部：《〈滑雪旅游度假地等级划分〉标准颁布》，https://www.mct.gov.cn/whzx/whyw/202110/t20211021_928452.htm。

②　秦登妹、黄鹄、黎树式等：《海滩旅游资源评价研究进展与展望》，载《钦州学院学报》2019 年第 3 期，第 1 - 7 页。

③　姜呈浩、时连强、程林等：《浙江海岛沙滩质量评价体系及其应用研究》，载《海洋学研究》2014 年第 1 期，第 56 - 63 页。

续表 4-1

评价项目	评价因子	因子评价标准				
		1	2	3	4	5
A3 环境因素	B6 气温/℃	7～27	10～15	15～25	18～24	21～24
	B7 水温/℃	<19/>35	<23/>32	23～25/>30	25～28	28～30
	B8 风速/m·s^{-1}	>3.5	2～3.5	1.5～2	1～1.5	<1
	B9 雨量/(毫米/月)	150～250	100～150	60～100	30～60	<30
	B10 波高/m	>3	<0.5	1.5～3	0.5～1	1～1.5
	B11 潮差/m	>4	3～4	2～3	1～2	<1
	B12 水质	V	IV	III	II	I
A4 人文社会因素	B13 交通便利程度	极不便利	不方便	较不方便	方便	很方便
	B14 住宿餐饮	极不方便	不方便	较不方便	方便	很方便
	B15 游客密度	极少	较少	一般	密集	很密集
	B16 海滩区位	很差	差	一般	优越	很优越
	B17 知名度	县级以下	市级	省级	国家级	国际级
	B18 民俗风情	极小	很小	较小	大	很大
	B19 人型活动	极小	很小	较小	大	很大
	B20 海滩美学价值	很低	较低	较高	高	很高

表4-2 海岛沙滩质量评价体系

目标层	指标层（权重）	因素层（权重）	因子层	因子评分				
				1	2	3	4	5
海岛沙滩质量评价	沙滩资源禀赋条件（0.4579）	沙滩资源地貌与沉积物特征（0.2970）	沙滩坡度/°	<10	6~10	4~6	2~4	<2
			沙滩平面形态	较平直	—	弯（较弯）	—	螺线型
			沉积物平均粒径（Φ）	-1~0	0~1	1~2	3~4	2~3
			沉积物分选等级（σ_I）	>2	1~2	0.5~1	0.35~0.5	<0.35
			滩面有无砾石	明显的砾石堆积		局部有砾石		无或极少砾石
			滩肩发育情况	有明显滩肩		有不明显滩肩		无滩肩
			侵蚀或淤积	严重侵蚀	严重淤积	微弱侵蚀	微弱淤积	平衡
			沙滩宽度/m	50~100	100~200	200~250	250~350	>350
			沙滩长度/km	<0.1	0.1~0.3	0.3~0.5	0.5~1.5	>1.5
			向海的开阔程度	较小		较大		很大
		沙滩资源吸引力（0.5396）	后滨状态	侵蚀崖岸	山地台地	人工地貌	平原海岸	沙丘/防护林
			配套服务设施	较差（缺少设施）		一般（部分设施）		较好（设施完备）
			资源空间通达度1（到达目标岛屿）	水路		水路和陆路		航空、陆路和水路
			资源空间通达度2（到达目标沙滩）	极不便利		较便利		便利
			沙滩游憩娱乐项目丰富程度	匮乏	较匮乏	一般	较丰富	丰富
			沙滩所在岛屿旅游资源丰度	匮乏	较匮乏	一般	较丰富	丰富

续表 4-2

目标层	指标层（权重）	因素层（权重）	因子层	因子评分				
				1	2	3	4	5
海岛沙滩质量评价	沙滩资源禀赋条件（0.4579）	沙滩资源动力条件与安全性（0.1634）	最大表层潮流速 /cm·s⁻¹	>250	200~250	160~200	100~160	<100
			年平均潮差 /m	>4.0	3.0~4.0	2.0~3.0	1.0~2.0	<1.0
			平均波高 $H_{1/10}$ /m	>3.0	<0.5	1.5~3.0	0.5~1.0	1.0~1.5
			大风天数（大于八级）	>50	30~50	20~30	10~20	<10
	沙滩资源环境条件（0.4161）	环境质量与信息（1.0）	海水透明 /m	<0.2	0.2~1	1~2	2~4	>4
			海水水质	劣Ⅳ	Ⅳ	Ⅲ	Ⅱ	Ⅰ
			固体垃圾（每平方米滩面上固体垃圾所占面积百分数）/%	>10	—	5~10	—	<5
			排污行迹	有显著排污行迹	—	有轻微排污行迹	—	无排污行迹
			沙滩滨岸植被依托	缺少植被	—	稀疏植被	—	植被覆盖
	沙滩资源旅游开发条件（0.1260）	社会经济状况（0.5584）	周边城镇水平	村	乡	镇	市、区、县	地级市
			经济水平（县人均GDP）/万元	1~2	2~3	3~4	4~5	>5
		沙滩资源开发潜力（0.1220）	地理位置（岛屿离大陆最近距离）/km	>60	50~60	20~50	10~20	<10
		客源市场潜力（0.3196）	潜在旅游消费群（市级城市为计数单位）/万人	<750	750~1000	1000~1500	1500~1700	>1700

注：沙滩宽度指的是高、低潮线之间的距离；沙滩坡度是指沙滩坡面的垂直高度 h 和水平宽度 l 的比值；沙滩长度是指岬角间沿海岸线量算的长度。

二、滑雪旅游度假地选址

近期一项研究表明①，我国的滑雪场②主要分布在黑龙江、吉林、辽宁、山东、新疆、河北等北方地区。从地理区划上看，全国85%的滑雪场分布在东北、华北、西北和华东4个区域。滑雪场的分布受地形、气温、经济、城市以及交通要素的影响显著。也就是说，在选择滑雪旅游度假地的兴建地点时，特别是在谋划未来的滑雪度假区等级申报时（有关滑雪旅游度假地等级划分的知识，参见知识链接4-2），亦需要重点考虑上述因素。

知识链接4-2　　　　《滑雪旅游度假地等级划分》标准颁布③

为贯彻落实习近平总书记关于"冰天雪地也是金山银山"重要指示精神，落实《冰雪旅游发展行动计划（2021—2023年)》有关工作任务，助力北京冬奥会举办，加大冰雪旅游产品供给，推动冰雪旅游高质量发展，更好满足人民群众冰雪旅游消费需求，推动实现"带动三亿人参与冰雪运动"目标，文化和旅游部会同国家体育总局编制的《滑雪旅游度假地等级划分》（LB/T 083—2021）行业标准（以下简称《标准》）近日颁布实施。

《标准》明确，滑雪旅游度假地为具有良好的滑雪场地资源，满足滑雪场所开发条件，能够满足游客以滑雪运动为主，兼具山地运动、户外运动、康养度假、休闲娱乐等旅游需求的度假设施和服务功能集聚区。《标准》将滑雪旅游度假地划分为国家级滑雪旅游度假地和省级滑雪旅游度假地，对滑雪旅游度假地的空间组成、滑雪旅游资源、规划建设、滑雪旅游设施及配套系统、旅游综合服务、区位交通、其他旅游配套基础设施、管理与安全保障等做出规范。《标准》提出，滑雪旅游度假地应具有地形、生态、气候、区位交通、发展潜力等综合条件优良的滑雪旅游场地资源，且无多发性不可规避的自然灾害风险；具有空间集聚的滑雪场地设施、户外休闲活动设施；以滑雪旅游度假为主，宜开展四季旅游；有一定数量的旅游饭店、特色民宿等住宿接待设施等。

---

① 王金伟、郭嘉欣、刘乙等：《中国滑雪场空间分布特征及其影响因素》，载《地理研究》2022年第2期，第390-405页。

② 滑雪场并不等同于滑雪旅游度假地。有滑雪场的地方，并不一定建有滑雪旅游度假地。类似的，有海边沙滩的地方也并不一定建有海滨旅游度假区。但滑雪旅游度假地必须依托滑雪场，亦即滑雪场是滑雪旅游度假地的必要非充分条件。因此，滑雪场的选址在很大程度上决定了滑雪旅游度假地的选址。

③ 《滑雪旅游度假地等级划分》标准颁布见 https://www.mct.gov.cn/whzx/whyw/202110/t20211021_928452.htm。

　　《标准》还对国家级和省级滑雪旅游度假地的认定条件做出具体规定，包括滑雪旅游度假地核心区面积、核心区滑雪旅游场地条件、核心区旅游市场规模与结构、核心区滑雪旅游设备、滑雪旅游综合服务、户外和室内休闲活动及设施、基础设施、核心区智慧旅游系统、旅游综合服务等方面。下一步，文化和旅游部将推动《标准》实施，会同有关部门开展滑雪旅游度假地认定工作。

　　（1）滑雪场（滑雪旅游度假地）选址的标准。第一，作为一种自高而下的速降竞技运动，滑雪对地势的要求较高。因此，滑雪场以及基于此的旅游度假地通常选择在具有一定地势起伏的区域。地形地貌因素是滑雪场建设的重要先决条件，直接影响到滑雪场的规模和等级。第二，通常来说，滑雪运动需要依托冰雪资源开展。因此，滑雪场对气候条件要求高，平均气温是滑雪场选址和建设的重要考虑因素（参见知识链接4－3）。第三，从整体上而言，在我国，滑雪场的数量与经济因素呈正相关，经济发展水平（例如，投资能力与消费水平）是滑雪场分布的重要考虑因素。第四，在全国86%的地区中，滑雪场的数量与城市数量呈正向关系，仅14%为负向关系。上述数据说明，全国滑雪场大多分布在离城市较近的区域，即距离城市近的滑雪场，更能充分利用城市在客源提供与组织、交通、住宿、娱乐等方面的功能。第五，滑雪场与冰雪旅游发展密切相关，尤其对于我国的滑雪场来说，90%以上的滑雪场为旅游体验型滑雪场和城郊学习型滑雪场，游客占有很大的比例。因此，交通作为连接目的地和客源地之间的重要支撑，也是滑雪场选址时重点要考虑的因素。

知识链接 4－3　　　　河北省承德市围场县兴建滑雪场的气候条件分析[①]

　　许启慧等（2014）的研究曾利用承德地区7个气象站的积雪观测资料和围场气象站1951—2011年的地面观测资料，对河北省承德市围场县滑雪场选址的气候条件做了分析。该研究充分展示了滑雪场以及相应的度假区在选址时需要充分考虑的气候条件（气候适宜性、气候风险性）。具体分析过程和结果如下文所示。

　　一、气候适宜性分析

　　（1）围场的雪资源。根据运营经验，若要维持滑雪场的投入与支出平衡，每年至少需要保证80～100天滑雪活动，积雪厚度至少要达到50～100 cm。①降雪日数。围场气象站数据显示：全年80%降雪日出现在11月至次年3月；其中，3月降雪日数最多，最多可达15天，最少1天；降雪初、终日间隔平均为196天，

---

　　① 参见许启慧、范引琪、于长文等：《滑雪场建设气候条件分析》，载《气象科技》2014年第5期，第938－944页。

最长241天，最短143天，相当于4个月。这对雪资源需求量较大的滑雪场而言是十分有利的。②积雪日数。气象上将有积雪的日子称为积雪日。按年度（北半球从前一年7月1日至当年6月30日）统计积雪日数。累年平均积雪日数最大值出现在12月，为8.4天，全年93%的积雪日出现在11月至次年3月，积雪初、终日间隔平均为144.6天，最多199天，最少33天。③最大积雪深度。积雪深度是指假定雪层均匀地分布在积雪地面上时，从雪层表面到雪下地面之间的垂直深度（单位为cm）。围场气象站记录的最大积雪深度多集中出现在11月至次年3月，年份以20世纪70年代出现居多，其中最高值为30 cm，出现在1977年3月18日，次大值为25 cm，出现在1957年11月24日。目前，我国大部分滑雪场都是采用自然降雪与人造雪相结合的方式来维持滑雪活动。雪场营业前都要进行为期20天的造雪，平均雪层厚度达50～60 cm最佳。

（2）围场滑雪场选址的优势分析。相对其他各站（丰宁、隆化、滦平、承德市、平泉、承德县），围场气象站降雪日数平均值、最大值和最小值，最多积雪日数以及最长连续积雪日数均位居各站之首。围场气象站多年最大积雪深度值也显著高于其他6个测站。由于围场在降雪日数、积雪日数、最大积雪深度、最长连续积雪日数等项目上均为7站最优，且围场降雪和积雪初终期间隔都较长，因此，围场是承德区域内滑雪场建设的首选地址。

（3）围场的气温。围场气象站多年（1951—2011年）平均气温为5.2℃，月平均最高气温21℃（7月），最低-12.8℃（1月）。围场四季分明，低温期较长，全年有5个月（分别为1月、2月、3月、11月和12月）平均气温在0℃以下，气温低于0℃的日数长达150天。上述气温条件对滑雪场雪量的自然保存非常有利。

（4）围场的风。围场全年不同月份风速分布不均。春季较大，夏季最小；其中，4月平均风速最大（2.4 m/s），8月最小（1.3 m/s），在平均气温低于0℃的5个月份里（1月、2月、3月、11月和12月），平均风速维持在1.9～2.2 m/s，风速等级较低，对滑雪运动比较有利。

二、气候风险性分析

（1）雪崩。通常较大范围（县级或地区级）雪崩发生危险度评价都在一个气候区域内进行。一般选取积雪厚度、坡度和植被类型与覆盖度作为参评因子。国外有研究表明，一次暴风雪后新雪累积深度在1 m时，被认为是极端雪崩发生的临界点，30～50 cm是一般天然雪崩释放的临界点。通过计算后得知，围场地区出现雪崩的最短重现期为50年，天然雪崩出现频率较低。由于风能够增加积雪负荷，特别是当有大风（风速大于17 m/s）出现时，不仅会造成雪的大量堆积，还会引起雪粒凝结，形成硬而脆的雪层，大风使雪层间摩擦阻力减小，引发雪崩。因此，风是新雪之后对雪崩起最主要作用的前置因子。相关计算表明，围场地区滑雪季节大风日数较少，对发生雪崩的影响较小，同时也有利于滑雪场雪坡积雪维护。

（2）其他气候灾害事件风险。自有观测记录以来，围场地区共出现大雾日数27天，沙尘日数338天（扬沙日197天、浮尘日133天、沙尘暴日8天），冰雹日数236天，雷暴日数2465天。上述几种常见的灾害性天气多发生于滑雪旅游淡季，即夏季旅游旺季。因而，应该加强夏季旅游期灾害性天气的预警和防御。

（2）我国滑雪场（滑雪旅游度假地）的分布。①东北滑雪场（滑雪旅游度假地）的分布。① 我国东北地区在冰雪资源和冰雪设施方面，具有得天独厚的优势。截至2019年12月底，黑龙江、吉林、辽宁三省的滑雪场多达207家，占全国总量的近27%。东北地区代表性的滑雪场（滑雪旅游度假地）有：哈尔滨融创雪世界、亚布力滑雪度假区、松花湖滑雪场、北大壶滑雪度假区、长白山万达国际（滑雪）度假区、长白山鲁能胜地滑雪场。②华北滑雪场（滑雪旅游度假地）的分布。依托于得天独厚的气候、地形、区域经济、城市发展和交通因素，以及受2022年北京冬奥会的影响，近年来华北地区新建滑雪场的数量不断上升。截至2019年12月底，华北地区累计共有滑雪场190家，占全国总量的近25%。仅在河北张家口市的崇礼区，就拥有万龙、云顶、太舞、富龙、多乐美地、翠云山银河和长城岭七大滑雪场，开放了上百条雪道。张家口崇礼区是我国名副其实的滑雪重镇。③西北滑雪场（滑雪旅游度假地）的分布。截至2019年底，西北五省区共有125个滑雪场，且集聚性地分布在新疆北部和陕西中部。在新疆，代表性的滑雪场（滑雪旅游度假地）有阿勒泰将军山滑雪场、可可托海滑雪场、乌鲁木齐丝绸之路国际滑雪场。②

本章小结

（1）选址是为特定的开发建设项目（例如，度假区）选择一个地点或场所。选址意味着在可供选择的多个地点中选择最具潜力、最合理可行的地点；或针对单个地点评估它的开发潜力与风险，并最终做出是否开发以及何时开发的决策。

（2）度假区选址的目标包括经济效益最大化、客流量最合理化、区位最优化和可持续发展最大化。

（3）度假区选址需坚持如下三个原则：综合性原则、协调性原则、安全性原则。

---

① 王金伟、郭嘉欣、刘乙：《中国滑雪场空间分布特征及其影响因素》，载《地理研究》2022年第2期，第390－405页。

② 把多勋、王储：《西北五省滑雪场空间分异特征及其影响因素研究》，载《中国生态旅游》2021年第6期，第869－883页。

（4）度假区选址的标准包括如下三个方面：选址的前提条件、选址的价值、选址的风险。

（5）滨海度假区的选址标准包括气候条件、沙滩质量、客源市场、土地资源、交通条件等。

（6）滑雪场及滑雪旅游度假地的选址标准包括地形条件、气候条件、区域经济发展水平、临近城市和交通要素等。

思考题

（1）度假区选址的标准是否会有地理尺度（例如，国家、省级区域、地级区域、县级区域、乡镇级区域）上的差异？

（2）度假区的选址与度假区的分布是什么关系？

（3）度假区选址的合理性是否会随着时间的推移而发生变化？

案例分析

上海乐高乐园为何选址金山？2小时交通圈可覆盖5500万人

占地31.8万平方米、总投资预计5.5亿美元的上海乐高乐园度假区，已于2021年11月17日在金山区枫泾镇正式开工。再等两三年时间，那扇标记"SHANGHAI"字样的标志性乐园大门就将在沪开启。作为与迪士尼、环球乐园齐名的国际IP亲子家庭娱乐主题乐园度假区，长三角地区第一家乐高乐园为何会选址上海金山区枫泾镇？从整个项目推进来看，这并非一时的心血来潮。

2019年11月6日，在第二届进博会举办期间，上海乐高乐园主题度假区正式官宣选址上海市金山区，当时已经过近两年的接触、考察、比选、洽谈；2020年11月，上海乐高乐园度假区项目与金山区正式签约；2021年11月17日，各方代表终于相聚上海金山枫泾古镇，开启这场期盼已久的开工盛典。

从考察选址到开工"实锤"，前后历时四年，不变的是对金山这块投资热土、风水宝地的看好。

默林娱乐集团首席执行官尼克·瓦尼在开工仪式上视频致辞。他看到的不仅仅是上海，而是上海湾区和长三角地区的庞大市场。他说，上海乐高乐园度假区将为华东地区的亲子家庭打造全新的、前所未有的国际IP亲子主题乐园的游玩体验，成为推动上海湾区文化融合的关键一环。乐高品牌集团执行总裁袁威也在视频致辞中谈到了选址上海金山的原因，他说，近年来，乐高的业务在中国实现了高质量增长，这离不开上海市政府的支持，上海市政府不断致力于为外资企业提供越来越优化的营商环境，"我们很高兴有机会把乐高乐园带到上海金山，它将为上海和长三角地区的中国家庭提供更多激动人心的体验机会。"

　　乐高乐园度假区之所以选址金山，与金山独特的区位优势不无关系。金山地处上海西南，东临东海，南濒杭州湾，西与浙江省接壤。从交通圈辐射范围看，金山距离上海市中心 1 小时车程可达，1 小时交通圈覆盖了长三角 16 个重要城市，2 小时交通圈则可覆盖长三角 5500 万人的庞大客源市场。目前，金山区域内有 7 条高速公路、12 个出入口；沪杭高铁在金山境内设有金山北站，从虹桥火车站至金山北站单程只需 18 分钟；金山铁路作为国内首条市域铁路，连接着金山和上海市区，单程直达只需 32 分钟。

　　金山区委书记刘健表示，随着上海乐高乐园度假区的正式开工，将释放乐园周边约 15 平方千米区域（包括乐高乐园南侧拓展区、金山北站区域、兴塔社区、兴塔工业园区、乡村郊野地区）发展，开发沉浸式商业"一条街"，建设一座"未来梦想城"。同时加快周边区域转型升级，并以此作为金山北部亭枫片区融合提升的策源地和助推器，串联"主题乐园度假区、千年古镇、千年古刹、千亩农庄、千亩花海"的金山北部"G320 文旅连廊"，将金山北部枫泾（古镇）、朱泾（花开海上）、亭林（古文化遗址）等区域的文旅资源串珠成链，"组团式"发力，赋予金山北部旅游新看点。

　　（资料来源，澎湃新闻：《上海乐高乐园为何选址金山？2 小时交通圈可覆盖 5500 万人》，https://baijiahao.baidu.com/s?id=1716857346325653480&wfr=spider&for=pc。）

　　案例分析题：
　　结合案例所述内容，试分析本案例涉及本章有关度假区选址的哪些知识。

第五章 度假区土地利用

【学习目标】

（1）掌握土地的概念、特征与分类。

（2）掌握度假区用地基本类型。

（3）了解度假区建设用地使用权的取得方式与过程。

引导案例

国内部分旅游度假区近期土地利用情况

一、《西双版纳州人民政府关于西双版纳旅游度假区二期 B6-11 地块用地性质及规划经济技术指标调整的批复》[①]

西双版纳旅游度假区管委会：

《西双版纳旅游度假区管理委员会关于给予度假区二期 B6-11 地块规划经济指标调整的请示》（西旅度管报〔2020〕6 号）收悉，经研究，同意旅游度假区二期 B6-11 地块用地性质及规划经济技术指标调整。现批复如下：

该地块用地性质调整为二类住宅用地，1.0 < 容积率 ≤ 2.5，建筑密度 ≤ 30%，绿地率 ≥ 40%，建筑高度 ≤ 60 m（局部且满足民航限高要求），机动车停车位：100 平方米/1 个，退界及建筑间距满足《西双版纳旅游度假区二期控制性详细规划（修编）》及相关法律法规的管理要求。

请你区按相关法律法规要求完善相关手续。

2020 年 3 月 25 日

[①] 西双版纳州人民政府办公室：《西双版纳州人民政府关于西双版纳旅游度假区二期 B6-11 地块用地性质及规划经济技术指标调整的批复》，https://www.xsbn.gov.cn/197.news.detail.dhtml？news_id=77819。

二、衡阳侨城文化旅游度假区一期用地规划许可公告①

表5-1　衡阳侨城文化旅游度假区一期用地规划许可公告

项目名称	衡阳侨城文化旅游度假区一期		
用地单位	衡阳侨城乐园旅游发展有限公司		
用地位置	衡阳市石鼓区草后街以东、湘江北路以西、北三环以北		
用地性质	娱乐康体用地	用地面积	154851.18平方米
许可证号	地字第430400202100090号		
公告起止日期	2021年10月21日至2021年12月1日		

三、万宁市自然资源和规划局国有土地使用权挂牌出让公告（万让〔2022〕19号）②

经万宁市人民政府批准，万宁市自然资源和规划局决定以挂牌方式出让1（幅）地块的国有土地使用权。现将有关事项公告如下：

（一）挂牌出让地块的基本情况和规划指标要求：

宗地编号：	万让2022-47号地块	宗地总面积：	18882平方米	宗地坐落：	兴隆旅游度假区太阳谷项目西侧、莲兴西路东南侧地段
出让年限：	40年	容积率：	小于或等于1	建筑密度/%：	小于或等于30
绿化率/%：	大于或等于35	建筑限高/米：	小于或等于20		
主要用途：	餐饮用地	区位	一般建成区		
土地用途明细	用途名称	面积	土地级别		
	餐饮用地	10874平方米	二级		
	商务金融用地	8008平方米	二级		

① 衡阳市自然资源和规划局：《衡阳侨城文化旅游度假区一期用地规划许可公告》，http://www.hengy-ang.gov.cn/zygh/ywgz/gggs/ghgs/20211021/i2515407.html。

② 万宁市自然资源和规划局：《万宁市自然资源和规划局国有土地使用权挂牌出让公告（万让〔2022〕19号）》，http://landchina.mnr.gov.cn/land/crgg/gpgg/202209/t20220915_8356235.htm。

投资强度：	5250 万元/公顷	保证金：	3502 万元	估价报告备案号	
场地平整：以现状为准 基础设施：以现状为准					
起始价：	3502 万元	加价幅度：	10 万元		
挂牌开始时间：	2022 年 10 月 7 日 8 时 30 分	挂牌截止时间：	2022 年 10 月 17 日 9 时 30 分		
备注：	餐饮用地规划指标：容积率≤1.0、建筑限高≤20 米、建筑密度≤30%、绿地率≥35%；商务金融用地规划指标：容积率≤1.0、建筑限高≤20 米、建筑密度≤20%、绿地率≥40%。				

…………

（七）其他需要公告的事项：（1）该地块已经达到下列净地条件：安置补偿落实到位，土地权利清晰；不存在土壤污染，符合土壤环境质量要求；确认通水、通电、通路等，完成土地平整，具备动工开发必需的条件；已完成地上附着物清表，地上附着物已补偿到位，无法律经济纠纷。

…………

　　阅读完上文三个有关度假区土地开发与管理的报道，我们可以发现，旅游度假区的开发建设涉及大量的土地开发与管理工作。具体而言，涉及土地特性、土地用途①（地块用地性质②）、土地分类以及土地使用权（特别是国有建设用地使用权）的取得。如本书第四章所述，土地资源是度假区选址决策中重要的考虑因素。土地开发与管理也是度假区开发建设的必要环节。本章将阐述土地开发与管理的基础知识，并在此基础上重点阐述度假区土地开发与管理所涉及的土地用途、分类和使用权取得等。

---

　　① 土地用途是法律术语。例如，《中华人民共和国土地管理法》第一章第四条规定：国家编制土地利用总体规划，规定土地用途，将土地分为农用地、建设用地和未利用地。
　　② 用地性质是城市规划与管理术语，是城市规划管理部门根据城市总体规划的需要，对某种具体用地所规定的用途。

第一节　土地的概念、特征与分类

一、土地的概念

原国家土地管理局于 1992 年出版的《土地管理基础知识》这样定义土地："土地是地球表面上由土壤、岩石、气候、水文、地貌、植被等组成的自然综合体，它包括人类过去和现在的活动结果。"因此，从土地管理的角度，可以将土地看成是自然的产物，是人类过去和现在活动的结果。从自然地理的角度，土地是地表某一地段包括地质、地貌、气候、水文、土壤、植被等多种自然要素在内的自然综合体。

二、土地的自然特征

（1）土地的不可替代性。地表上绝对找不出两块完全相同的土地。任何一块土地都是独一无二的。因此，土地的不可替代性又称土地性能的独特性或差异性。原因在于土地位置的固定性及自然、人文环境条件的差异性。即使是位于同一位置相互毗邻的两块土地，由于地形、植被及风景等因素的影响，也不可能完全相互替代。

（2）土地面积的有限性。土地不能像其他物品一样可以从工厂里不断被制造出来。由于受到地球表面陆地部分的空间限制，土地的面积是有限的。

（3）土地位置的固定性。土地位置的固定性，亦称不可移动性，是土地区别于其他各种资源或商品的重要标志。我们可以把可移动的商品（例如，汽车、食品、服装等）以及可移动的资源（例如，人力、矿产等），从产地或过剩地区运送到供给相对稀缺或需求相对旺盛因而售价较高的地区。但是，我们还无法如此移动土地。

（4）土地质量的差异性。土地的特性和质量特征，是土地各构成要素（地质、地貌、气候、水文、土壤、植被等）相互联系、相互作用、相互制约的总体效应和综合反映。土地有地理位置的差异；地表的气候、水热对比条件也不尽一致；地质、地貌对土地具有再分配的功能，从而使地表的土壤、植被类型也随之发生变化。

上述因素都会造成土地的巨大自然差异性。

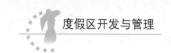

三、土地的经济特征

（1）土地经济供给的稀缺性。这一特征包含两层含义：其一，供人们从事各种活动的土地面积是有限的。其二，在特定地区内，不同用途的土地的面积也是有限的，往往不能完全满足人们的各类用地需求。

（2）土地用途的多样性。对同一种土地的利用往往产生两个以上用途的竞争，并可能从一种用途转换到另一种用途。这种竞争常使土地趋于最佳用途和最大经济效益，并使地价达到最高。这就要求人们在利用土地时，考虑土地的最有效利用原则，使土地的用途和规模等均实现最佳。

（3）土地用途变更的困难性。土地用途的变更一般要经过国土资源管理部门（自然资源部门）和城乡规划部门的同意，且经过一定的审查程序才能完成。

（4）土地增值性。一般商品随着时间的推移总是不断地折旧直至报废。而土地则不同，在土地上追加投资的效益具有持续性，而且随着人口的增加和社会经济的发展，对土地的投资具有显著的增值性。

（5）土地的产权特性。作为一项财产，不同权利的附加意味着土地价值巨大的差异。土地价值的高低更多取决于土地上附加的权益的差异。

（6）土地的不动产特性。这一特点与土地位置的固定性相关。并且，人们对土地的需求一般为刚性需求，因而土地的价值也较大。

四、土地的分类

土地分类（land classification）是土地科学的基本任务和重要内容之一，也是土地资源评价、土地资产评估和土地利用规划研究的基础和前期性工作。土地分类是对土地类型的划分，它建立在类型学的基础上。分类单位是从区域土地单位所具有的相似属性中归纳出来的，具有抽象性和概括性。单位级别愈低，分类标志的共同性或相似性则愈多，级别愈高则共同性愈少。土地分类可以按照它的自然属性、功能属性、综合属性等展开。

具体而言，按土地的自然属性分类，是指按照诸如地貌、植被、土壤等对土地进行分类。例如，按植被分类，则土地可以分为草地、林地等。在依据土地的功能属性来分类方面，Mather A. S. 在 *Land Use* 一书中提到了土地功能分类标准。该书强调，土地利用分类依据不同地域单元上的人类活动，即土地利用地域单元的功能或用途。由此，可先将土地分为已利用土地和未利用土地两大类，在已利用土地中再根据土地利用部门分出第二级十类，即种植业用地（耕地）、园艺和园林业用地（园地）、林业用地（林地）、畜牧业用地（牧草地）、交通用地、居民点用地、独立工矿用地、国防用地、娱乐旅游用地、渔业用地，然后每一部门用地还可继续分出第三级。

在我国，土地分类工作的实践主要遵从《中华人民共和国土地管理法》（2019年）、《土地利用现状分类》（GB/T 21010—2017）、《城市用地分类与规划建设用地标准》（GB 50137—2011）和《国土空间调查、规划、用途管制用地用海分类指南（试行）》（2020年）四个法律法规和标准。

（1）《中华人民共和国土地管理法》（2019年8月26日第三次修订）。《中华人民共和国土地管理法》规定：国家编制土地利用总体规划，规定土地用途，将土地分为农用地、建设用地和未利用地。严格限制农用地转为建设用地，控制建设用地总量，对耕地实行特殊保护。前款所称农用地是指直接用于农业生产的土地，包括耕地、林地、草地、农田水利用地、养殖水面等。建设用地是指建造建筑物、构筑物的土地，包括城乡住宅和公共设施用地、工矿用地、交通水利设施用地、旅游用地、军事设施用地等。

（2）《土地利用现状分类》（GB/T 21010—2017）。国家标准化管理委员会于2017年发布了《土地利用现状分类》（GB/T 21010—2017），用以全部替代2007年发布的《土地利用现状分类》（GB/T 21010—2007）。根据土地的用途、利用方式和覆盖特征等因素，《土地利用现状分类》（GB/T 21010—2017）将中国土地分为了12个一级类（与2007年版相比，保持不变）、73个二级类（2007年版中，为57个）。12个一级类土地分别为耕地、园地、林地、草地、商服用地、工矿仓储用地、住宅用地、公共管理与公共服务用地、特殊用地、交通运输用地、水域及水利设施用地、其他土地。

（3）《城市用地分类与规划建设用地标准》（GB 50137—2011）。它是2012年1月1日开始实施的一项中国国家标准，归口中华人民共和国住房和城乡建设部。这一国家标准规定了城乡用地和城市建设用地的分类，规划人均城市、人均单项城市建设用地标准，以及规划城市建设用地结构。该标准适用于城市总体规划和控制性详细规划的编制、用地统计和用地管理工作，县人民政府所在地镇及其他有条件的镇可参照执行。其中，在城乡用地分类部分，该标准将市域内的城乡用地共分为2大类、8中类、17小类；在城市建设用地部分，该标准将城市建设用地共分为8大类、35中类、44小类。

（4）《国土空间调查、规划、用途管制用地用海分类指南（试行）》（2020年）。2020年11月17日，自然资源部办公厅印发《国土空间调查、规划、用途管制用地用海分类指南（试行）》（以下简称《分类指南》），试图对当时已有众多的分类标准进行整合、归并。在《分类指南》发布前，原《土地利用现状分类》（GB/T 21010—2017）分为12个一级类和73个二级类；原《城市用地分类与规划建设用地标准》（GB/T 50137—2011）的城乡用地分类分为2大类、8中类、14小类，城镇建设用地分为 8 大类、35 中类、44 小类；原《海域使用分类》分为 9 个一级类和 31 个二级类。《分类指南》依据国土空间的主要配置利用方式、经营特点和覆盖特征等因素，对国土空间用地用海类型进行归纳、划分，采取三级分类体系，共设置 24 种一级类、106 种二级类及 39 种三级类。其中，24 种一级类分别为：耕地、园地、林地、草地、湿地、农业设施建设用地、居住用地、公共管理与公共服务用地、商业服务业用地、工矿用地、仓储用地、交通运输用地、公共设施用地、绿地与开敞空间用地、特殊用地、留白用地、陆地水域、渔业用海、工矿通信用海、交通运输用海、游憩用海、特殊用海、其他土地、其他海域。

第二节　度假区用地类型

一、依照《中华人民共和国土地管理法》

在度假区的开发与建设中，可能会涉及的用地类型，会因土地分类方案的差异而略显不同。依照《中华人民共和国土地管理法》，度假区的开发与建设会涉及农用地、建设用地和未利用地。具体而言，阐述如下。

在合法合规的情况下，度假区开发一般不会直接占用农用地（包括耕地、林地、草地、农田水利用地、养殖水面等），而是变通地利用上述土地类型，或作为景观，或作为背景（场景）。类似的，度假区的开发与建设，还会涉及对未利用地（除农用地和建设用地以外的土地，主要包括荒草地、盐碱地、沼泽地、沙地、裸土地、裸岩、冰川、永久雪地等）的非直接"利用"。与此同时，在度假区的开发建设中，需要"建设用地"中的城乡住宅和公共设施用地、旅游用地（知识链接 5-1）等，用于兴建度假酒店、餐饮和娱乐场所、购物场所、道路、公共设施（例如，污水处理厂）等。

知识链接 5-1　　　　　　　　**什么是旅游（业）用地？**

在上述三个主要的土地（利用）分类方案中，其实是没有专门的"旅游（业）用地"或"旅游（业）用海"类别的。关于什么是旅游用地（下文所指用地，也包括用海），可谓众说纷纭，莫衷一是。甚至，在土地用途方面，到底是旅游用地，还是旅游业用地？学界和业界也没有明确的界定和一致的观点。从字面意思上理解，所谓的旅游用地，其实泛指与旅游开发相关的一切用地。如果我们认为旅游是一种人们前往异地的出于愉悦目的的旅行，那么，似乎旅游用地泛指满足这种目的和需求的一切土地利用。因此，非常宽泛地说，《中华人民共和国土地管理法》中的农用地，对应《土地利用现状分类》国标中的水田、水浇地、果园、茶园、沼泽地、农村道路、水库水面、坑塘水面、沟渠、设施农用地、田坎等，都可以作为"旅游用地"，亦即能够被旅游开发或者游客所利用（包括观看、欣赏、使用、采摘等）的土地。《中华人民共和国土地管理法》中的建设用地，对应《土地利用现状分类》国标中的零售商业用地、批发市场用地、餐饮用地、旅馆用地、商务金融用地、娱乐用地、城镇住宅用地、农村宅基地、科研用地、教育用地、风景名胜设施用地、机场用地等，也都可以不同程度地被旅游开发（包括旅游者）所利用。《中华人民共和国土地管理法》中的未利用地，对应《土地利用现状分类》国标中的河流水面、湖泊水面、沿海滩涂、内陆滩涂、沙地、沼泽地、盐碱地、冰川及永久积雪、裸岩石砾地等。这些土地，或者可以作为游客欣赏的对象，或者可以作为旅游设施建设的用地。显然，这种宽泛甚至无限放大的说法和做法的实际意义并不大。要了解什么是旅游（业）用地，还是要回到法律法规和政策文件和学术研究中。对此，中国旅游研究院政策和科教研究所所长、研究员宋子千做了梳理和分析，摘录、整理如下。①

一、法律法规和政策文件中旅游（业）用地的相关提法

目前，在我国法律法规和政策文件中，对于旅游（业）用地并没有一个明确的概念和统一的分类，而是存在多种相关的提法。较早提及旅游（业）用地的法律法规是 1990 年国务院颁布的《中华人民共和国城镇国有土地使用权出让和转让暂行条例》（国务院令第 55 号）。这部法规在第十二条中提出，土地使用权出让最高年限按用途确定，其中第四款提到"商业、旅游、娱乐用地四十年"。这个年限是所有用途中使用年限最短的（居住用地七十年；工业用地五十年；教育、科技、文化、卫生、体育用地五十年；综合或者其他用地五十年）。

《中华人民共和国城市房地产管理法》（1994 年 7 月经第八届全国人民代表大会常务委员会第八次会议通过）第十三条规定："土地使用权出让，可以采取拍卖、招标或者双方协议的方式。商业、旅游、娱乐和豪华住宅用地，有条件的，必须采取拍卖、招标方式；没有条件，不能采取拍卖、招标方式的，可以采取双方协议的方式。采取双方协议方式出让土地使用权的出让金不得低于按国家规定所确定的最低价。"这是旅游（业）用地问题首次见诸国家法律条文。经过 2007 年、2009 年、2019 年三次修正，该条款没有变化，今天依然适用。可以看出，《中华人民共和国城市房地产管理法》在很大程度上延续了《城镇国有土地使用权出让和转让暂行条例》的提法，将旅游和商业、娱乐等并列，强调的是土地用途，而不是作为一种正式分类提出来的。

---

① 宋子千：《我国旅游业用地概念内涵及分类探讨》，载《中国旅游评论》2020 年第 1 期，第 95 – 110 页。

如上文所述，《中华人民共和国土地管理法》（2019 年 8 月 26 日第三次修订）明确规定：建设用地是指建造建筑物、构筑物的土地，包括城乡住宅和公共设施用地、工矿用地、交通水利设施用地、旅游用地、军事设施用地……

全国农业区划委员会于 1984 年印发的《土地利用现状调查技术规程》在一级类"居民点及工矿用地"下的二级类"特殊用地"中提到"旅游"字样。"特殊用地"的含义是"指居民点以外的国防、名胜古迹、风景旅游、墓地、陵园等用地"。国家土地管理局于 1989 年制定并于 1993 年修订的《城镇地籍调查规程》在一级类"商业金融用地"下单列一个"旅游业"二级类，含义是"指主要为旅游业服务的宾馆、饭店、大厦、乐园、俱乐部、旅行社、旅游商店、友谊商店等用地"。除此之外，在"商业金融用地"中另一个二级类"商业服务业"中，以及一级类"市政用地"下二级类"绿化"中，也分别提到饭店、旅社和公园、动植物园、风景名胜等和旅游业直接相关的内容。

在上述两个文件的基础上，2001 年原国土资源部制定了一个城乡统一的《全国土地分类（试行）》，于 2001 年 8 月印发，2002 年 1 月 1 日起试行。前两个文件中的土地分类停止使用。《全国土地分类（试行）》采用一级、二级、三级三个层次的分类体系，共分 3 个一级类、15 个二级类、71 个三级类。该分类没有直接提旅游业用地或旅游用地，和旅游业用地最相关的主要有：一级类"商服用地"下的二级类"餐饮旅馆用地"和"其他商服用地"，前者含义为"指饭店、餐厅、酒吧、宾馆、旅馆、招待所、度假村等及其相应附属设施用地"，后者包括旅行社、运动保健休闲设施、夜总会、俱乐部、高尔夫球场等用地；一级类"建设用地"中的二级类"公用设施用地"下的三级类"瞻仰景观休闲用地"，其含义为"指名胜古迹、革命遗址、景点、公园、广场、公用绿地等"。

2017 年 11 月开始实施的国家标准《土地利用现状分类》（GB/T 21010—2017），对 2007 年版本［即《土地利用现状分类》（GB/T 21010—2007）］进行了修改。和旅游业用地相关内容的修改主要有两个方面：一是将二级类"风景名胜设施用地"从一级类"公共管理与公共服务用地"调整到一级类"特殊用地"中，并将其含义修改为"指风景名胜景点（包括名胜古迹、旅游景点、革命遗址、自然保护区、森林公园、地质公园、湿地公园等）的管理机构，以及旅游服务设施的建筑用地。景区内的其他用地按现状归入相应地类"；二是将原一级类"商服用地"下的二级类"住宿餐饮用地"细分为两个二级类"旅馆用地"和"餐饮用地"，并在"商服用地"下新增二级类"娱乐用地"，"指剧院、音乐厅、电影院、歌舞厅、网吧、影视城、仿古城以及绿地率小于 65% 的大型游乐等设施用地"。

需要特别强调的一个文件是 2015 年 11 月原国土资源部、住房和城乡建设部、原国家旅游局联合出台的《关于支持旅游业发展用地政策的意见》（国土资规〔2015〕10 号）。这个文件是到目前为止唯一一个以旅游业用地为主题、对旅游业发展用地政策进行系统规定的中央层面文件。该文件多处提到"旅游业用地"一词，但是没有做出界定，同时并存的还有"旅游业发展用地"和"旅游产业用地"。从文件内容来看，所谓的"旅游业用地"涉及自然景观用地、影视城和仿古城等人造景观用地、住宿和餐饮等旅游接待设施用地、旅游厕所用地、邮轮游艇码头用地、自驾车房车营地用地、乡村旅游用地、风景名胜用地等多种类型。

二、学界对旅游（业）用地概念和分类的讨论

从定义界定的思路来看，大体上可以分为两类。第一类是狭义上的定义，将旅游业用地等同于风景旅游用地尤其是风景名胜区用地。这类定义往往结合风景名胜区规划等实践，参考《中华人民共和国土地管理法》中"旅游用地"提法和土地分类体系中对景观用地的定义，将"旅游用地"限定在风景名胜区等建设用地范畴。第二类是广义上的定义，从旅游活动全环节或旅游业发展的角度来界定旅游用地。例如，王金叶等（2015）提出，旅游用地是国土资源的重要组成部分，主要指各种直接用于旅游活动的土地和间接服务于旅游发展的土地。

对旅游业用地分类的探讨总体上也可分为两类观点。一类观点是在建设用地范畴内对旅游业用地进行分类。席建超（2013）明确指出，"旅游用地"属于建设用地的一种，主要指用来旅游开发和建设的建筑物、构筑物的用地，是与"城乡住宅和公共设施用地、工矿用地、交通水利设施用地、军事设施用地"等同的用地类型，是一种功能性用地。他将旅游用地分为三种类型：一是"旅游产业发展用地"，指服务于"热点"旅游城市（乡村、景区）产业转型升级的用地类型；二是"旅游项目开发用地"，指服务满足旅游"温""冷"区或者一般城市休闲度假需求的用地类型；三是"公益性旅游项目用地"，指与旅游活动相关的各种公益性质的博物馆、展览馆等用地类型。另一类观点从旅游活动开展或旅游业发展的整体角度对旅游业用地进行分类。这类观点出现得要晚一些，并从一开始就突破了风景区和建设用地的局限，广泛涉及了农用地、建设用地和未利用地等不同类型。王金叶等（2015）以《土地利用现状分类》（GB/T 21010—2007）为基本依据，构建了包括旅游设施用地、旅游地产用地和旅游景观用地3个二级地类、9个三级地类和20个四级地类的旅游用地分类体系。

二、依照国家标准《土地利用现状分类》（GB/T 21010—2017）

依照国家标准《土地利用现状分类》（GB/T 21010—2007），度假区的开发建设主要涉及"商服用地""住宅用地""公共管理与公共服务用地"等一级类。其中，在"商服用地"中，主要涉及"零售商业用地""餐饮用地""旅馆用地""娱乐用地""其他商服用地"等二级类，如表5-2所示。在"住宅用地"中，主

要涉及"城镇住宅用地",如表 5 - 3 所示。例如,在海南省三亚市海棠湾旅游度假区,由中免(海南)投资发展有限公司建设的三亚国际免税城一期二号地商业项目位于三亚市海棠湾 A8 片区 A8 - 04 地块,权属用地面积 108799.48 平方米,建设内容包括 1 栋商业楼,总建筑面积 77943 平方米。[①] 此外,同样由中免(海南)投资发展有限公司建设的三亚国际免税城一期二号地酒店项目,则位于三亚市海棠湾度假区 HT05 - 09 - 02 地块(原 A8 - 04 地块),权属用地面积 108799.48 平方米,建设内容包括 1 栋酒店主楼,总建筑面积 139770.38 平方米。[②] 三亚国际免税城一期二号地的商业项目主要包含免税商业,而酒店项目则预计引入洲际酒店集团旗下顶级品牌丽晶(Regent)和高端精品品牌英迪格(Indigo)。两者在用地类型上均属于"商服用地"一级类,但分别涉及"零售商业用地"和"旅馆用地"二级类。

表 5 - 2　度假区开发涉及的商服用地类型

一级类		二级类		含义
编码	名称	编码	名称	
05	商服用地(指主要用于商业、服务业的土地)	0501	零售商业用地	以零售功能为主的商铺、商场、超市、市场和加油、加气、充换电站等用地
		0502	批发市场用地	以批发功能为主的市场用地
		0503	餐饮用地	饭店、餐厅、酒吧等用地
		0504	旅馆用地	宾馆、旅馆、招待所、服务型公寓、度假村等用地
		0505	商务金融用地	指商务服务用地以及经营性的办公场所用地。包括写字楼、商业性商服办公场所,金融活动场所和企业厂区外独立的办公场所;信息网络服务、信息技术服务、电子商务服务、广告传媒等用地
		0506	娱乐用地	指剧院、音乐厅、电影院、歌舞场、网吧、影视城、仿古城以及绿地率大于65%的大型游乐等设施用地

---

① 乐居网:《三亚国际免税城一期二号地商业项目建筑设计方案公布》,http://news. sohu. com/a/503469489_99986045。

② 乐居网:《三亚国际免税城一期二号地酒店项目建筑设计方案的批前公示》,https://xw. qq. com/cmsid/20220107A03JVE00。

续表 5 - 2

一级类		二级类		含义
编码	名称	编码	名称	
05	商服用地（指主要用于商业、服务业的土地）	0507	其他商服用地	指零售商业、批发市场、餐饮、旅馆、商务金融、娱乐用地以外的其他商业、服务业用地。包括洗车场、洗染店、照相馆、理发美容店、洗浴场所、赛马场、高尔夫球场、废旧物资回收站、机动车、电子产品和日用产品修理网点、物流营业网点，及居住小区及小区级以下的配套的服务设施等用地

在三亚亚龙湾国家旅游度假区，滨海一线度假酒店的用地类型属于"商服用地"一级类下的"旅馆用地"二级类。而在二线，诸如亚龙湾龙溪悦墅、亚龙湾·石溪墅、亚龙湾公主郡、亚龙湾水岸君悦等地产项目，则兼具居住与分时度假功能，在用地类型上，属于"住宅用地"一级类下的"城镇住宅用地"二级类。诸如亚龙湾派出所、三亚市吉阳区亚龙湾旅游度假区综合服务中心、中共吉阳区亚龙湾旅游度假区管委会等公共管理与服务机构的用地类型则属于"公共管理与公共服务用地"一级类下的"机关团体用地"二级类。

表 5 - 3　度假区开发涉及的住宅用地类型

一级类		二级类		含义
编码	名称	编码	名称	
07	住宅用地（指主要用于人们生活居住的房基地及其附属设施的土地）	0701	城镇住宅用地	指城镇用于生活居住的各类房屋用地及其附属设施用地，不含配套的商业服务设施等用地
		0702	农村宅基地	指农村用于生活居住的宅基地

三、依照《城市用地分类与规划建设用地标准》（GB 50137—2011）

依照《城市用地分类与规划建设用地标准》（GB 50137—2011）的"城乡用地

分类和代码"，在度假区开发与建设中，尤其是度假小镇的建设中，会涉及在"建设用地"大类（代码 H）中的"城乡居民点建设用地"中类（代码 H1）下的"城市建设用地"（代码 H11）、"镇建设用地"（代码 H12）、"乡建设用地"（代码 H13）、"村庄建设用地"（代码 H14）和"独立建设用地"（代码 H15）等小类。在"非建设用地"大类（代码 E）下，会涉及"水域"（代码 E1）、"农林用地"（代码 E2）和"其他非建设用地"（代码 E3）等中类。

依照《城市用地分类与规划建设用地标准》（GB 50137—2011）的"城市建设用地分类和代码"，在度假区开发与建设中，尤其是涉及住宅类房地产项目的开发中，会涉及在"居住用地"大类（代码 R）中的"一类居住用地"中类（代码 R1）下的"住宅用地"（代码 R11）和"服务设施用地"（代码 R12）小类。同时，度假区管理机构的建设，会涉及"公共管理与公共服务用地"大类（代码 A）中的"行政办公用地"中类（代码 A1），以及"文化设施用地"中类（代码 A2）下的"图书展览设施用地"（代码 A21）等小类。

特别需要关注的是，度假区之所以被称为度假区的重要原因之一的度假设施（例如，度假酒店、餐厅、购物设施、娱乐设施、康养设施等）的建设，会涉及"商业服务业设施用地"大类（代码 B）中的"商业设施用地"中类（代码 B1）下的"零售商业用地"（代码 B11）、"餐饮业用地"（代码 B13）和"旅馆用地"（代码 B14）三个小类，以及"娱乐康体用地"中类（代码 B3）下的"娱乐用地"（代码 B31）和"康体用地"（代码 B32）两个小类。

在编制度假区控制性详细规划时，关于土地利用类型，一般采用《城市用地分类与规划建设用地标准》（GB 50137—2011）。例如，2021 年批准执行的《亚龙湾国家级旅游度假区控制性详细规划修编暨城市设计》显示：现状城市建设用地主要分布在亚龙湾路沿线、龙溪路沿线、龙海路南侧及龙潭湖周边地区，用地面积约 752.14 公顷。其中，公共管理与公共服务设施用地面积为 4.04 公顷，占城市建设用地比例为 0.54%；商业服务业设施用地面积为 634.07 公顷，占城市建设用地比例为 84.30%；交通运输用地面积为 64.80 公顷，占城市建设用地比例为 8.60%；公用设施用地面积为 5.88 公顷，占城市建设用地比例为 0.78%；绿地与开敞空间用地为 40.84 公顷，占城市建设用地比例为 5.43%。

四、依照《国土空间调查、规划、用途管制用地用海分类指南（试行）》

与参照国家标准《土地利用现状分类》（GB/T 21010—2017）类似，依照《国土空间调查、规划、用途管制用地用海分类指南（试行）》，度假区的开发建设主要涉及居住用地、公共管理与公共服务用地、商业服务业用地、绿地与开敞空间用地、陆地水域、交通运输用海、游憩用海等。

特别需要指出的是，随着滨海度假、海上运动等的兴起和日渐流行，度假游客对海洋的使用也越发频繁，"交通运输用海""游憩用海"等作为用海类型的规范管理也被纳入自然资源行政部门的视野。"交通运输用海"是指为满足港口、航运、路桥等交通需要所使用的海域，包括港口用海、航道、锚地和路桥用海。"游憩用海"则是指开发利用滨海和海上旅游资源，开展海上娱乐活动的海域及无居民海岛，具体包括"风景旅游用海"（指开发利用滨海和海上旅游资源的海域及无居民海岛）和"文体休闲娱乐用海"（指旅游景区开发和海上文体娱乐活动场建设的海域，包括海上浴场、游乐场及游乐设施使用的海域及无居民海岛）。

需要注意的是，在原《海域使用分类》中，与休闲、游憩、娱乐和旅游等相关的用海，被归为"旅游娱乐用海"（系一级类，下含"旅游基础设施用海""浴场用海""游乐场用海"三个二级类）。相关的管理案例，参见同步案例 5 – 1。

同步案例 5 – 1　**三亚市自然资源和规划局关于海南亚龙湾海底世界旅游有限公司三亚珊瑚礁国家级自然保护区（亚龙湾片区）东排、西排旅游娱乐活动项目海域续用的批复**[①]

海南亚龙湾海底世界旅游有限公司：

根据三亚市人民政府（三府函〔2021〕1246 号文）批复，现就你公司海域续用的有关事项批复如下：

一、该项目用海符合《三亚市总体规划（空间类 2015—2030）》（省政府同意入库版），项目用海位置位于三亚珊瑚礁国家级自然保护区（亚龙湾片区）内，同意续用海域 11.85 公顷，占用岸线 0 米，坐标点如下（略）：

二、此次同意续用海域期限 3 年，用海时间为 2021 年 6 月 19 日至 2024 年 6 月 19 日。用海性质为经营性用海，海域使用金按评估价格 3 年共计 100.37 万元收缴。

三、用海类型为旅游娱乐用海，用海方式为开放式游乐场用海。使用海域必须遵守相关的海洋法律法规，自觉接受自然资源主管部门及相关部门的监督检查。不得擅自改变海域用途，否则将依法处以五倍以上十五倍以下的罚款；拒不改正的，将依法收回海域使用权。

四、该用海处于三亚珊瑚礁国家级自然保护区（亚龙湾片区）实验区范围内，

---

① 三亚市自然资源和规划局：《三亚市自然资源和规划局关于海南亚龙湾海底世界旅游有限公司三亚珊瑚礁国家级自然保护区（亚龙湾片区）东排、西排旅游娱乐活动项目海域续用的批复》，https://baijiahao. baidu. com/s？id = 1723197707534234584&wfr = spider&for = pc。

属于Ⅱ类生态保护区红线区，用海不得改变保护区的生态环境自然属性，不影响保护区功能发挥。在保护区内开展活动的入区装备须符合环保要求，严格控制活动人数，不得擅自增设旅游项目。开展活动的单位应制定并落实有效的生态保护、恢复与补偿措施，定期在海南三亚国家级珊瑚礁自然保护区管理处监督组织下对活动区及其周边区域的生态环境进行监测和评估。

五、使用海域要做好安全工作及环境保护工作，应制定相应的管理规定。

六、若市政府出台新的岸线、海域资源管理规定，涉海企业、单位和个人应严格执行。

七、使用海域须严格按照生态环境部门的相关要求，严格落实提出的各项生态环境污染治理措施。

八、海域使用权期限届满，海域使用权人如需继续使用的，应当至迟于期限届满前两个月向市自然资源主管部门申请续期，逾期不受理。

九、涉及其他职能部门的事宜，请依法办理。

三亚市自然资源和规划局

2022 年 1 月 7 日

课堂讨论 5-1

问题：在学习了有关度假区用地类型的相关知识后，讨论设置"度假区用地"专门类别的必要性和可行性。

讨论要点：

（1）度假区用地泛指与度假区开发建设有关的一切用地。度假区用地所涉及类别多样，其具体分类在不同的法律、国家标准等规范中也不尽一致。如果能有专门的"度假区用地"这一类别，或者出台专门针对度假区的用地用海分类规范，自然是好的，也是十分理想的。

（2）实际上，正是由于度假区的开发建设所需土地涉及已有土地分类方案中的诸多类别，已有类别也能较好地覆盖度假区的开发建设所需土地类型，设置"度假区用地"这一专门类别，或者出台专门针对度假区的用地用海分类规范，在现实中是充满挑战的。

第三节　度假区建设用地使用权的取得

一、土地所有权与使用权

土地所有权是土地所有者在法律规定的范围内，对其拥有的土地享有的占有、使用、收益和处分的权利，是一定社会形态下土地所有制的法律表现。土地使用权是指国家机关、企事业单位、农民集体和公民个人，以及"三资"企业，凡具备法定条件者，依照法定程序或依约定对国有土地或农民集体土地所享有的占有、利用、收益和有限处分的权利。土地使用权是外延比较大的概念，包括农用地、建设用地、未利用地的使用权。关于土地的所有权与使用权，《中华人民共和国土地管理法》（2019 年 8 月 26 日第三次修订）有具体的规定，详见知识链接 5 – 2。

知识链接 5 – 2　　　　《土地管理法》关于土地所有权与使用权的规定

第二条　中华人民共和国实行土地的社会主义公有制，即全民所有制和劳动群众集体所有制。全民所有，即国家所有土地的所有权由国务院代表国家行使。

第九条　城市市区的土地属于国家所有。农村和城市郊区的土地，除由法律规定属于国家所有的以外，属于农民集体所有；宅基地和自留地、自留山，属于农民集体所有。

第十条　国有土地和农民集体所有的土地，可以依法确定给单位或者个人使用。使用土地的单位和个人，有保护、管理和合理利用土地的义务。

第十一条　农民集体所有的土地依法属于村农民集体所有的，由村集体经济组织或者村民委员会经营、管理；已经分别属于村内两个以上农村集体经济组织的农民集体所有的，由村内各该农村集体经济组织或者村民小组经营、管理；已经属于乡（镇）农民集体所有的，由乡（镇）农村集体经济组织经营、管理。

第十二条　土地的所有权和使用权的登记，依照有关不动产登记的法律、行政法规执行。依法登记的土地的所有权和使用权受法律保护，任何单位和个人不得侵犯。

第十三条　农民集体所有和国家所有依法由农民集体使用的耕地、林地、草地，以及其他依法用于农业的土地，采取农村集体经济组织内部的家庭承包方式承包，不宜采取家庭承包方式的荒山、荒沟、荒丘、荒滩等，可以采取招标、拍卖、公开协商等方式承包，从事种植业、林业、畜牧业、渔业生产。家庭承包的耕地的承包期为三十年，草地的承包期为三十年至五十年，林地的承包期为三十年至七十年；耕地承包期届满后再延长三十年，草地、林地承包期届满后依法相应延长。

国家所有依法用于农业的土地可以由单位或者个人承包经营，从事种植业、林业、畜牧业、渔业生产。

发包方和承包方应当依法订立承包合同，约定双方的权利和义务。承包经营土地的单位和个人，有保护和按照承包合同约定的用途合理利用土地的义务。

二、度假区开发中建设用地使用权的取得

前文已经提及，在度假区的开发中，需要使用到大量的建设用地。在我国，建设用地所有权只有两种，一种是国家所有（全民所有），称为国有建设用地；另一种是农村集体所有（包括宅基地、公益性公共设施用地和经营性用地），称为农村集体建设用地。在我国，绝大部分度假区分布在非城市区域（例如，湖滨、海滨、森林、山地等），且度假区开发需要使用到大量的建设用地。在开发建设主体（例如，某投资企业）利用这些土地进行度假设施（例如，度假酒店）和其他休闲娱乐设施（例如，高尔夫球场等）建设之前，需要变更这些土地的用途和权属（使用权）。这里，有必要了解我国现有的建设用地供应方式。

（1）划拨方式供地。划拨方式供地是我国特有的项目建设用地使用权取得方式之一，是指有审批权限的各级政府根据我国《土地管理法》和《城市房地产管理法》的有关规定和 2001 年 10 月 22 日原国土资源部发布的《划拨用地目录》（国土资源部令第 9 号），向符合划拨用地条件的建设项目（项目使用的单位）无偿供应土地。划拨用地的使用年限是永久的（即终止日期为批准供地的本级政府认为应该依法收回时止）。我国现行的划拨用地的主要项目是：党政机关和人民团体用地、军事用地、城市基础设施用地、公益事业用地及国家重点扶持的能源、交通、水利等基础设施用地和特殊项目（例如，监狱等）用地。在度假区的开发建设中，符合划拨供地方式且在《划拨用地目录》中的用地，主要限于度假区管理机构或所在地党政机关和人民团体的办公用地以及安全、保密、通信等特殊专用设施用地。

（2）有偿方式供地。有偿方式供地主要涉及国有土地有偿使用。国有土地有偿使用是指国家将一定时期内的土地使用权提供给单位和个人使用，而土地使用者按照土地有偿使用合同的规定，一次或分年度向国家缴纳土地有偿使用费的行为。《土地管理法实施条例》第二十九条规定，国有土地有偿使用的方式包括：国有土地使用权出让、国有土地租赁、国有土地使用权作价出资或者入股。具体而言，土地使用权出让是指国家以土地所有者的身份将土地使用权在一定年限内让与土地使

用者，并由土地使用者向国家支付土地使用权出让金的行为。土地使用权租赁是指土地使用者将土地使用权单独或者随同地上建筑物、其他附着物租赁给他人使用，由他人向其支付租金的行为。原拥有土地使用权的一方称为出租人，承担土地使用权的一方称为承租人。国家以土地使用权作价出资（入股）是指国家以一定年期的国有土地使用权作价，作为出资投入改组后的新设企业，该土地使用权由新设企业持有，可以依照土地管理法律法规关于出让土地使用权的规定转让、出租、抵押。土地使用权作价出资（入股）形成的国家股权，按照国有资产投资主体由有批准权的人民政府土地管理部门委托有资格的国有股权持股单位统一持有。

在上述三种有偿供地方式中，出让（即国有建设用地使用权出让）是度假区开发建设主体（投资商）取得建设用地使用权的主要渠道。具体而言，有如下四种出让形式：拍卖出让、招标出让、挂牌出让、协议出让。其中，协议出让国有建设用地使用权，是指市、县人民政府国土资源行政主管部门代表国家作为出让方，与土地使用人按照平等、自愿、有偿的原则协商一致后，签订建设用地使用权出让合同的行为。以协议方式出让国有土地使用权的出让金不得低于国家规定所确定的最低价。

2007 年 9 月 28 日，原国土资源部发布了《招标拍卖挂牌出让国有建设用地使用权规定》（中华人民共和国国土资源部令第 39 号），自 2007 年 11 月 1 日起施行。《招标拍卖挂牌出让国有建设用地使用权规定》第四条明确规定：工业、商业、旅游、娱乐和商品住宅等经营性用地以及同一宗地有两个以上意向用地者的，应当以招标、拍卖或者挂牌方式出让。这便是经营性建设用地"招拍挂"的由来。

根据《招标拍卖挂牌出让国有建设用地使用权规定》，招标出让国有建设用地使用权，是指市、县人民政府国土资源行政主管部门（以下简称"出让人"）发布招标公告，邀请特定或者不特定的自然人、法人和其他组织参加国有建设用地使用权投标，根据投标结果确定国有建设用地使用权人的行为。拍卖出让国有建设用地使用权，是指出让人发布拍卖公告，由竞买人在指定时间、地点进行公开竞价，根据出价结果确定国有建设用地使用权人的行为。挂牌出让国有建设用地使用权，是指出让人发布挂牌公告，按公告规定的期限将拟出让宗地的交易条件在指定的土地交易场所挂牌公布，接受竞买人的报价申请并更新挂牌价格，根据挂牌期限截止时的出价结果或者现场竞价结果确定国有建设用地使用权人的行为。有关度假区开发建设中投资主体（开发商）取得国有建设用地使用权的大致过程，见同步案例 5 - 2。

同步案例 5 - 2   某度假区内某地块的土地开发

假设 A 市有某海滨区域 B 被 A 市政府规划为海滨旅游度假区。在被规划为旅游度假区的范围内有一地块 C。在 C 地块内，有 300 亩农田、20 栋农民自建房屋、10 处水塘。按照度假区总体规划和控制性详细规划，地块 C 规划建设一个 5 星级的度假酒店。这三类现状土地分别是农民集体所有的耕地（300 亩）、宅基地（20 栋，共计 5 亩）、农田水利用地（10 处水塘，共计 45 亩），它们都是集体用地（集体农用地、集体建设用地）。接下来的土地开发基本流程是：首先，A 市政府土地管理部门（自然资源和规划局）将这三处集体农用地依法征收为国有用地并将土地用途（用地类型）更改为建设用地，这样一来，这 350 亩土地就变成了名副其实的国有建设用地；然后，被储备起来；最后，待时机成熟，通过"招拍挂"中的一种方式出让给潜在的投资商①，用于土地二级开发（即度假酒店的开工建设）。

（3）依法使用集体建设用地。集体土地建设用地使用权是指农民集体和个人进行非农业生产建设依法使用集体所有的土地的权利。依据现有法律法规，以下八类情形（其中包括旅游）可以依法使用集体建设用地：①乡镇村公共设施、公益事业建设，例如，乡镇村养老院、图书室、道路等建设，经批准可以使用集体建设用地。②符合"一户一宅"的本集体经济组织成员的农户建设农民住宅，经批准可以使用本集体经济组织所有的土地。③乡镇企业、农村集体经济组织兴办企业用地。④农村集体经济组织与其他单位、个人以土地使用权入股、联营等形式共同举办企业（包括开发建设公租房、乡村休闲旅游、养老等产业项目以及农村三产融合发展项目等），可以使用本集体建设用地。⑤规划确定的商业、工业（包括仓储物流、办公、养老、乡村休闲旅游）等经营性集体建设用地，可以由土地所有权人以土地使用权出让、出租等方式提供给其他单位、个人用于商业、工业项目建设使用。⑥返乡下乡创业人员，可依托自有和闲置农房院落发展农家乐。⑦返乡下乡创业人员，可以通过租赁农民房屋，或与拥有合法宅基地、农房的当地农户合作改建自住房，解决返乡下乡创业人员的住房问题。⑧以转让、互换、入股等方式取得出让等经营性集体建设用地使用权，用于商业、工业、养老、乡村休闲旅游等项目建设使用。这八种情形所适用的法律法规及具体的情况，参见知识链接 5 - 3。

---

① 这一过程被称为土地一级开发，即由政府或其授权委托的企业，对一定区域范围内的城市国有土地、乡村集体土地进行统一的征地、拆迁、安置、补偿，并进行适当的市政配套设施建设，使该区域范围内的土地达到"三通一平""五通一平"或"七通一平"的建设条件（熟地），再对熟地进行有偿出让或转让的过程。

知识链接 5 – 3　　　　　**可使用农民集体建设用地的八类情形**①

对现有法规、政策梳理集成，以下八类情形可以依法使用集体建设用地：

一、乡镇村公共设施、公益事业建设，如乡镇村养老院、图书室、道路等建设，经批准可以使用集体建设用地

1. 《土地管理法》第六十一条　乡（镇）村公共设施、公益事业建设，需要使用土地的，经乡（镇）人民政府审核，向县级以上地方人民政府自然资源主管部门提出申请，按照省、自治区、直辖市规定的批准权限，由县级以上地方人民政府批准；其中，涉及占用农用地的，依照本法第四十四条的规定办理审批手续。

2. 旅发〔2016〕148 号文件：选址在城镇规划区外的自驾车旅居车营地，其公共停车场、各功能区之间的连接道路、商业服务区、车辆设备维修及医疗服务保障区、废弃物收纳与处理区等功能区可与农村公益事业合并实施，依法使用集体建设用地。

二、符合"一户一宅"的本集体经济组织成员的农户建设农民住宅，经批准可以使用本集体经济组织所有的土地

《土地管理法》第六十二条　农村村民一户只能拥有一处宅基地，其宅基地的面积不得超过省、自治区、直辖市规定的标准。

人均土地少、不能保障一户拥有一处宅基地的地区，县级人民政府在充分尊重农村村民意愿的基础上，可以采取措施，按照省、自治区、直辖市规定的标准保障农村村民实现户有所居。

农村村民建住宅，应当符合乡（镇）土地利用总体规划、村庄规划，不得占用永久基本农田，并尽量使用原有的宅基地和村内空闲地。编制乡（镇）土地利用总体规划、村庄规划应当统筹并合理安排宅基地用地，改善农村村民居住环境和条件。

农村村民住宅用地，由乡（镇）人民政府审核批准；其中，涉及占用农用地的，依照本法第四十四条的规定办理审批手续。

农村村民出卖、出租、赠与住宅后，再申请宅基地的，不予批准。

国家允许进城落户的农村村民依法自愿有偿退出宅基地，鼓励农村集体经济组织及其成员盘活利用闲置宅基地和闲置住宅（宅基地退出也可考虑与经营性集体建设用地使用和流转结合起来考虑）。

国务院农业农村主管部门负责全国农村宅基地改革和管理有关工作。

三、乡镇企业、农村集体经济组织兴办企业用地

---

① 宜昌市自然资源和规划局：《可使用农民集体建设用地的八类情形》，http://zrzy. yichang. gov. cn/ content – 62314 – 16511 – 1. html。

《土地管理法》第六十条　农村集体经济组织使用乡（镇）土地利用总体规划确定的建设用地兴办企业或者与其他单位、个人以土地使用权入股、联营等形式共同举办企业的，应当持有关批准文件，向县级以上地方人民政府自然资源主管部门提出申请，按照省、自治区、直辖市规定的批准权限，由县级以上地方人民政府批准；其中，涉及占用农用地的，依照本法第四十四条的规定办理审批手续。

按照前款规定兴办企业的建设用地，必须严格控制。省、自治区、直辖市可以按照乡镇企业的不同行业和经营规模，分别规定用地标准。

四、农村集体经济组织与其他单位、个人以土地使用权入股、联营等形式共同举办企业（包括开发建设公租房、乡村休闲旅游、养老等产业项目以及农村三产融合发展项目等），可以使用本集体建设用地

1.《土地管理法》第六十条，同上。

2. 国办发〔2019〕5号文件、《国务院办公厅关于全面放开养老服务市场提升养老服务质量的若干意见》（国办发〔2016〕91号）：养老机构可依法依规使用农村集体建设用地发展养老服务设施。

3.《关于印发〈促进乡村旅游发展提质升级行动方案（2018—2020年)〉的通知》（发改综合〔2018〕1465号）：农村集体经济组织可以依法使用自有建设用地自办或以土地使用权入股、联营等方式与其他单位和个人共同参与乡村旅游基础设施建设。

4.《关于促进乡村旅游可持续发展的指导意见》（文旅资源发〔2018〕98号）：鼓励通过流转等方式取得属于文物建筑的农民房屋及宅基地使用权，统一保护开发利用。在充分保障农民宅基地用益物权的前提下，探索农村集体经济组织以出租、入股、合作等方式盘活利用闲置宅基地和农房，按照规划要求和用地标准，改造建设乡村旅游接待和活动场所。

五、规划确定的商业、工业（包括仓储物流、办公、养老、乡村休闲旅游）等经营性集体建设用地，可以由土地所有权人以土地使用权出让、出租等方式提供给其他单位、个人用于商业、工业项目建设使用

1.《土地管理法》第六十三条　土地利用总体规划、城乡规划确定为工业、商业等经营性用途，并经依法登记的集体经营性建设用地，土地所有权人可以通过出让、出租等方式交由单位或者个人使用，并应当签订书面合同，载明土地界址、面积、动工期限、使用期限、土地用途、规划条件和双方其他权利义务。

前款规定的集体经营性建设用地出让、出租等，应当经本集体经济组织成员的村民会议三分之二以上成员或者三分之二以上村民代表的同意。

通过出让等方式取得的集体经营性建设用地使用权可以转让、互换、出资、赠与或者抵押，但法律、行政法规另有规定或者土地所有权人、土地使用权人签订的书面合同另有约定的除外。

集体经营性建设用地的出租，集体建设用地使用权的出让及其最高年限、转让、互换、出资、赠与、抵押等，参照同类用途的国有建设用地执行。具体办法由国务院制定。

2. 国办发〔2019〕5号文件、《国务院办公厅关于全面放开养老服务市场提升养老服务质量的若干意见》（国办发〔2016〕91号）：养老机构可依法依规使用农村集体建设用地发展养老服务设施。

3.《关于印发〈促进乡村旅游发展提质升级行动方案（2018—2020年)〉的通知》（发改综合〔2018〕1465号）：农村集体经济组织可以依法使用自有建设用地自办或以土地使用权入股、联营等方式与其他单位和个人共同参与乡村旅游基础设施建设。

4.《关于促进乡村旅游可持续发展的指导意见》（文旅资源发〔2018〕98号）：鼓励通过流转等方式取得属于文物建筑的农民房屋及宅基地使用权，统一保护开发利用。在充分保障农民宅基地用益物权的前提下，探索农村集体经济组织以出租、入股、合作等方式盘活利用闲置宅基地和农房，按照规划要求和用地标准，改造建设乡村旅游接待和活动场所。

六、返乡下乡创业人员，可依托自有和闲置农房院落发展农家乐

《国务院办公厅关于支持返乡下乡人员创业创新促进农村一二三产业融合发展的意见》（国办发〔2016〕84号）：支持返乡下乡人员依托自有和闲置农房院落发展农家乐。

七、返乡下乡创业人员，可以通过租赁农民房屋，或与拥有合法宅基地、农房的当地农户合作改建自住房，解决返乡下乡创业人员住房问题

《国务院办公厅关于支持返乡下乡人员创业创新促进农村一二三产业融合发展的意见》（国办发〔2016〕84号）：在符合农村宅基地管理规定和相关规划的前提下，允许返乡下乡人员和当地农民合作改建自住房。

八、以转让、互换、入股等方式取得出让等经营性集体建设用地使用权，用于商业、工业、养老、乡村休闲旅游等项目建设使用

1.《土地管理法》第六十三条　通过出让等方式取得的集体经营性建设用地使用权可以转让、互换、出资、赠与或者抵押，但法律、行政法规另有规定或者土地所有权人、土地使用权人签订的书面合同另有约定的除外。

2. 国办发〔2019〕5号文件、《国务院办公厅关于全面放开养老服务市场提升养老服务质量的若干意见》（国办发〔2016〕91号）：养老机构可依法依规使用农村集体建设用地发展养老服务设施。

3.《国务院办公厅关于支持返乡下乡人员创业创新促进农村一二三产业融合发展的意见》（国办发〔2016〕84号）：支持返乡下乡人员依托自有和闲置农房院落发展农家乐。在符合农村宅基地管理规定和相关规划的前提下，允许返乡下乡人

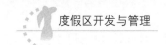

员和当地农民合作改建自住房。

4.《关于深入推进农业供给侧结构性改革做好农村产业融合发展用地保障工作的通知》(国土资规〔2017〕12号):在充分保障农民宅基地用益物权、防止外部资本侵占控制前提下,探索农村集体经济组织以出租、合作等方式盘活利用空闲农房及宅基地,按照规划要求和用地标准,改造建设民宿民俗、创意办公、休闲农业、乡村旅游等农业农村体验活动场所。

5. 发改综合〔2018〕1465号:农村集体经济组织可以依法使用自有建设用地自办或以土地使用权入股、联营等方式与其他单位和个人共同参与乡村旅游基础设施建设。

6.《关于促进乡村旅游可持续发展的指导意见》(文旅资源发〔2018〕98号):鼓励通过流转等方式取得属于文物建筑的农民房屋及宅基地使用权,统一保护开发利用。在充分保障农民宅基地用益物权的前提下,探索农村集体经济组织以出租、入股、合作等方式盘活利用闲置宅基地和农房,按照规划要求和用地标准,改造建设乡村旅游接待和活动场所。

7. 旅发〔2016〕148号文件:选址在城镇规划区外的自驾车旅居车营地,其公共停车场、各功能区之间的连接道路、商业服务区、车辆设备维修及医疗服务保障区、废弃物收纳与处理区等功能区可与农村公益事业合并实施,依法使用集体建设用地。

本章小结

(1)土地是地表某一地段包括地质、地貌、气候、水文、土壤、植被等多种自然要素在内的自然综合体。

(2)土地的自然特征包括土地的不可替代性、土地面积的有限性、土地位置的固定性和土地质量的差异性。

(3)土地的经济特征包括土地经济供给的稀缺性、土地用途的多样性、土地用途变更的困难性、土地增值性、土地的产权特性和土地的不动产特性。

(4)在我国,土地分类工作主要遵从《中华人民共和国土地管理法》、《土地利用现状分类》(GB/T 21010—2017)、《城市用地分类与规划建设用地标准》(GB 50137—2011)和《国土空间调查、规划、用途管制用地用海分类指南(试行)》。

(5)按照《中华人民共和国土地管理法》,度假区的开发建设会涉及农用地、建设用地和未利用地。

(6)依照国家标准《土地利用现状分类》(GB/T 21010—2017),度假区的开发建设主要涉及"商服用地""住宅用地""公共管理与公共服务用地"等一级类。

（7）依照《城市用地分类与规划建设用地标准》（GB 50137—2011），度假区的开发建设主要涉及"建设用地"大类（代码 H）和"非建设用地"大类（代码 E）；还涉及"居住用地"大类（代码 R）、"公共管理与公共服务用地"大类（代码 A）、"商业服务业设施用地"大类（代码 B）。

（8）依照《国土空间调查、规划、用途管制用地用海分类指南（试行）》，度假区的开发建设主要会涉及居住用地、公共管理与公共服务用地、商业服务业用地、绿地与开敞空间用地、交通运输用海、游憩用海等。

（9）出让（即国有建设用地使用权出让）是度假区开发建设主体（投资商）取得建设用地使用权的主要渠道。

思考题

（1）将旅游用地设置为单独的用地类型（正式的分类）是否有必要及可能性？

（2）在我国，现阶段土地分类工作所遵从的《中华人民共和国土地管理法》、《土地利用现状分类》（GB/T 21010—2017）、《城市用地分类与规划建设用地标准》（GB 50137—2011）和《国土空间调查、规划、用途管制用地用海分类指南（试行）》是什么关系？

（3）度假区的土地利用，与其他旅游区（例如，风景名胜区、森林公园、主题公园、乡村旅游地等）的土地利用，存在哪些差异？

案例分析

武义温泉度假区用地规划调整①

近日，武义县人民政府发布了《武义温泉度假区核心区局部地块控制性详细规划修改必要性论证报告公示》和《武义温泉度假区局部地块控制性详细规划修改（2021 版）第二次公示》。公示的主要内容，摘录如下：

（一）地块位置及规划用地范围

本次拟提出规划修改的内容为武丽线和溪郭线沿线的四宗待开发用地，规划总用地面积约为 40.94 公顷。其中地块 1 为鱼形湾地块，规划用地面积为 24.48 公顷；地块 2 为原控规中的 C－20 地块，用地面积为 2.45 公顷；地块 3 为鎏园边地块，用地面积为 4.82 公顷；地块 4 为原控规中的 B－14、B－15 地块，用地面积为 10.03

---

① 武义县人民政府：《规划面积614亩，武义温泉度假区用地规划调整，商住用地增加》，https://baijiahao. baidu. com/s?id = 1702082289707068868&wfr = spider&for = pc。

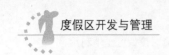

公顷。

（二）地块及周边现状情况

目前温泉度假区核心区范围内主要以武丽线、环溪线、溪郭线三条主干道组成交通框架，开发建设的项目主要集中在武丽线和溪郭线交叉口区域，包括了清水湾沁温泉、温泉博物馆、萤石博物馆、小镇客厅、溪里村、陌上花开等项目。

本次规划调整的四宗用地位于武丽线和溪郭线沿线，是温泉度假区核心区块，周边建成度比较高，开发建设条件比较成熟。规划地块1、地块2、地块3基本无建设，目前主要是待开发的空闲地；规划调整的地块4现状局部为酒店，其余为空闲地，地块4主要调整目的是对空闲地予以规划控制。

（三）拟规划修改的主要内容

拟规划修改的主要内容为用地性质的调整，目的在于指导闲置的存量建设用地进行开发建设。

地块1：主要用地性质为二类居住用地（R2）、商业与娱乐康体设施用地（B1、B3）、供应设施用地（U1）、公园绿地与社会停车场用地（G1、S42）、防护绿地（G2）。

地块2：商住混合用地（RB）。

地块3：商住混合用地（RB）、商业与娱乐康体设施用地（B1、B3）、供应设施用地（U1）、防护绿地（G2）。

地块4：商住混合用地（RB）。

案例分析题：

结合案例所述内容，试分析本案例涉及本章有关度假区土地利用的哪些知识？

第六章　度假区规划

【学习目标】

（1）掌握度假区规划的类型与层次。

（2）掌握度假区形态规划的定义与特点。

（3）了解海滨度假区形态规划的典型案例。

引导案例

国内部分旅游度假区近期规划编制情况

一、洞头半屏山海洋省级旅游度假区总体规划区级评审会成功召开①

近日，温州市洞头区文化和广电旅游体育局组织召开《洞头半屏山海洋省级旅游度假区总体规划（2021—2035）》（以下简称《规划》）区级评审会。区发改局、区经信局、区住建局、区交通运输局、区农业农村局、区资规局、生态环境洞头分局、区旅发公司、北岙街道、东屏街道等单位相关负责人及专家参会。

会上，《规划》编制单位浙江大学城乡规划设计研究院详细汇报了规划编制成果，与会人员结合洞头实际和旅游度假区发展目标定位，就《规划》内容进行了充分讨论。与会人员一致认为《规划》内容较客观，总体思路较明晰，具有较强的指导性和可操作性，对《规划》成果给予充分肯定并提出了下一步修改意见。

据悉，洞头半屏山海洋省级旅游度假区按照一心、两带、四区的"1＋2＋4"的空间布局，以"两岸交融＋海岛风情＋渔乡度假＋运动康养"为发展方向，立足洞头旅游资源，构建核心产品、乡村旅游产品、夜间旅游产品、艺术科普产品、高端度假配套产品五大旅游产品体系，推动传统观光旅游向休闲度假旅游转变，景区景点旅游向全域旅游转型，岛上游向海上游拓展，国内

---

① 浙江省文旅厅：《洞头半屏山海洋省级旅游度假区总体规划区级评审会成功召开》，https://baijia-hao. baidu. com/s?id＝1734344718062104032&wfr＝spider&for＝pc。

旅游向国际旅游拓展，着力把旅游业培育成为洞头战略性支柱产业和富民强区的幸福产业，打造长三角海岛海洋文化旅游目的地，努力助推洞头建设"国际生态旅游岛"。

二、《乐东黎族自治县龙栖湾旅游度假区控制性详细规划》批前公示①

（一）编制背景

在全面开展国土空间规划工作及自贸港建设宏观背景下，为加快推进开发边界内总体规划和控制性详细规划编制（修编）工作，落实《乐东黎族自治县总体规划（空间类 2015—2030)》战略部署和管控要求，更好地指导龙栖湾旅游度假区的发展，合理保护、开发和利用资源，实现规划成果数据纳入全省多规合一信息化平台，经乐东县人民政府同意，我局组织编制《乐东黎族自治县龙栖湾旅游度假区控制性详细规划（修编)》（以下简称"本规划")。

（二）规划范围

对接《乐东黎族自治县总体规划（空间类 2015—2030)》中龙栖湾旅游度假区开发边界，结合规划实际需求划定本次规划范围，东起乐东与三亚交界的石柱岭，南抵滨海海湾，西至望楼河，北以滨海大道（修建中）为界，规划范围面积约 8.77 平方千米，涉及海岸线总长度约 30.65 千米。

（三）发展定位

功能定位为：集旅游度假、主题娱乐、商务商业、健康康养、体育休闲等功能于一体的国际化旅游度假区。

（四）规划规模

人口规模：本规划确定常住人口规模约 3.52 万人，酒店接待规模约 2.01万人/日。

用地规模：本规划区的总用地面积为 876.81 公顷，其中居住用地为181.33 公顷，公共管理与公共服务用地为 45.55 公顷，商业服务业用地为213.79 公顷，交通运输用地为 53.84 公顷，公用设施用地为 2.94 公顷，绿地与开敞空间用地为 54.40 公顷。

（五）规划结构

整体形成"一轴、两心、四组团、多廊道"的空间结构。其中：

一轴：即自北向南沿滨海旅游公路形成的功能轴。

两心：即两大生态绿心，北侧湿地公园和中部围绕水系布置公共绿地形成

---

① 乐东县自然资源和规划局：《乐东黎族自治县龙栖湾旅游度假区控制性详细规划》批前公示，ht-tp：//ledong. hainan. gov. cn/ldxgtzyj/0800/202103/e18b756ca97447bba45905e6d67dd96b. shtml。

的公共开敞空间。

四组团：即四大功能组团，包括渔业休闲组团、核心功能组团、商业休闲组团和海上娱乐休闲度假综合组团。

多廊道：即多条通海生态廊道，包括依托水系和道路两侧公园绿地共同构筑的蓝绿互动生态廊道。

（六）用地布局

（1）依托现状自然基底，形成四条水脉、两个绿心、一个滨海带状公园、多条通海绿廊的开敞空间。

（2）望楼港社区在现状基础上充分挖掘渔港文化，发展渔业休闲业，推动社区发展；梳理社区现状空间，整理用地，增补设施，保障滨河空间廊道的贯通，提升整体空间品质。

（3）规划区中部区域结合丰富湿地水系，置入文化娱乐、健康康养、度假休闲、免税购物、观光体验等功能，构建规划区核心功能板块。

（4）南部区域鼓励现状居住建筑向商务商业类功能转型，结合现状滨海填海空间，发展体育休闲旅游，配套医疗商业商务等公共综合功能，通过产业植入，激活区域活力。

（七）交通系统规划

（1）区域交通衔接规划。

新建抱套互通与其（九所）连接线，增加规划区东部区域与西线高速公路的联系通道。新建滨海大道与环岛旅游公路，串联规划区与各环岛滨海旅游景点。延伸九所镇区沿江路往南至规划区中部区域衔接滨海大道，强化规划区与九所镇区、高铁乐东站的联系，构建完善的区域一体化交通体系。

（2）内部交通规划。

路网结构：规划区内主路形成"两横三纵"的格局。

规划道路红线宽度原则上主路宽24～40米，次路宽18～20米，支路宽7～15米。

（3）交通设施规划。

公交首末站：新建1座公交首末站，用地面积约0.40公顷。

社会停车场：规划设置3处独立占地的公共社会停车场。

加油加气站：新建1座汽车加油加气站，兼容建设汽车充电站功能，用地面积约0.55公顷。

（八）城市设计

聚焦热带滨海，突出"海、河、田、山、城"五位一体的空间属性，提炼

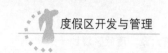

地域文化元素，打造独具魅力的国际滨海旅游区形象，将规划区整体风貌定位为热带滨海文化旅游度假区。

规划区形成四大特色风貌区：渔港风情组团风貌区、核心功能组团风貌区、商业休闲组团风貌区、海上娱乐休闲度假综合组团风貌区。

（九）附图（略）

（1）区位分析图。

（2）用地规划图。

（3）开发强度控制规划图。

（4）建筑高度控制规划图。

（5）建筑密度控制规划图。

（6）城市设计总平面图。

（7）总体鸟瞰图。

（8）局部鸟瞰图。

该规划于 2021 年 2 月 22 日通过省自然资源和规划厅组织的专家评审会，为广泛征求社会各界和相关利益人的意见和建议，根据《中华人民共和国城乡规划法》《海南省城乡规划条例》及《关于城乡规划公开公示的规定》等相关法律规定，现按程序进行规划批前公示。

············

阅读完上文有关度假区规划的两个报道，我们可以发现，规划是旅游度假区开发与管理的重要方面。此外，度假区的规划其实也是分层次的（包括总体规划和详细规划），并且度假区的规划还涉及诸如形态规划（主要关注度假区的土地利用、建筑形态以及目的地的相关功能）等内容。本章将重点阐述度假区规划的类型与层次，并在此基础上结合具体案例重点阐述度假区的形态规划。

第一节　度假区规划的层次

《旅游规划通则》（GB/T 18971—2003）明确规定，旅游规划包括旅游发展规划和旅游区规划两类。其中，旅游发展规划（tourism development plan）是指根据旅游业的历史、现状和市场要素的变化所制定的目标体系，以及为实现目标体系在特定的发展条件下对旅游发展的要素所做的安排。国务院于 2021 年 12 月 22 日印发的《"十四五"旅游发展规划》属于国家层面的旅游发展规划。按照《旅游规划通则》

（GB/T 18971—2003），旅游区（tourism area）是指以旅游及其相关活动为主要功能或主要功能之一的空间或地域。旅游区规划（tourism area plan）则是指为了保护、开发利用和经营管理旅游区，使其发挥多种功能和作用而进行的各项旅游要素的统筹部署和具体安排。按规划层次，旅游区规划分为总体规划、控制性详细规划、修建性详细规划等；其中，控制性详细规划和修建性详细规划一般统称详细规划。

依照《旅游度假区等级划分》（GB/T 26358—2022），旅游度假区是指"以提供住宿、餐饮、购物、康养、休闲、娱乐等度假旅游服务为主要功能，有明确空间边界和独立管理运营机构的集聚区"。毫无疑问，旅游度假区是一类旅游区。因此，旅游度假区规划是指为了保护、开发利用和经营管理旅游度假区，使其发挥多种功能和作用而进行的各项旅游要素的统筹部署和具体安排，也分为总体规划和详细规划。

一、旅游度假区总体规划

《旅游规划通则》（GB/T 18971—2003）明确规定，旅游区在开发、建设之前，原则上应当编制总体规划。小型旅游区可直接编制控制性详细规划。旅游区总体规划的期限一般为 10～20 年，同时可根据需要对旅游区的远景发展做出轮廓性的规划安排。对于旅游区近期的发展布局和主要建设项目，亦应做出近期规划，期限一般为 3～5 年。旅游区总体规划的任务，是分析旅游区客源市场，确定旅游区的主题形象，划定旅游区的用地范围及空间布局，安排旅游区基础设施建设内容，提出开发措施。

作为一种以度假为主要功能的旅游区，有关度假区总体规划的界定和要求，也概莫能外。例如，早在 1993 年，苏州太湖国家旅游度假区就编制了总体规划。近年来，旅游度假区建设和国家级旅游度假区创建的热潮方兴未艾，不少旅游度假区在创建国家级旅游度假区之前，就已编制好了相应的总体规划。例如，位于安徽淮南市的焦岗湖在 2018 年编制了度假区总体规划——《焦岗湖国家级旅游度假区总体规划（2018—2030 年）》[①]。

依照《旅游规划通则》（GB/T 18971—2003），度假区总体规划应包括如下基本内容（亦可参见同步案例 6-1）：

（1）对度假区的客源市场的需求总量、地域结构、消费结构等进行全面分析与预测。

（2）界定度假区范围，进行现状调查和分析，对旅游资源进行科学评价。

[①] 毛集实验区旅游局：《焦岗湖国家级旅游度假区总体规划（2018—2030 年）》公示，https://www.huainan.gov.cn/public/118322641/1258269081.html。

（3）确定度假区的性质和主题形象。

（4）确定规划度假区的功能分区和土地利用，提出规划期内的旅游容量。

（5）规划度假区的对外交通系统的布局和主要交通设施的规模、位置，规划度假区内部的其他道路系统的走向、断面和交叉形式。

（6）规划度假区的景观系统和绿地系统的总体布局。

（7）规划度假区其他基础设施、服务设施和附属设施的总体布局。

（8）规划度假区的防灾系统和安全系统的总体布局。

（9）研究并确定度假区资源的保护范围和保护措施。

（10）规划度假区的环境卫生系统布局，提出防止和治理污染的措施。

（11）提出度假区近期建设规划，进行重点项目策划。

（12）提出总体规划的实施步骤、措施和方法，以及规划、建设、运营中的管理意见。

（13）对度假区开发建设进行总体投资分析。

| 同步案例 6 – 1 | 《万绿生态旅游度假区旅游总体规划》（目录）[①] |

导言

1. 规划缘起及拟解决的问题

2. 规划目标

3. 规划理念和原则

4. 规划依据

5. 规划范围和年限

6. 规划方法和技术路线

7. 规划成果

第一章　旅游发展现状及条件

1. 度假区概况

2. 度假区旅游业发展概况

3. 度假区旅游业发展条件分析

4. 对未来开发的启示

第二章　旅游资源评价分析

1. 旅游资源类型特征及开发现状

---

① 中山大学旅游发展与规划研究中心：《万绿生态旅游度假区旅游总体规划（2012—2030）》（内部稿）。

2．旅游资源优势诊断

3．旅游资源区域评价

第三章 国内外案例借鉴

1．管理及开发运营模式借鉴

2．项目开发借鉴

3．生态旅游度假区保护借鉴

第四章 规划目标定位与战略选择

1．目标定位

2．分阶段目标及相应指标

3．战略选择

4．战略实施措施体系

第五章 空间布局和土地利用协调规划

1．空间布局依据和原则

2．总体空间布局规划

3．旅游用地规划

第六章 旅游市场分析与开发

1．现实客源市场现状与特征

2．潜在客源市场特征

3．客源市场目标定位

4．旅游市场细分

5．旅游形象分析与策划

6．旅游市场营销

第七章 旅游产品开发和重点项目规划

1．旅游产品现状评估

2．旅游产品规划

3．重点项目策划

4．基础设施规划

5．安全与防灾设施规划

6．产品开发时序与近期行动策略

第八章 旅游产业发展规划

1．旅游产业现状分析

2．旅游产业链规划思路

3．旅游核心产业规划

4．旅游相关产业发展规划

第九章　旅游支持体系规划

1. 旅游组织机构与管理体系

2. 人力资源开发与管理规划

3. 社区参与规划

第十章　旅游发展影响及调控规划

1. 旅游经济影响与调控

2. 旅游环境影响与调控

3. 旅游社会文化影响与调控

二、旅游度假区控制性详细规划

《旅游规划通则》（GB/T 18971—2003）明确规定，在旅游区（度假区）总体规划的指导下，为了近期建设的需要，可编制旅游区（度假区）控制性详细规划。旅游度假区控制性详细规划的任务是，以总体规划为依据，详细规定区内建设用地的各项控制指标和其他规划管理要求，为区内一切开发建设活动提供指导。

依照《旅游规划通则》（GB/T 18971—2003），度假区控制性详细规划应包括如下基本内容（亦可参见同步案例6-2）：

（1）详细划定所规划范围内各类不同性质用地的界线。规定各类用地内适建、不适建或者有条件地允许建设的建筑类型。

（2）规划分地块，规定建筑高度、建筑密度、容积率、绿地率等控制指标，并根据各类用地的性质增加其他必要的控制指标。

（3）规定交通出入口方位、停车泊位、建筑后退红线、建筑间距等要求。

（4）提出对各地块的建筑体量、尺度、色彩、风格等要求。

（5）确定各级道路的红线位置、控制点坐标和标高。

同步案例6-2	《三亚海棠湾国家海岸休闲园区控制性详细规划（修编）》 （公示内容）①

一、编制目的

为加强和规范三亚海棠湾国家海岸休闲园区（以下简称"海棠湾"）的规划建设管理，衔接落实《三亚市总体规划（空间类2015—2030）》、《三亚市海棠区分

---

① 由于行政区划调整，原"海棠湾开发区""海棠湾国际休闲度假区"等称呼统一修改为"三亚海棠湾国家海岸休闲园区"，均指位于海南省三亚市海棠湾区的滨海度假区，大致范围不变。资料来源：《关于〈三亚海棠湾国家海岸休闲园区控制性详细规划（修编）〉的批后公布》，http://lr.hainan.gov.cn/ztzlbk/yggs/phgb/202111/t20211104_3087163.html。

区规划（2015—2020）》（专家会评审稿）等上位及相关规划，有效管理和引导海棠湾规划建设，特制定本规划。

二、规划范围

规划范围东至滨海（含蜈支洲岛），南至亚龙岭，西至东线高速公路（含南田片区），北至龙楼岭，面积共11272公顷。

三、内容构成

本规划包含单元规划和地块规划两个层次技术成果。

单元规划层面。确定总体空间结构和布局形式并划分控制单元，在此基础上明确各控制单元发展定位、用地及建设规模和需要重点管控的重要地类布局。本规划在经法定机关审批后，实施过程中的动态维护和调整不得突破单元规划确定的限制内容。

地块规划层面。在具体地块层面制定控制指标，包括各地块在容积率、建筑高度、建筑退线等方面的具体要求。本规划在经法定机关审批后，在不突破单元规划所确定的限制内容前提下，可对地块规划内容进行更新与调整。

四、发展定位与核心职能

海棠湾发展定位为：国家海岸——国际旅游度假区。

海棠湾体现三大核心职能，包括：国际化的一站式旅游目的地，立足南海面向国际的旅游消费中心，立足三亚辐射南部省域的区域性服务中心。

五、空间结构

规划在海棠湾形成"一线、五楔、九片区、三统筹"的总体空间结构。

一线（大滨海主线）：以酒店带为支撑、蜈支洲岛为支点、内河水系为特色骨架的旅游功能主线。

五楔（主题活动绿楔）：五条楔形绿化带顺应山势，通向海滨，形成保障各组团有效隔离的绿化生态通廊，同时结合周边实体功能安排开敞式主题旅游活动功能。

九片区（空间组团）：铁炉港片区、林旺片区、龙江片区、风塘片区、藤桥片区、东溪片区、南田片区、湾坡片区、青田片区。

三统筹（非建设空间）：结合西部山体林地区域统筹山地主题旅游区，结合蜈支洲岛、后海半岛和藤桥河入海口统筹海洋主题旅游区，结合椰洲湿地等区域统筹湿地主题旅游区。

六、用地规模

规划范围内共有城市建设用地5185.38公顷，村庄建设用地67.82公顷，特殊用地42.92公顷，非建设用地5976.01公顷。

七、单元规划

规划共划定17个单元，作为规划实施与管理的基本单元。本规划确定的各类用地位置，原则上不可跨单元调整，各类用地位置在单元内的微调，需遵循占补平

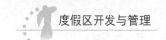

衡的原则，并依据《城乡规划法》及海南省、三亚市相关规定，履行规划调整程序。

根据单元规划，城市建设用地中，居住用地为964.37公顷，占城市建设用地的18.60%；核心服务用地为956.44公顷，占城市建设用地的18.44%；公用设施用地（及作为加油加气充换电站的公用设施营业网点用地）为69.15公顷，占城市建设用地的1.33%；核心道路交通设施用地为887.32公顷，占城市建设用地的17.11%；其他发展用地为1896.08公顷，占城市建设用地的36.57%；留白用地为412.02公顷，占城市建设用地的7.95%。

八、地块规划

根据地块规划，规划城市建设用地总量为5185.38公顷，其中：居住用地为964.37公顷，占比18.60%；公共服务与公共管理设施用地为546.86公顷，占比10.55%；商业服务业设施用地为1624.74公顷，占比31.33%；工矿用地为3.37公顷，占比0.07%；仓储用地为22.16公顷，占比0.43%；交通运输用地为887.32公顷，占比17.11%；公用设施用地为65.57公顷，占比1.26%；绿地与开敞空间用地为658.96公顷，占比12.71%；留白用地为412.02公顷，占比7.95%。

九、道路交通系统

规划由"四横七纵"交通性干路构成骨架交通格局，与生活性干路和支路一并构成的棋盘状城市道路网络。

"四横"交通性干路。即平行于海岸和内河的4条南北向交通性干路，自西向东依次为：红藤西路—红藤东路、仲田路、223国道（海棠湾段）、林旺北路—林旺南路，以及海棠北路—海棠南路。

"七纵"交通性干路。即垂直于海岸与内河的7条东西向交通性干路，自北向南依次为：温泉路—海丰路、南田路—龙海路、石龙北路—石龙路、丰塘路、龙江路、海岸大道，以及江林路。

十、附图（略）

01 区位图

02 空间结构规划图

03 单元规划用地图

04 地块规划用地图

05 开发强度控制规划图

06 建筑高度控制规划图

07 建筑密度控制规划图

08 道路系统规划图

三、旅游度假区修建性详细规划

《旅游规划通则》（GB/T 18971—2003）明确规定，对于旅游区（度假区）当前要建设的地段，应编制修建性详细规划。旅游区（度假区）修建性详细规划的任务是：在总体规划或控制性详细规划的基础上，进一步深化和细化，用以指导各项建筑和工程设施的设计和施工。依照《旅游规划通则》（GB/T 18971—2003），旅游区修建性详细规划的主要内容包括①：

（1）综合现状与建设条件分析。
（2）用地布局。
（3）景观系统规划设计。
（4）道路交通系统规划设计。
（5）绿地系统规划设计。
（6）旅游服务设施及附属设施系统规划设计。
（7）工程管线系统规划设计。
（8）竖向规划设计。
（9）环境保护和环境卫生系统规划设计。

第二节　度假区形态学与形态模型

一、度假区形态学（形态规划）

形态学（morphology），源自希腊，是指对形态的研究。不同学科对形态（学）有不同的认识和界定。在考古学中，形态学意味着对形状或者史前古器物形式的研究；在天文学中，形态学是指对星云、星系或其他延伸物体等天文物体的形状的研究；在生物学中，形态学是对有机体或其部分的形态或形状的研究；在民俗学中，形态学是对诸如民间故事等叙事的结构的研究；在语言学中，形态学研究词形的结构和内容。城市形态学则研究人类住区的形式、结构、形成和改造。对度假区作为一个旅游区或者地理单元的形态学的认识和界定，可以参照城市形态学这一概念。度假区形态学关注的是度假区的形式、结构、形成等。

---

① 考虑到本教材主要聚焦于度假区开发与管理且修建性详细规划用以指导规划区内各项建筑和工程设施的设计和施工，下文将重点放在度假区总体规划和控制性详细规划。

"二战"以后，欧美国家经济得以恢复，旅游业得以迅猛发展。到 20 世纪 70 年代末，海滨度假区在土地利用强度和形态方面发生了明显的变化。海滨一线用地开发强度不断加大，在线性扩张的同时也逐渐向内陆拓展。一线用地大多被商业和接待设施占据，内陆地区则形成移民居住区。旅游开发使得以前荒无人烟的海滨地区逐渐形成新的城市群落，海滨度假区城市化（coastal urbanization）成为海滨度假区演变的主要趋势。城市化过程在海滨度假区形态演变方面表现甚为突出。[1] 20 世纪 70 年代后，相关研究日渐升温，逐渐形成了相对独立的度假区形态学，亦即专门关注度假区形态的研究领域。具体而言，度假区形态学（形态规划）关注度假区的土地利用、建筑形态及作为目的地所具有的功能，其形态研究应考虑三方面要素：区位特征、旅游要素和其他城市功能。[2]

吉尔伯特（Gilbert E W)[3] 被认为是度假区形态研究的开创者。他对英国南部海滨城市——布莱顿（Brighton）海滨形态演化的研究具有开拓性。此后，巴瑞特（Barrett J)[4]、史丹斯菲尔德（Stansfield C A）和里克特（Rickert J E)[5]、皮格兰（Pigram J J)[6] 等学者亦做过大量的探索。在西方学界，史密斯（Smith R A)[7] 和皮尔斯（Pearce D G)[8] 等学者都做过很好的文献梳理。

二、度假区形态模型及形态演化模型

（1）度假区极核（resort core）模型。在研究英格兰和威尔士海滨度假区演化时，巴瑞特提出了著名的"度假区极核"概念。如图 6 - 1 所示，巴瑞特认为，海滨度假区是以极核为中心向周围呈放射状扩散的——极核（主要是滨海一线的高端住宿设施和休闲娱乐设施）位于海滩内陆，其他设施（主要包括滨海二线的住宿设施，

---

① Smith R A. Coastal urbanization：tourism development in the Asia Pacific. Built Environment, 1992, 18：27 - 40.

② 需要指出的是，度假区形态规划并非法定意义上的规划类型。据本书作者理解，度假区形态规划在内容上与度假区总体规划、控制性详细规划有较大交叉。或者说，度假区总体规划和控制性详细规划会涉及对度假区形态的关注和安排。

③ Gilbert E W. The growth of brighton. The Geographical Journal, 1949, 114（1/3）：30 - 52.

④ Barrett J. The seaside resort towns of England and Wales. London：University of London, 1958.

⑤ Stansfield C A, Rickert J E. The recreational business district. Journal of Leisure Research, 1970：213 - 225.

⑥ Pigram J J. Beach resort morphology. Habitat International, 1977, 2（5/6）：525 - 541.

⑦ Smith R A. Beach resorts：a model of development evolution. Landscape and Urban Planning, 1991, 21：189 - 210；Smith R A. Coastal urbanization：tourism development in the Asia Pacific. Built Environment, 1992, 18：27 - 40.

⑧ Pearce D G. Form and function in French resorts. Annals of Tourism Research, 1978, 5（1）：142 - 156；Pearce D G. Tourism today：a geographical analysis (Second edition). Singapore：Longman Group Limited, 1995.

诸如公寓，以及配套的休闲娱乐设施）围绕着极核分布。与极核距离越远，接待服务设施的密度越低，从而形成接待设施围绕极核的圈层分布。各圈层的建筑式样和消费水平不同，从而形成所谓的"社会分层"（social stratification）。

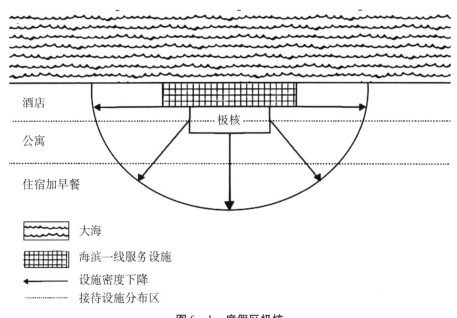

图 6 – 1　度假区极核

（资料来源：Barrett J, 1958；经作者重绘。）

（2）海滨度假区形态演化模型。梅耶阿登特（Meyer – Ardent K J)[①] 研究了美国路易斯安那州豪华岛（Grand Isle）的形态演变过程，发现：新建旅游设施主要沿着海滨侧向呈带状扩展，同时沿交通区位好、进入性条件便利的一线海滨开发向内陆腹地延伸。史密斯（Smith R A）在对东南亚海滨度假区的研究中也发现了类似的规律。他的研究比梅耶阿登特更为细致和系统。他通过研究泰国芭堤雅（Pattaya）土地利用的变化，提出了"海滨度假区形态演化模型"（TBRM，tentative beach resort model）。史密斯将海滨度假区城市化的过程分为发展前阶段（阶段 A）、旅游探查阶段（阶段 B）、出现第一个酒店阶段（阶段 C）、带状扩张阶段（阶段 D）、商业核心形成阶段（阶段 E）、内陆拓展阶段（阶段 F）、第二条道路阶段（阶段 G）、CBD（central business district，即中央商务区）和 RBD（recreational business district，即游憩商业区）分离阶段（阶段 H），如图 6 –2 所示。

---

①　Meyer-Ardent K J. Patterns and impacts of coastal recreation along the Gulf coast of Mexico. In：Fabbri. Recreational use of coastal areas. Kluwer：Dordrecht，1990.

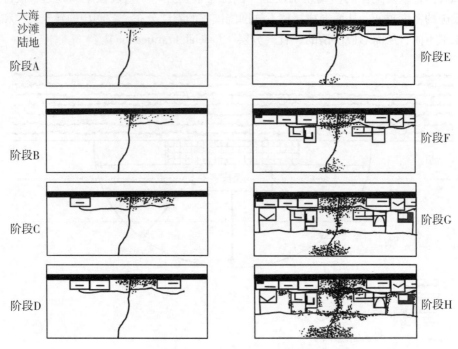

大海
沙滩
陆地

阶段A

阶段B

阶段C

阶段D

阶段E

阶段F

阶段G

阶段H

图6-2　海滨度假区形态演化模型（TBRM）

（资料来源：Smith R A, 1991, 1992；经作者重绘。）

　　刘俊和保继刚[1]将史密斯的海滨度假区形态演化模型（TBRM）的贡献总结为如下三个方面。首先，在巴特勒（Butler）提出的旅游地生命周期模型中，研究对象以一般的旅游目的地为主，而TBRM则是针对缺乏规划控制的海滨度假区的形态演变的研究。因此，就描述的针对性来说，后者的工作显然比前者更加具体。其次，旅游地生命周期模型仅仅提出了一个适用于分析度假区演化发展的假说（hypothesis），但围绕该模型产生的争论一直未曾停止。TBRM则建立在大量实地调查和一手资料的基础之上，是史密斯通过对东南亚（泰国的芭堤雅、马来西亚的巴图菲里基）和澳大利亚（澳大利亚的冲浪天堂）典型海滨度假区进行长达10年的深入调查后的总结提炼。因此，TBRM具有较强的科学性和说服力。最后，巴特勒将旅游地吸引力的强弱变化解释为旅游地兴衰的内在动因。但这只是一定程度上的抽象概括。事实上，旅游地吸引力变化是众多因素相互作用的结果，而不是原因本身。史密斯认为，政府管制缺位，私人资本（社会资本）的无序开发必然会导致海滨度假区的衰退。因此，政府必须以规划控制者的角色介入度假区的开发与管理

――――――――――

① 刘俊、保继刚：《国外海滨度假地形态模型研究评介》，载《规划师》2007年第3期，第92-96页。

中，不能任由开发商肆意妄为。这一结论对于海滨度假区开发管理，尤其是我国的度假区开发管理，具有重要意义。

（3）综合型海滨度假区形态模型。20 世纪 50 年代，综合型度假区（integrated resorts），尤其是综合型海滨度假区开始涌现。综合型度假区，由于占地面积、投资体量等原因，往往脱离原有城镇体系布局，坐落在资源条件优越、相对偏僻但较容易进入的地区。综合型度假区通过集中建设自成一体、相互配套的旅游服务设施，容易形成封闭式的区域，从而形成所谓的"飞地""孤岛"。如前文所述，在全球范围内，中国海南三亚的亚龙湾、印度尼西亚巴厘岛的努沙杜瓦等，都是综合型海滨度假区的杰出代表。在对努沙杜瓦进行长时间跟踪研究的基础上，史密斯（Smith R A）进一步提出了综合型海滨度假区形态演化模型（MIRD，model of integrated resort development）。这一模型的突出贡献在于，它揭示了度假区与周边社区及非正式部门之间的空间关系，这对度假区发展而言至关重要。

在努沙杜瓦度假中案例（图 6-3）中，根据史密斯[1]的研究，虽然作为开发商的巴厘旅游开发公司（Bali Tourism Development Corporation）成功地将流动性商贩拒于度假区之外，但这些商贩集中在度假区入口公路的两侧，从而形成了无序经营的游憩商业区。海滨度假设施（主要包括度假酒店、购物中心、会议中心、餐饮中心等）有线性地侧向扩张的内在冲动，使得度假区边界以外的两侧海滩上出现了许多乱建的接待设施。在这些地方，随处可见拥挤的道路、堵塞的下水管道、堆放在路边的垃圾和受污染的水源。刘俊和保继刚[2]指出，努沙杜瓦度假区的经历告诫我们：度假区内部的规划控制固然重要，但度假区外围用地的控制也同样不可忽视，即不仅要求度假区内部设施规划建设的一体化，还要注意度假区内部规划与外部开发的综合统一。综合型度假区的规划师和开发商需要对度假区土地利用规划和管理进行重新审视。为避免综合型度假区再度陷入环境衰退危机，需要对包括度假区核心在内的整体用地进行综合性规划和管理，而不仅仅是针对度假区核心。关于努沙杜瓦度假区案例更多内容，亦可参见本书第四章有关选址、第五章有关土地利用以及本章余下部分的内容。

---

[1] Smith R A. Review of integrated beach resort development in Southeast Asia. Land Use Policy, 1992, (9): 209 – 217.

[2] 刘俊、保继刚:《国外海滨度假地形态模型研究评介》，载《规划师》2007 年第 3 期，第 92 – 96 页。

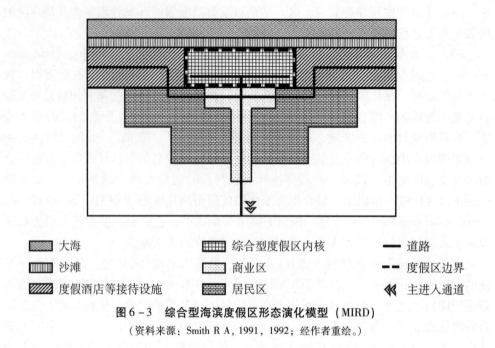

大海　　　　　　综合型度假区内核　　　　—— 道路

沙滩　　　　　　商业区　　　　　　　-- 度假区边界

度假酒店等接待设施　　居民区　　　　　《 主进入通道

图 6 – 3　综合型海滨度假区形态演化模型（MIRD）

（资料来源：Smith R A, 1991, 1992；经作者重绘。）

第三节　亚龙湾旅游度假区规划

亚龙湾是我国海滨度假区的典型和杰出代表。亚龙湾旅游度假区较早的控制性详细规划——《亚龙湾国家旅游度假区控制性详细规划》于 1998 年编制（以下简称 "1998 年版控规"），是依据 1993 年编制的总体规划——《亚龙湾国家旅游度假区总体规划》编制完成的。进入 21 世纪后，《亚龙湾国家级旅游度假区控制性详细规划》于 2009 年编制（以下简称 "2009 年版控规"）。最近的一次控制性详细规划为 2021 年批准实施的《亚龙湾国家级旅游度假区控制性详细规划修编暨城市设计》（以下简称 "2021 年版控规"）。

一、"1998 年版控规"

控制内容包括用地功能布局、道路交通系统和交通设施规划、市政工程规划、环境保护与岸线利用规划、度假区景观控制规划及防灾规划。在本轮控规实施的十多年中（1998—2008 年），亚龙湾旅游度假区内所确定的开发建设已基本完成。在这十多年中，亚龙湾旅游度假区逐步成为我国发展最为成熟、开发最为成功的海滨旅游度假区。"1998 年版控规"作为亚龙湾旅游度假区较早的控制性详细规划，基本上奠定了该度假区的功能布局、道路交通系统、土地利用等的格局。

（1）规划的特点。这一轮规划，尤其是在形态规划方面，有如下四个特点[①]：第一，保持度假区与社区的空间隔离。早在度假区开发之初，亚龙湾开发股份有限公司就投资 6000 多万元，在度假区外围兴建了面积 13 公顷的安置区，将区内原六盘村 406 户村民整体搬迁、安置。第二，遵循级差地租导向的分区规划。如前文所述，科学合理的功能分区以及相应的土地利用，是度假区形态规划的重中之重。功能分区的依据和关键则是合理利用度假区用地的级差地租。级差地租（differential rent）是指当等量资本投资于等面积的不同等级的土地上所产生的利润不相同时，所支付的地租也就不同。这样的差别地租就是级差地租。级差地租又可分为因土地肥力和位置不同而产生的级差地租 I 和因投资的生产率不同而产生的级差地租 II。级差地租 I 是指投入不同地块上的等量资本，由于土地的肥沃程度不同或土地的位置不同，而产生的有差额的超额利润。级差地租 II 是指由于对同一地块连续增加投资从而有更高的劳动生产率而产生的超额利润。如图 6 - 4 所示，在亚龙湾度假区内，处于海滨一线的滨海度假酒店区的地价（国有建设用地使用出让金）最为昂贵（喜来登酒店地块：80 万元/亩；中商俱乐部地块：45 万元/亩）。第三，统一规划的度假区通道系统。综合型度假区往往远离中心城镇。因此，从对外交通来看，一般需要修建专门的进入通道。如图 6 - 5 所示，亚龙湾度假区亦有专门的进入公路，并与区内主要道路相连，形成路网。第四，合理布局的度假区商业服务设施。亚龙湾度假区亦规划有商业、餐饮和购物街区。

（2）规划存在的问题。然而，需要指出的是，"1998 年版控规"对度假区环境和生态资源的保护及景观控制的重视不够，没有专门针对海滨旅游度假区的一些特殊要素提出控制要求和设计导则，大部分是直接沿用了城市控制性详细规划的控制指标，引导性指标比较缺乏。这一版控规难以体现旅游度假区"严格保护""保护为先"的特征，导致在指导实际建设中存在不少问题。[②] 具体阐述如下：其一，现状用地布局结构阻断了腹地与海滨的衔接，海滨资源未得到充分利用。一方面，海滨大道西段离海岸线过近，导致一线酒店进深不足，造成沿海酒店用地局促，为保证一定的建筑面积，一些酒店或提高容积率，或侵占沙坝进行建设。这些行为导致沿海建筑体量大，沙坝和防风林遭到一定程度的破坏。同时，这些行为还阻隔了

---

① 刘俊、保继刚：《综合型海滨度假区形态规划研究》，载《热带地理》2007 年第 4 期，第 369 - 374 页。

② 陈燕秋：《滨海旅游度假区控制性详细规划的指标体系研究》，中国城市规划设计研究院 2008 年硕士学位论文。

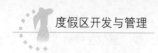

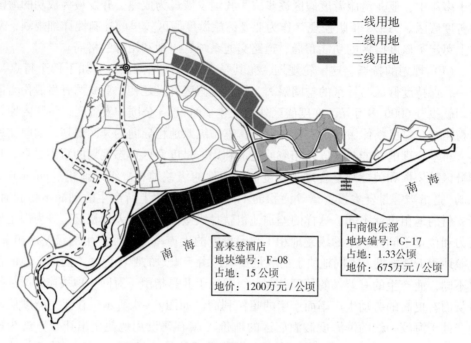

一线用地
二线用地
三线用地

喜来登酒店
地块编号：F-08
占地：15公顷
地价：1200万元／公顷

中商俱乐部
地块编号：G-17
占地：1.33公顷
地价：675万元／公顷

南海

南海

图6-4　亚龙湾旅游度假区级差地租示例

（资料来源：刘俊，保继刚，2007；经作者重绘。）

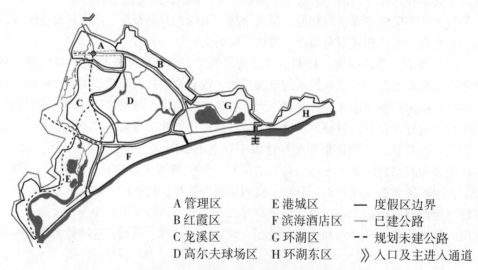

A 管理区	E 港城区	—— 度假区边界
B 红霞区	F 滨海酒店区	—— 已建公路
C 龙溪区	G 环湖区	- - 规划未建公路
D 高尔夫球场区	H 环湖东区	》入口及主进入通道

图6-5　亚龙湾旅游度假区形态示意

（资料来源：《亚龙湾国家旅游度假区控制性详细规划》，1998年；经作者重绘。）

腹地与海湾景观视线的联系。另一方面，滨海度假酒店沿海岸线一字排开，未留出足够的通海廊道，优质的滨海资源未惠及更大范围的腹地，造成二线开发的显著劣势。其二，度假区生态环境受到建设的威胁。由于受规划范围限制，"1998 年版控规"并未对亚龙湾生态环境进行整体和系统的保护和控制。本轮控规虽然对红树林和沙坝划定了保护控制线，但保护具体措施不甚明确。其三，环境特色和建筑风格没有得到很好的控制与引导，导致与度假主题发生偏差，沿海形象已趋于城市化。设立亚龙湾国家旅游度假区的初衷是要将其建设成为生态环境优美，不同于城市市区依托型度假区（例如，三亚湾海坡段、大东海等）的"世外桃源"般的度假区。在"2009 年版控规"编制、实施前，该度假区内建筑体量普遍较大、大型人工构筑物多，景观面貌已和国内众多滨海开发区趋近。

二、"2009 年版控规"

本轮规划将《亚龙湾国家旅游度假区总体规划》所确定的约 18.6 平方千米范围作为规划控制范围。该规划控制范围内除耕地、水域、自然生态绿地、红树林保护区和公共沙滩外为建设控制范围（10.83 平方千米）。本轮规划将亚龙湾度假区的发展目标定位为国际一流的热带滨海旅游度假区。依据该规划，亚龙湾度假区可接待过夜游客 21050 人，共需提供 15000～18000 间客房。据该规划编制时统计，亚龙湾已有客房 6400 多间，还需新增 8000～12000 间客房。总建设量为：建筑面积约为 25.8 平方千米（不含运动主题公园、公园绿地等用地内的配套设施），度假区建设用地约 1105 公顷。

依据景观特征分区的特点和要求，结合自然地形、现状用地布局与路网格局确定了"五区三带三点"的整体功能结构构架（图 6-6）。其中，五区：田园主题度假、高尔夫运动主题度假区、入口农民安置区、红树林保护区和环湖度假区；三带：红霞岭山边度假带、大安岭山边度假带和滨海度假带，是度假区内自然风貌特色相对突出的带状功能区；三点：度假区综合服务节点、东侧商业服务节点和中部高端商业服务节点，分别设置于主要交叉路口，定位于不同的服务对象和服务功能。

三、"2021 年版控规"

2021 年 7 月，《亚龙湾国家级旅游度假区控制性详细规划修编暨城市设计》（以下简称《规划》）正式经三亚市自然资源与规划局批准、实施。《规划》调整亚龙湾度假区北侧用地边界至亚龙湾路与 223 国道交口，东至亚龙湾热带天堂森林公园，西至六道岭、六盘岭一带，南至海岸线，面积为 18.2 平方千米。《规划》

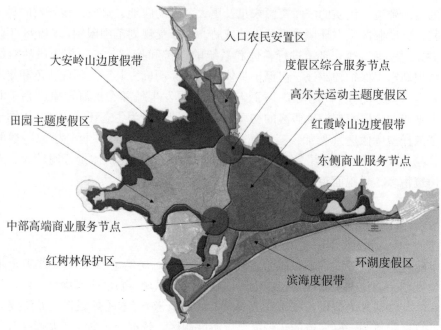

入口农民安置区

大安岭山边度假带

度假区综合服务节点

高尔夫运动主题度假区

田园主题度假区

红霞岭山边度假带

东侧商业服务节点

中部高端商业服务节点

红树林保护区

环湖度假区

滨海度假带

图 6-6　亚龙湾旅游度假区"2009 年版控规"功能结构
(资料来源:《亚龙湾国家级旅游度假区控制性详细规划》,2009 年;作者补充。)

对亚龙湾旅游度假区的发展定位是"中国旅游度假区的典范,世界顶级旅游度假区之一"。在核心功能方面,《规划》明确了亚龙湾旅游度假区要构建商业服务、休闲娱乐服务、旅游度假服务等支柱产业协同发展的产业体系。《规划》在宏观上构建"全资源整合、全产业融合、全体系覆盖"的特色区域旅游新格局,实现整体化合作运营,差异化分区发展,避免资源的闲置与浪费;同时积极贯彻"协调、开放、共享"的发展理念,通过客源共享机制,避免服务供给同质化,全面提升服务供给的质量与效率,推动经济实现高质量发展。

据《规划》,亚龙湾国家级旅游度假区的总体空间结构为"山水林田花相映,一带一心引两区"(图 6-7)。①山水林田花,即自然本底。亚龙湾为三面环山的典型谷地地形;主要水系为亚龙溪,在规划范围内形成九曲水库、红旗水库、博后水库、大小龙潭湖等水体;山体植被覆盖良好,亚龙溪河口处为红树林保护区;亚龙湾腹地区域保留有连片农田,并形成了玫瑰主题花海。②一带,即位于亚龙湾海岸一线的滨海顶级酒店带。滨海顶级酒店带以保护沙坝、红树林和近海珊瑚礁等自然资源为原则,在现状基础上对酒店设施及周边公共环境进行改造提升,在不新增建设量的前提下进一步优化当前度假环境品质。③一心,即位于亚龙湾腹地的玫瑰风情田园绿心。玫瑰风情田园绿心以当前亚龙湾腹地农田为基础,结合玫瑰主题优

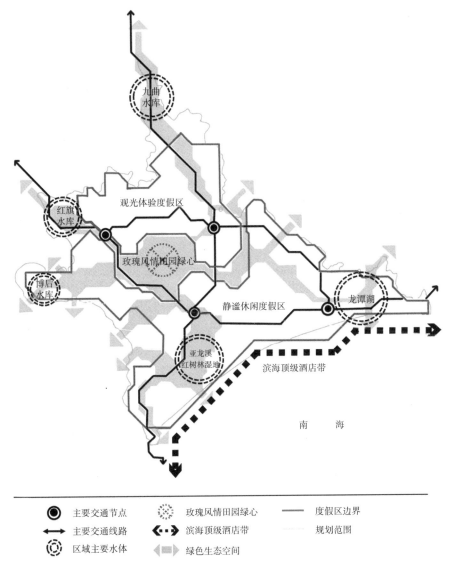

图6-7　亚龙湾旅游度假区"2021年版控规"功能结构

（资料来源：《亚龙湾国家级旅游度假区控制性详细规划修编暨城市设计》，2021年；经作者重绘。）

化提升绿色生态的田园景观底景，并结合慢行系统进一步激发亚龙湾腹地区域的活力。④两区，结合旅游度假人群在各项活动中"动"与"静"相区别的特征，将规划范围分为两个区域，即北侧的观光体验度假区和南侧的静谧休闲度假区。观光体验度假区充分考虑对外交通流线特征，营造以"动"为主的活力度假氛围，结合亚龙湾第二通道、六盘村、博后村和其他现状商业设施打造以观光体验为主的活动区域；静谧休闲度假区充分考虑山林、海岸的自然资源特点，营造以"静"为主的休憩度假氛围，结合酒店、沙滩、海水浴场等设施打造以静谧休闲为主的度假区域。本次《规划》范围为1821.43公顷，其中城市建设用地为843.27公顷，村庄建设用地为90.95公顷。《规划》限定，亚龙湾城市建设用地总建筑面积规模不超过22平方千米，毛容积率应控制在0.12以下，净容积率应控制在0.46以下（总建筑面积与净容积率测算中均不包含特殊用地、村庄建设用地、康体用地、绿地与开敞空间）。《规划》还限定，亚龙湾最大游客人数为4.10万人。

课堂讨论 6 - 1

问题：结合三亚亚龙湾度假区规划案例，讨论度假区形态规划与度假区总体规划及控制性详细规划的关系。

讨论要点：

（1）首先，明确各类规划的目的和具体内容。三亚亚龙湾度假区的规划，涉及总体规划、控制性详细规划、修建性详细规划等。度假区总体规划的任务是，分析度假区客源市场，确定度假区的主题形象，划定度假区的用地范围及空间布局，安排度假区基础设施建设内容，提出开发措施。旅游度假区控制性详细规划的任务是，以总体规划为依据，详细规定区内建设用地的各项控制指标和其他规划管理要求，为区内一切开发建设活动提供指导。度假区修建性详细规划的任务是，在总体规划或控制性详细规划的基础上，进一步深化和细化，以指导各项建筑和工程设施的设计和施工。度假区形态规划则考虑如下三方面要素：区位特征、旅游要素和其他城市功能。

（2）应该说，在中国，度假区形态规划并非法定意义上的规划类型。结合三亚亚龙湾度假区总体规划、控制性详细规划的内容，可以发现：在内容上，度假区总体规划、控制性详细规划与形态规划有较大交叉。或者说，度假区总体规划和控制性详细规划会涉及对度假区形态的关注和安排。

第四节　印度尼西亚巴厘岛努沙杜瓦度假区规划

努沙杜瓦度假区（Nusa Dua），位于印度尼西亚巴厘岛南部，陆地规划面积为350公顷，是巴厘岛的豪华度假区，亦是印度尼西亚和全球海滨度假区的典型代表。努沙杜瓦的海岸线蜿蜒数十千米，白沙细腻柔和，依各豪华酒店地段分为不同的私家沙滩，专供酒店住客享受。20世纪70年代初，努沙杜瓦度假区，作为印度尼西亚政府、世界银行（World Bank）、亚洲开发银行（Asian Development Bank）三方合作开发的项目，由印度尼西亚中央政府授权的巴厘旅游开发公司（Bali Tourism Development Corporation）① 负责开发管理。规划编制工作则由一家法国机构负责。经过多年的基础设施建设和土地整备工作，1983年，努沙杜瓦第一家酒店（Nusa Dua Beach Hotel）开始兴建、运营。

与上文所述亚龙湾旅游度假区案例类似，努沙杜瓦度假区的规划，尤其是在形态规划方面，也体现出如下四个方面的特征②：

第一，保持度假区与当地社区的空间隔离。努沙杜瓦度假区在选址时就将邻近的布阿鲁村（Bualu）和明诺村（Benoa）排除在度假区范围外（度假区有明确的边界，大门实行出入管理），度假区开发建设所需的土地则通过征地等方式获得。然而，近年来，随着旅游业的发展，度假酒店的选址已经"突破"了度假区原有界限，不少度假酒店选址在度假区之外，实际上毗邻居民聚集区。这种空间上的隔离，固然可以保证度假区有充足的土地供给，且保证了度假区的景观质量、私密性、高端属性等。但空间上的隔离也意味着当地社区与度假区发展的"割裂"，由此所造成的社区参与问题、本地居民被边缘化问题、度假区的孤岛化和飞地化，一直为学界和业界所广泛关注。

第二，遵循级差地租导向的分区规划。需要特别说明的是，以往研究指出，在努沙杜瓦，度假酒店全部集中在一线海滨地块。③ 但实际上，随着滨海一线土地的开发利用完毕，位居内陆的二线土地亦被广泛用于建设度假酒店（图6-8）。例如，凯瑜曼尼斯努萨杜瓦私人别墅及温泉酒店（Kayumanis Nusa Dua Private Villa & Spa）、巴厘岛努沙杜瓦大智者酒店（Grand Whiz Hotel Nusa Dua Bali）、诺富特巴厘岛努莎杜瓦酒店（Novotel Bali Nusa Dua）等。

第三，统一规划的度假区通道系统。度假区主要进入通道垂直穿越度假区核心腹地，平行于海岸的区内公路在度假酒店背部，酒店和沙滩合为一体，且酒店与沙滩保持一定距离。

第四，合理布局的度假区商业服务设施。这一点在努沙杜瓦度假区体现得更加

---

① 自2014年起，更名为印度尼西亚旅游开发公司（Indonesia Tourism Development Corporation）。

② Pearce D G. Form and function in French resorts. Annals of Tourism Research, 1978, 5（1）: 142-156；刘俊、保继刚：《综合型海滨度假区形态规划研究》，载《热带地理》2007年第4期，第369-374页。

③ 如图6-8所示，在以往研究中（例如，刘俊，保继刚，2007；Pearce，1978；Smith，1992），滨海一线尚有地块未作酒店的开发建设。截至2022年10月，经检索，滨海一线土地已几近开发完毕，均为豪华度假酒店，例如，巴厘岛阿优达度假酒店（Ayodya Resort Bali）、巴厘岛努沙杜瓦索菲特海滩度假酒店（Sofitel Bali Nusa Dua Beach Resort）、巴厘岛努沙杜瓦威斯汀度假酒店（The Westin Resort Nusa Dua, Bali），以及巴厘岛努沙杜瓦拉古娜豪华精选水疗度假酒店（Laguna Luxury Collection Resort & Spa）等。

明显。游憩商业区位于度假区外部，进区道路两侧；本地购物区，位于度假区外部，沿度假区边界公路两侧；零售商业区则位于一线度假酒店带内侧。如图 6-8 所示，专业的零售中心——巴厘岛购物中心（Bali Collection）集合了餐饮、购物、休闲、SPA 于一体，环境非常优美，还有免费的接驳班车，前往巴厘岛努沙杜瓦各大酒店接送度假客人。

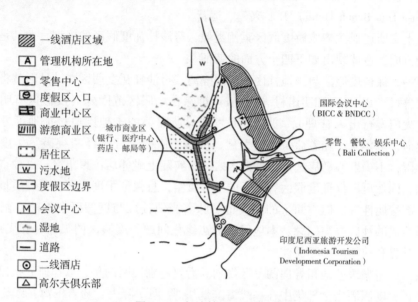

图 6-8　努沙杜瓦度假区形态
（资料来源：刘俊，保继刚，2007；经作者重绘、补充。）

本章小结

（1）《旅游规划通则》（GB/T 18971—2003）明确规定，旅游规划包括旅游发展规划和旅游区规划两类。

（2）旅游区规划（tourism area plan）是指为了保护、开发利用和经营管理旅游区，使其发挥多种功能和作用而进行的各项旅游要素的统筹部署和具体安排。

（3）按规划层次，度假区规划分为总体规划、控制性详细规划、修建性详细规划等；其中，控制性详细规划和修建性详细规划一般统称为详细规划。

（4）度假区总体规划的任务是，分析度假区客源市场，确定度假区的主题形象，划定度假区的用地范围及空间布局，安排度假区基础设施建设内容，提出开发措施。

（5）度假区控制性详细规划的任务是，以总体规划为依据，详细规定区内建设用地的各项控制指标和其他规划管理要求，为区内一切开发建设活动提供指导。

（6）度假区修建性详细规划的任务是，在总体规划或控制性详细规划的基础上，进一步深化和细化，以指导各项建筑和工程设施的设计和施工。

（7）度假区形态学（形态规划）关注度假区的形式、结构和形成等。度假区形态学（形态规划）考虑如下三方面要素：区位特征、旅游要素和其他城市功能。

（8）巴瑞特（Barrett J）提出的"度假区极核"（resort core）概念认为，海滨度假区是以极核为中心向周围呈放射状扩散的——极核位于海滩内陆，其他设施围绕着极核分布；与极核距离越远，接待服务设施的密度越低，消费水平也越低，从而形成接待设施围绕极核的圈层分布及所谓的"社会分层"（social stratification）。

（9）史密斯（Smith R A）提出的"海滨度假区形态演化模型"将海滨度假区城市化的过程分为发展前阶段、旅游探查阶段、商业核心形成阶段、内陆拓展阶段、CBD 和 RBD 分离阶段等八个阶段。

（10）典型的综合型海滨度假区形态规划一般具有如下特点：保持度假区与当地社区的空间隔离、遵循级差地租导向的分区规划、统一规划的度假区通道系统和合理布局的度假区商业服务设施。

【思考题】

（1）度假区的总体规划和详细规划与度假区形态规划是什么关系？

（2）在我国，其他类型的度假区（见第二章的分类）的形态规划具有哪些特点？

（3）基于亚龙湾旅游度假区三次控制性详细规划，思考度假区形态及形态规划的特征和规律。

【案例分析】

《西双版纳旅游度假区二期控制性详细规划修编（2021 版）》公示①

近日，景洪市自然资源局发布了《西双版纳旅游度假区二期控制性详细规划修编（2021 版）》公示。公示的主要内容，摘录如下：

一、规划修编的必要性（略）

二、规划范围

本次规划修编的范围为景帕杭路以南、庄匡路及民航路以东、南环路及南联山

---

① 景洪市自然资源局：《〈西双版纳旅游度假区二期控制性详细规划修编（2021 版）〉公示》，https://www.jhs.gov.cn/162. news. detail. dhtml？news_id＝112216。

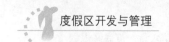

路以北、东一路以西的区域，规划总用地为2218.18公顷。

三、用地和人口规模

（一）用地规模

本规划总用地面积为2218.18公顷，其中建设用地为2045.59公顷，占规划总用地的92.22%；非建设用地为172.59公顷，占规划总用地的7.78%；城市建设用地面积为1849.18公顷，占规划总用地的83.36%。

（二）人口规模

规划近期（2025年）人口规模为15.88万人，其中常住人口10万人，旅游人口5.88万人。

规模远期（2030年）人口规模为26.66万人，其中常住人口16万人，旅游人口10.66万人。

四、规划定位

本次规划修编对片区的定位为：以历史文化和民族文化为基础，以休闲度假为核心，集文化体验、主题度假、休闲康养、生态居住、商贸会展于一体，多产业联动发展的国家级旅游度假区。

五、功能结构

本次修编形成"一核、一轴、两带、六组团"的规划布局结构。一核是指以勐泐文化旅游区为主形成的片区发展核心；一轴是指沿勐泐大道形成的南北向发展轴；两带是指沿片区北部的景帕杭路、片区南部的南环路形成东西方向的两条发展带；六组团分别是城市生活组团、配套服务组团、傍山宜居组团、傍山度假组团、大佛寺南生态组团、勐泐民族文化组团。

六、公共服务设施规划（略）

七、商业服务设施规划

本次规划商业设施用地为507.54公顷，占规划城市建设用地的比例为27.45%，人均商业设施用地为31.72平方米。

在居中位置布局为整个度假区二期服务的高端酒店、专业市场、购物中心等设施。在各组团内布置相应的商业用地，或利用商住混合用地设置配套的商场、菜市场、生鲜超市、银行网点、电信及邮政营业场所等设施。

八、文旅设施用地规划

除现有的酒店、文旅设施外，规划的文旅设施用地主要以商业和商住混合用地的形式进行布局，主要分布于勐泐民族文化组团、配套服务组团、大佛寺南生态组团、傍山宜居组团、傍山度假组团内。规划未开发利用的文旅设施用地为314.34公顷，占片区建设用地总量的16.87%。

九、道路交通规划（略）

十、规划指标（略）

十一、城市设计导则（略）

附图：（略）

案例分析题：

结合案例所述内容，试分析本案例涉及本章有关度假区规划的哪些知识，并思考本案例中的度假区形态规划与海滨度假区的形态规划有何异同。

第七章 度假区环境管理

【学习目标】

（1）掌握环境及环境管理的基本概念。

（2）掌握度假区环境的概念以及度假区环境管理的内容与制度。

（3）了解度假区环境管理制度实践的典型案例。

（4）掌握度假区环境恢复性的概念与测量方式。

（5）掌握度假区气候舒适度的概念与测量方式。

引导案例

昆明滇池度假区这十年：生态文明建设成效显著 水更清地更绿空气更清新

走进昆明滇池度假区，映入眼帘的皆是"蓝天白云、清水绿岸、鱼翔浅底、人鸥和谐"的生态画卷。水质明显改善，生态环境持续向好……这些看得见的变化，生动体现了十年来度假区生态文明建设的显著成效。

自党的十八大以来，滇池度假区生态环境部门把生态文明建设融入度假区经济社会发展的各方面。十年来，生态文明建设取得显著成效，生态环境质量得到持续改善。

一、打好"三大战役"，空气质量优良天数比率达99%

度假区生态环境分局负责人介绍，度假区强化多污染物协同控制和区域联防联控，坚决打好污染天气消除、臭氧污染防治、柴油货车污染治理三大标志性战役。最新数据显示：2022年1—10月，度假区空气质量共监测304天，其中优186天，良好116天，空气质量优良率达99.34%。

同时成立联合督查组，落实大气环境质量日通报机制，以加强道路扬尘整治、施工扬尘精细化管控、餐饮饭店油烟治理为重点，联合住建局、城市管理局等部门开展大气污染防治联合督查行动，联防联控成效显著。

二、推进"三水共治"，入滇河道水质均达考核目标

度假区统筹推进水资源、水环境、水生态"三水共治"，协同相关部门积极开展黑臭水体的综合整治，通过堵口查污、清污分流、面源治理、河道补水

等一系列综合措施，在度假区辖区范围内消除了黑臭水体；对辖区范围内入滇河道及支流、9个纳入考核的监控断面及2家重点排污企业进行巡查检查近千次，重点排查排污口偷排漏排、自动站监控点附近受人为干扰及垃圾漂浮物等情况，对发现的问题及时处理处置，辖区河道水质不断改善；探索建立水体生态补偿考核机制。通过整治，各入滇河道近十年水质均达市级目标考核要求，滇池全湖水质持续改善，从劣Ⅴ类提升为Ⅳ类，实现了近30年来最好水质。

三、危废物处置全过程监管，城市生活垃圾处置率达100%

在土壤污染防治工作中，度假区开展重点建设用地安全利用率考核工作，保留一片净土。推进疑似污染地块调查，加强建设用地土壤污染风险管控和修复，定期开展土壤污染隐患排查，加大对土壤和地下水的监测力度，使土壤环境质量保持稳定。

督促企业将危险废物产生、贮存、利用、处置、转移等情况纳入生产记录，建立危险废物管理台账，依托固体废物管理信息系统，实现危险废物处置全过程监管，全区城市生活垃圾主要采取卫生填埋、垃圾焚烧的方式处置，处置率达100%。医疗废物及危险废物全部送持证单位处置，处理率达100%。

四、生态建设成效显著，捞渔河湿地公园绿树如荫

（1）捞渔河入湖口湿地提升改造项目。完成了原有湿地整理及扩建湿地的集水、布水工程及慢行系统、管理栈道和生态停车场的建设，形成水上森林的景观效果，湿地水质净化效果明显，湿地功能完善；并为市民提供休闲游憩的场所，自2015年5月1日建成投入试运行以来，免费对外开放。如今，捞渔河湿地公园已成为滇池生态修复与建设的一张名片，集湿地保护、水质净化、科普宣传、休闲游憩及配套服务等功能为一体的捞渔河湿地初具规模。

（2）洲际酒店周边水体改善工程。建成500余米引水管，完成58亩水体清淤量1万立方米及其他附属工程，已将船房河水通过永昌湿地引入洲际酒店周边水体，形成流动水体，实现健康水循环，改善洲际酒店周边水体水环境质量。

五、打好"三大保卫战"，争当生态环境保护排头兵

度假区生态环境分局负责人表示，2023年将深入研究度假区生态环境领域"差距怎么看、发展怎么办、工作怎么干"三个方面的问题，集中精力打好蓝天、碧水、净土"三大保卫战"，确保区域环境质量得到持续改善，争当生态环境保护排头兵。同时，加强对滇池流域、重点行业和重点企业的监督检查力度，督促企业落实主体责任，紧盯企业污水处理设施及在线监测设备正常运行，持续推动工业污染源达标排放。针对重点行业、企业持续开展污染防治

专项行动，严厉打击污染违法行为，切实完善"一企一档"建立。此外，全力配合做好环滇池沿岸"大生态大湿地大景区"建设。

（资料来源，云南信息报：《度假区这十年：生态文明建设成效显著 水更清地更绿空气更清新》，https://mp.weixin.qq.com/s?_biz=MzA3OTE2ODQ5MA==&mid=265 3944091 &idx=4&sn=b3aef979de29bf1cb9574ed6f5c693d1&chksm=846ccf9eb31b4688919319b 36ec89 cefc8c9a7a35cd372de39757176b51fee1d624a0e9bb551&scene=27。）

　　阅读完本章引导案例有关昆明滇池度假区生态环境保护的报道，我们可以发现，环境保护是旅游度假区赖以生存和发展的基础。因此，环境管理是旅游度假区开发与管理的重要议题。更重要的是，引导案例在介绍滇池度假区的环境及环境管理时，涉及度假区空气质量管理、水体质量管理、固体废弃物管理等内容。除此之外，度假区环境管理还涉及其他重要议题吗？答案是肯定的。本章将在阐述环境、环境管理等基本概念的基础上，重点阐述度假区环境管理的内容和制度实践。在讨论这些客观的、物质的环境及其管理后，我们还将分别从度假游客心理感知和身体感受（生理感受）的视角，分别阐述度假区环境恢复性、度假区气候舒适度等与度假区环境管理息息相关的内容。

第一节　环境与环境管理

一、环境和环境管理的概念

　　通常情况下，环境可按属性分为自然环境和人文环境。自然环境，通俗地说，是指未经过人的加工改造、天然存在的环境，是客观存在的各种自然因素的总和。人类生活的自然环境，按环境要素又可分为大气环境、水环境、土壤环境、地质环境和生物环境等，分别对应地球的五大圈层——大气圈、水圈、土圈、岩石圈和生物圈。人文环境是人类创造的物质的、非物质的成果的总和。物质的成果主要指文物古迹、绿地、园林、建筑、聚落、器具、设施等；非物质的成果指社会风俗、语言文字、文化艺术、教育法律以及各种制度等。这些成果都是人类创造的，具有文化烙印，渗透了人文精神。人文环境反映了一个民族的历史积淀，也反映了社会的历史与文化，对人的素质提升和全面发展发挥着培育、熏陶的作用。

　　《中华人民共和国环境保护法》（中华人民共和国第十二届全国人民代表大会常务委员会第八次会议于2014年4月24日修订通过，自2015年1月1日起施行）从法学（法律）角度对环境进行了概念界定，即"本法所称环境是指影响人类生存和发展的各种天然的和经过人工改造的自然因素的总体，包括大气、水、海洋、土地、矿藏、森林、草原、野生生物、自然遗迹、人文遗迹、风景名胜区、自然保护区、城市和乡村等"。本书采纳上述从法律角度对环境所做出的界定。

环境管理，即对环境进行管理，是各级环境保护部门的基本职能。具体而言，环境管理是各级环境保护部门运用经济、法律、技术、行政、教育等手段，限制和控制人类损害环境质量，协调经济社会发展与环境保护、生态平衡之间关系的一系列活动。环境管理的根本目的是在保证经济得到长期稳定增长、社会得以全面发展的同时，使人类有一个良好的生存和生产环境。

环境管理涉及土壤、水、大气、生物等各种环境因素。环境管理的领域涉及经济、社会、政治、自然、科学技术等方面。环境管理的范围涉及政府各个部门。所以，环境管理具有高度的综合性与复杂性。

二、环境管理的主要内容

从内容上看，环境管理主要涉及以下三个方面：

（1）环境计划管理。环境计划是一个较为宽泛的概念，泛指与环境及环境管理有关的对未来可预见事物（事务）的安排，包括工业交通污染防治、城市污染控制计划、流域污染控制计划、自然环境保护计划，以及环境科学技术发展计划、宣传教育计划等；还包括在调查、评价特定区域的环境状况之基础上开展的区域环境规划。

（2）环境质量管理。环境质量管理主要涉及组织制定各种质量标准、各类污染物排放标准和监督检查工作；组织调查、监测和评价环境质量状况以及预测环境质量变化趋势。

（3）环境技术管理。环境技术管理主要涉及确定环境污染和破坏的防治技术路线和技术政策、确定环境科学技术发展方向、组织环境保护的技术咨询和情报服务，以及组织国内和国际的环境科学技术合作交流等。

三、我国环境管理的基本制度

《中华人民共和国环境保护法》第四章"防治污染和其他公害"对我国长期以来实行的行之有效的环境管理制度进行了总结，并做出了13条规定。总结起来，目前，我国环境管理的主要制度措施有8项，分别简述如下：

（1）环境影响评价制度。环境影响评价制度是指在进行建设活动之前，对建设项目的选址、设计和建成投产使用后可能对周围环境产生的不良影响进行调查、预测和评定，提出防治措施，并按照法定程序进行报批的法律制度。

（2）"三同时"制度。"三同时"制度是在中国出台最早的一项环境管理制度。它是中国独创，是在中国社会主义制度和建设经验的基础上提出来的，是具有中国特色并行之有效的环境管理制度。根据我国2015年1月1日开始施行的《环境保护法》第四十一条规定："建设项目中防治污染的设施，应当与主体工程同时设计、同时施工、同时投产使用。防治污染的设施应当符合经批准的环境影响评价文件的要求，不得擅自拆除或者闲置。"

（3）排污收费制度。排污收费制度是指向环境排放污染物或超过规定的标准排放污染物的排污者，依照国家法律和有关规定按标准交纳费用的制度。征收排污费是为了促使排污者加强经营管理，节约和综合利用资源，治理污染，改善环境。排污收费制度是"污染者付费"原则的体现，可以使污染防治责任与排污者的经济利益直接挂钩，促进经济效益、社会效益和环境效益的统一。排污收费的管理依据主要是《排污费征收使用管理条例》。

（4）环境保护目标责任制。环境保护目标责任制是一种具体落实地方各级人民政府和有污染的单位对环境质量负责的行政管理制度。它是将各级政府领导人依照法律应当承担的环境保护责任、权利、义务，用建立责任制的形式固定下来，并把它引入环境管理中的一种特殊的环境管理模式。目标责任制通常是通过上一级政府对下一级政府签订环境目标责任书体现的，下一级政府在任期内完成了目标任务，上一级政府给予鼓励，对没有完成任务的则给予处罚。

（5）城市环境综合整治定量考核制度。城市环境综合整治定量考核制度是指中国20世纪80年代在开展城市环境质量综合整治实践的基础上，对城市环境综合整治规定出可比的定量指标，定期进行考核评比，促进环境质量改善的一项重要制度。1988年9月，国务院环境保护委员会发布的《关于城市环境综合整治定量考核的决定》规定：从1989年起，国家对北京、天津、上海等32个重点城市进行定量考核；城市环境综合整治是城市政府的一项重要职责，市长对城市的环境质量负责；这项工作应列入市长的任期目标，并作为考核政绩的重要内容；城市人民政府应按考核指标分级制定本市的环境综合整治目标，并在年度计划中分解落实到有关部门来组织实施。考核范围包括大气环境保护、水环境保护、噪声控制、固体废弃物处置和绿化五个方面，共20项指标。考核结果向群众公报，接受群众监督。该项制度使城市环境保护工作由定性管理转向定量管理，也增加了环境保护工作的透明度。

（6）排污许可证制度。控制污染物排放许可证制（简称"排污许可证制"）是依法规范企事业单位排污行为的基础性环境管理制度，即环境保护部门通过对企事业单位发放排污许可证并依证监管实施排污许可。

（7）污染集中控制制度。污染集中控制制度是要求在一定区域建立集中的污染处理设施，对多个项目的污染源进行集中控制和处理。这样做既可以节省环保投资，提高处理效率，又可采用先进工艺，进行现代化管理。因此，这项制度有显著的社会、经济、环境效益。

（8）污染源限期治理制度。限期治理污染制度是指对严重污染环境的企业事业单位和在特殊保护的区域内超标排污的生产、经营设施和活动，由各级人民政府或其授权的环境保护部门决定、环境保护部门监督实施，在一定期限内治理并消除污染的法律制度。

第二节　度假区环境与环境管理

一、度假区环境和环境管理的概念

如前所述，旅游度假区（tourist resort）是"以提供住宿、餐饮、购物、康养、休闲、娱乐等度假旅游服务为主要功能，有明确空间边界和独立管理运营机构的集聚区"。理解度假区与环境的关系或者度假区环境这一概念，可以从以下两个方面入手：

一方面，作为度假设施集聚区的度假区，必然地处于自然条件良好、生态环境优美的地方，例如，森林、湖滨、海滨、海岛等（详见本书第二章）。这些供度假游客使用的设施（例如，度假设施、餐饮场所、购物场所、康养设施、休闲设施、娱乐设施等），必然分布在自然环境中，与自然环境一起构成了某个特定的旅游度假区本身。例如，亚龙湾国家级旅游度假区是由坐落于滨海一线的度假酒店，位居"内陆"地区的第二居所（住宅区）、度假酒店、高尔夫场所、会议设施、管理机构、基础设施（道路、污水处理厂、冰蓄冷区域供冷站等），以及海域、沙滩、景观农田、森林、湖泊等构成的。这个度假区本身就构成了一个针对度假游客、管理者、居民等利益相关者而言的环境，即所谓的度假区环境。

另一方面，从更大的尺度来看，作为一个有明确空间边界的度假区，也必然位于一个更大尺度的环境之中。同样以亚龙湾国家级旅游度假区为例，它的规划面积为18.6平方千米，坐落于三亚市吉阳区。因此，在气候、土壤、空气质量、水温等环境方面，亚龙湾旅游度假区与周边区域的差异并不大。例如，亚龙湾旅游度假区的年平均气温为25.5℃，而整个三亚的年平均气温为25.7℃。

综上所述，度假区环境，不论是从度假区本身构成的环境来看，还是从度假区所处的更大的环境来看，都符合《中华人民共和国环境保护法》对环境的界定，即"影响人类生存和发展的各种天然的和经过人工改造的自然因素的总体"。因此，在度假旅游这一特定情境下，度假区环境是指影响游客度假体验与身心健康的各种天然的和经过人工改造的自然因素的总体，包括大气、水、海洋、土地、矿藏、森林、草原、野生生物、自然遗迹、人文遗迹、风景名胜区、自然保护区、城市和乡村等。

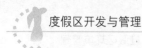

度假区，作为需要大规模土地开发、投资、建设与运营的度假设施与服务的集聚区，在环境管理方面，自然也不可能逾越上文所述的内容，即环境计划管理、环境质量管理、环境技术管理，更不可能脱离我国环境管理基本制度的规制。下文将结合度假区的开发与管理实际，阐述度假区环境管理的内容和典型的制度实践。

二、度假区环境管理的主要内容

（1）度假区环境计划管理。度假区的环境计划管理主要体现在制定各种环境保护计划、规划、规章和方案等方面。这些规章制度一般都是依据《中华人民共和国环境保护法》和当地的环境保护条例等法律法规，并结合度假区的实际情况来制定。例如，早在 1994 年，云南省人民政府就发布了《云南省阳宗海旅游度假区环境保护规定》（系以云南省人民政府令第 14 号发布的规章，以下简称《规定》）。这一《规定》限定了度假区环境保护的范围，即阳宗海水域，阳宗海周围的湖盆地区，湖盆地以外、分水岭以内的阳宗海汇水区域，以及上述范围内的大气环境。这一《规定》规定："凡在度假区从事开发建设的单位和个人必须遵守有关环境保护的法律、法规和本规定，承担保护环境和防治污染的责任。"这一《规定》还明确规定："度假区执行下列环境质量标准：①水环境质量按国家《地面水环境质量标准》Ⅱ类水质保护；②大气环境质量按国家《大气环境质量标准》二级标准保护。"

（2）度假区环境质量管理。度假区的环境质量管理主要涉及各种质量标准、各类污染物排放标准的监督检查工作，并负责调查、监测和评价环境质量状况，以及预测环境质量变化趋势。这部分的工作一般由度假区管理机构（例如，度假区管委会）下设的生态环境管理部门执行，或由度假区所在行政区的生态环境管理部门执行。如昆明市生态环境局滇池度假分局（也称度假区生态环境分局）开展日常监督检查工作和信息发布工作，并定期委托相关机构编制《昆明滇池国家旅游度假区环境质量报告书》。据昆明滇池度假区官网发布的消息，2022 年 1—12 月，度假区考核的 9 个监督性监测断面按年均值计算综合达标率为 100%，其中优良水体比例（Ⅰ～Ⅲ类）为 100%。如三亚市生态环境局会定期发布包括亚龙湾度假区、海棠湾度假区等诸多度假区在内的环境质量监测结果和预测报告。

（3）度假区环境技术管理。如前所述，度假区的环境技术管理主要涉及确定环境污染和破坏的防治技术路线和技术政策、确定环境科学技术发展的方向、组织环境保护的技术咨询和情报服务，以及组织国内和国际的环境科学技术合作交流等。一般而言，单个的旅游度假区不会主导和组织（但可能参与）这些技术层面的管理活动。这些活动更可能由国家和省、自治区、直辖市层面的生态环境行政部门、生态环境科研和技术部门等来主导和组织。

三、度假区环境管理的制度实践

如上文所述，我国环境管理的制度措施必然也适用于度假区环境管理实践。但考虑到度假区的主要功能、规模、管理层级等，这里将主要阐述环境影响评价制度。度假区在开发、建设过程中，需要在总体规划、控制性详细规划编制完成后，在进行具体项目建设前，开展环境影响评估，并按照法定程序进行公示、报批。具体阐述如下：

（1）在总体规划编制之后，度假区的主管部门需要开展环境影响评价，并公示和征求公众意见。如同步案例7-1所示，2023年5月，根据《中华人民共和国环境影响评价法》《规划环境影响评价条例》《环境影响评价公众参与暂行办法》等相关规定，宁波前湾新区教育文体和旅游局对《宁波杭州湾旅游度假区总体规划》环境影响评价做了公示，并征求公众意见。在公示中，规划组织单位——宁波前湾新区教育文体和旅游局介绍了规划的基本情况和规划实施可能产生的主要环境影响和对策措施。

同步案例7-1 宁波杭州湾旅游度假区总体规划环境影响评价第二次公示

根据《中华人民共和国环境影响评价法》《规划环境影响评价条例》《环境影响评价公众参与暂行办法》等相关规定，《宁波杭州湾旅游度假区总体规划》环境影响评价应征求公众意见，兹将有关事宜公示如下：

一、规划概要

项目名称：宁波杭州湾旅游度假区总体规划环境影响评价

规划范围及面积：东至滨海大道，南至滨海一路及八塘横江南岸，西至三八江西岸、天宝路及杭州湾大道，北至十塘横江北岸及滨海二路，项目总面积为8.5平方千米。

规划时期：2022—2035年，共14年。近期发展阶段：2022—2025年；中期发展阶段：2026—2030年；远期发展阶段：2031—2035年。

总体定位：以滨海湿地为环境基底，以城、区（度假区）融合为环境特色，以主题游乐为核心吸引物，以时尚轻奢为产品风格，依托"湿地之韵、温泉之滋、乐园之特、林田之丰、新城之盛"五大核心度假资源，以营造"城市里的度假，风景中的生活"为愿景，打造集"时尚休闲、主题游乐、商务旅居、温泉康养、自然研学"功能于一体，宜居、宜游、宜学、宜业、宜养的国际知名国内一流滨海城市型旅游度假目的地。

空间结构："1核1环3区"，其中，1核：综合服务核；1环：水陆联动漫游

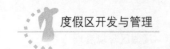

环；3区：主题公园游乐区、度假商务旅居区、时尚活力游憩区。

二、规划实施可能产生的主要环境影响和对策措施

生态环境：规划实施后，度假区原有的自然景观没有做大面积、高强度的改变，在积极采取相应生态保护措施、严格控制建设范围和建设规模的情况下，规划实施不会对区域的生态环境造成大的不良影响。

大气环境：规划实施后，大气污染主要来自餐饮油烟、交通尾气。度假区在运营过程中，要求餐饮油烟达到《饮食业油烟排放标准》（GB 18483—2001）的标准后排放，对周围环境空气质量影响较小。度假区鼓励采用公交车、自行车、步行等绿色出行方式，道路绿化条件较好，交通尾气排放影响有限。

地表水环境：规划区排水体制采用雨污分流制，生活污水接入新区污水处理厂和北部净化水厂集中处理。从污水规模来看，新区污水处理厂目前满负荷运行，北部净化水厂目前运行负荷率约70％，且远期扩建后会增加35万吨/日的处理能力，可容纳度假区近中远期生活污水。

地下水环境：度假区范围内有地下温泉，仅用于理疗洗浴，在充分进行水资源论证、科学分析地下水开采对水文地质的影响的前提下，项目开发对地下温泉的影响可控。度假区其他项目运营后生活废水、固体废弃物等得到了妥善处置，不会对地下水产生较大的间接影响。

声环境：规划实施后，声污染源主要为交通噪声、设备噪声和社会生活噪声。由于游客在旅游过程中产生的社会生活噪声具有波动性，动力设备绝大部分在室内或地下运行，交通噪声影响范围较小。总体而言，交通噪声、设备噪声和社会生活噪声对度假区环境影响较小。

固体废弃物：度假区固体废弃物主要为生活垃圾，其中易腐垃圾运往慈溪开诚有机固废处理有限公司进行资源化综合利用和无害化处理，其他垃圾运往慈溪中科众茂环保热电有限公司集中焚烧处置，对度假区环境影响较小。

土壤环境：度假区配备完善齐全的污水、固体废物处理措施，规划实施对规划区内土壤环境的影响较小，不会对区域内土壤产生明显的累积影响。

三、评价结论

宁波杭州湾旅游度假区总体规划与功能区划、城市规划、旅游发展规划、"三线一单"等协调一致。但度假区的开发建设对资源环境将造成一定压力，规划实施过程中应以生态保护优先为原则，以资源环境承载力为基础，适度开发，落实各项生态保护和污染防治措施。总体来看，度假区的开发建设所带来的有利影响（包括经济社会、生态环境影响）远超过不利影响。

综上，在严格采取相关环境影响减缓措施、加快基础设施建设、控制规模的前提下，坚持"在保护中开发，以开发促保护"理念，将度假区开发对区域生态系

统、景观资源及环境质量的影响降到最低程度，从环境保护角度分析，本规划的实施是可行的。

四、征求公众意见的范围与主要事项

（1）公众对规划的意见和建议。

（2）公众对规划实施可能涉及的环境问题的意见和建议。

（3）公众对规划环境影响评价工作的意见和建议。

（4）其他的相关建议。

五、公众提出意见的主要方式

在本信息公示发布起十个工作日内，公众可通过邮件、电话、信函等方式发表意见和建议。环评简本可前往宁波前湾新区教育文体和旅游局查阅。

［注］：请公众在发表意见的同时提供详尽的联系方式，以便联系和反馈。

六、联系方式（略）

（资料来源，宁波前湾新区：《宁波杭州湾旅游度假区总体规划环境影响评价第二次公示》，http://www.hzw.gov.cn/art/2023/5/30/art_1229023676_59015155.html。）

（2）在修建性详细规划编制之后，度假区的主管部门也需要开展环境影响评价，并公示、征求公众意见。2021年，三亚市自然资源和规划局根据《中华人民共和国环境影响评价法》等有关规定，对《亚龙湾国家级旅游度假区控制性详细规划暨城市设计》环境影响评价进行了公示，并征求公众意见。类似的，如同步案例7-2所示，三亚市自然资源和规划局还在2021年对《三亚海棠湾国家海岸休闲园区控制性详细规划（修编）》环境影响评价进行了第二次公示和公众意见征求。在公示中，规划组织单位——三亚市自然资源和规划局介绍了规划的基本情况（包括规划名称、规划范围、发展定位、用地规模、人口规模等）、规划实施可能产生的主要环境影响（包括大气环境、地表水环境、地下水环境、声环境、固体废弃物及土壤环境影响、环境风险等）和对策措施。

同步案例 7-2　三亚海棠湾国家海岸休闲园区控制性详细规划（修编）环境影响评价第二次公示

根据《中华人民共和国环境影响评价法》《规划环境影响评价条例》《环境影响评价公众参与办法》中的有关规定，为推进和规范《三亚海棠湾国家海岸休闲园区控制性详细规划（修编）》环境影响评价的公众参与工作，现向社会公众进行第二次信息公示，公示内容如下：

一、规划概况

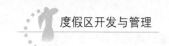

（一）规划名称

三亚海棠湾国家海岸休闲园区控制性详细规划（修编）。

（二）规划范围

规划范围东至滨海（含蜈支洲岛），南至亚龙岭，西至东线高速公路（含南田片区），北至龙楼岭，面积共 11272.13 公顷。

（三）发展定位

国家海岸——国际旅游度假区。

（四）核心职能

国际化的一站式旅游目的地，立足南海面向国际的旅游消费中心，立足三亚辐射南部省域的区域性服务中心。

（五）产业选择

落实习近平总书记"4·13"讲话和中央 12 号文件重要精神，打造围绕旅游消费的综合引领区，对标全球各主要经济体顶级一站式旅游目的地城市，形成以购物娱乐、海洋文化、主题会展和健康医旅四大消费体验为核心的产业功能体系。

（六）用地规模

规划范围内用地面积为 11272.13 公顷，其中：城市建设用地 5206.38 公顷；村庄建设用地 58.48 公顷；非建设用地 6007.28 公顷。

（七）人口规模

规划期末根据当前水资源限制按照保障 35 万人口规模（包含 28 万常住人口和 7 万短期旅游人口）进行设施配套；远景在实现市域水资源调配的前提下，按照额外服务 50 万短期旅游人口的规模进行设施配套。

二、规划实施可能产生的主要环境影响和对策措施

（一）大气环境

规划区内大气污染主要为燃气污染源、机动车尾气、餐饮业油烟，规划区内燃气采用清洁能源天然气，鼓励采用公共交通工具以及电瓶车、自行车等清洁交通工具，污染物排放量较少。根据预测结果分析显示，规划的实施在一定程度上会增加规划区内 SO_2、NO_2、PM_{10} 和 $PM_{2.5}$ 的浓度，但叠加背景浓度后，规划近、远期环境空气保护目标和网格点上述主要污染物的保证率日平均质量浓度和年平均质量浓度满足区域所属的环境空气功能区限值要求。

（二）地表水环境

规划实施后，规划区生活污水由污水管网统一收集，北部片区依托现状第一污水处理厂及三个新建地下污水处理厂统一处理，南部片区依托第二污水处理厂统一处理。规划区内污水经处理后回用于公共建筑冲厕、市政道路及绿化浇洒，其余作为河道补水分别排入藤桥西河和龙江河。经预测，正常情况下污水处理厂处理后中

水排放对收纳水体藤桥河和龙江河水质影响不大，但在事故排放情况下，对下游水质存在一定的影响，因此，污水处理厂应加强防治措施，避免事故排放事件发生。

（三）地下水环境

通过预测，海棠湾区污水处理厂的废水收集池发生"跑、冒、滴、漏"和突发泄漏事故两种工况时，COD（化学需氧量）和氨氮污染羽最远超标距离内无村庄、集中饮用水源地和居民分散式饮水水源井等敏感目标，对地下水区域环境影响较小。废水一旦泄露至地下水中，地下水自然恢复时间较长。因此，发生污染物泄漏事故后，必须启动应急预案，分析污染事故的发展趋势，并提出下一步预测和防治措施，迅速控制或切断事故事件灾害链，使污染扩散得到有效抑制，最大限度地保护下游地下水水质安全，将环境影响降到最低程度。

综上，在严格落实防渗措施的条件下，规划实施对地下水环境影响风险较小。

（四）声环境

规划实施后，声污染源主要为交通运输噪声、机械设备噪声和人群噪声。在加强声环境的规范管理后，交通噪声、设备噪声和人群噪声影响范围小，各声功能区可以满足相应区域噪声控制标准的要求。

（五）固体废弃物及土壤环境影响

规划区内产生的生活垃圾由环卫部门收集后，统一处理；各类一般工业固体废弃物按照循环经济的要求回收利用或进行无害化处理，能够实现废物的资源化和安全处置；医疗废物均交由有资质的单位处置，各类固体废物对环境的影响可得到有效的控制。

固体废弃物对土壤环境的影响体现在堆放、暂存和运输过程中如保护措施不当，因吹散、雨淋、运送过程中的撒落等都有可能对土壤环境造成不利影响。规划区环境管理部门及各企业通过加强分类收集、暂存和运输管理，并分类外运安全处置，对土壤的影响风险不大。

城镇建设导致区域土地利用性质的改变，从而改变地表的透性以及植被的类型和植被覆盖率等，间接影响生物生产力等，但影响土壤环境的这些因素发生的概率比较低，并且可通过加强管理来消除或减轻。土壤污染具有隐蔽累积性、生物富集性、治理难度大等特点，必须持续性做好规划实施过程中的规划区及周边区域的土壤环境质量跟踪调查监控。

（六）生态环境

规划区现状用地以城镇建设用地和农业用地为主，受人类活动长时期的干扰，其地表植被多为人工栽培植被及少量的天然次生植被；规划区内动物物种和群落组成也较为简单，绝大多数为适应人为干扰能力强的物种生存其中，该区未发现具有重点保护动物的重要繁殖场所。规划建设用地范围大多为生态适宜建设区，规划实

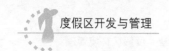

施将对区域陆域生态及景观格局等造成一定影响，但其影响极为有限。通过实施明确的生态空间清单及管控要求，可有效控制规划实施对生态敏感区的影响。

（七）环境风险

规划区存在的主要环境风险有油库泄漏及天然气配气站引起火灾爆炸事故、旅游船舶漏油事故和污水处理厂事故性排放对环境造成污染风险，环境风险事故发生的概率较小。从环境控制的角度来评价，在严格落实环评提出的各项防范措施和应急预案后，能大大减少事故发生概率，并且如一旦发生事故，能迅速采取有力措施，减小对环境污染，其潜在的事故风险是可以防范的。

三、初步评价结论

本规划发展目标和定位基本符合上层区域发展规划和生态环境保护要求，规划布局基本合理，规划开发活动不会降低该区域的生态功能，区域资源能源和环境容量基本可以承载规划期间的开发建设活动。本次评价认为，在严守国土空间开发利用和生态环境分区管控要求的基础上，严格落实规划优化调整建议、生态环境准入清单、各项环境影响减缓及风险防范措施的前提下，规划从资源环境保护而言是可行的。

四、公众意见征集

（一）征求意见的公众范围

该规划范围内的公民、法人和其他组织。

（二）公众提出意见的方式、途径和期限

公众通过信函、传真、电邮等方式，提出意见给规划实施单位，并提供有效联系方式。

（三）公众查阅环境影响报告书或索取补充信息的方式和期限

公众可以通过网络、规划编制单位或评价单位处查阅环境影响报告书，如需索取其他补充信息，请通过书面形式（信件或传真）申请，查阅期限为公示发布之日 10 个工作日内。

网络查阅详见百度网盘链接：https://pan. baidu. com/s/1YhG－iXnFUwJiN8L368YZhA，提取码：mrnh，公众意见表详见附件网络链接。

五、规划编制单位名称和联系方式（略）

六、环境影响评价机构名称和联系方式（略）

［资料来源，三亚市自然资源和规划局：《三亚海棠湾国家海岸休闲园区控制性详细规划（修编）环境影响评价第二次公示》，http://syipb. sanya. gov. cn/tzcjjsite/htwgjhaxxyq/202109/a3aee78d54464f29a1e70f30a6ea2af3. shtml。］

（3）在度假区内具体项目建设前，需要开展环境影响评价并进行公示和公众意见征求。如同步案例 7－3 所示，2019 年，项目建设单位（德清莫干山青樾里度

156

假酒店）和环评单位（浙江问鼎环境工程有限公司）对德清莫干山青樾里度假酒店项目环境影响评价进行了公示。从这一则公示中，我们可以了解到一个度假区的具体建设项目（例如，度假酒店）的开工、建设会产生哪些方面的环境影响（包括废气、废水、固体废弃物、噪声等）以及项目建设单位应该从哪些方面采取措施。

同步案例 7-3　　**德清莫干山青樾里度假酒店项目环境影响评价公告信息**

一、建设单位与环评单位

建设单位：德清莫干山青樾里度假酒店

单位地址：（略）

联系人：（略）

环评单位：浙江问鼎环境工程有限公司

证书编号：（略）

地址：（略）

单位电话：（略）

联系人：（略）

二、建设项目概况

项目名称：德清莫干山青樾里度假酒店项目。

建设性质：改建。

建设地址：浙江省湖州市德清县莫干山镇筏头村隔溪口1号。

建设内容：德清莫干山青樾里度假酒店项目选址于浙江省湖州市德清县莫干山镇筏头村隔溪口1号，利用存量土地为0.6亩，计划总投资1600万元，主要建设内容有接待中心、活动中心、餐厅及住宿等相关配套设施，计划打造一个生态型度假酒店。

主要工艺简述：

（1）建筑施工阶段：项目建筑施工阶段的基础工程、主体工程、装饰工程、家具安装等建设工序将产生施工扬尘、生活污水、施工废水、施工机械噪声、生活垃圾、建筑垃圾等污染物。

（2）营运阶段：本项目主要建设内容有餐饮、客房、多功能厅、特色餐厅等，计划打造成一个艺术特色的精品酒店，在营运过程中将产生一定量的汽车尾气、餐饮油烟废气、生活污水、生活垃圾、餐饮固体废弃物、废草木、隔油池废油脂、社会生活噪声、空调、水泵等设备噪声以及区内车辆交通噪声等污染物。

三、环评报告内容概要

（一）主要污染物排放情况

（1）废气：建设期主要为施工扬尘；营运期主要为汽车尾气、餐饮油烟废气。

（2）废水：建设期主要为生活污水；营运期主要为生活污水。

（3）固体废弃物：建设期主要为生活垃圾、废弃土石方；营运期主要为生活垃圾、食堂固体废弃物、隔油池废油脂、废草木。

（4）噪声：建设期主要为机械噪声；营运期主要为社会生活噪声、空调、水泵等设备噪声以及区内车辆交通噪声。

（二）拟采取的环保措施

（1）废气治理：①建设期施工扬尘：实施标准化施工，地面硬化，建设围墙，同时配置工地滞尘防护网。限制车速，采用封闭车辆运输，特别要控制汽车的行驶速度，并对汽车行驶路面勤洒水。尽量减少建材露天堆放以减少裸露地面并保证一定的含水率，设置堆棚建材或加盖塑料布。②营运期汽车尾气：区域内部设置相应的交通标志，保持区块内良好的交通秩序和畅通；通过加强绿化进行吸收、净化。③营运期餐饮油烟废气：通过安装油烟净化装置进行净化处理后，尾气由专用烟道引出通过建筑物顶端高空排放。

（2）废水治理：①施工期生活污水：通过化粪池预处理后纳管至德清县恒丰污水处理有限公司处理达标后排放，对当地水环境影响不大。②营运期生活污水：生活污水中的厕所冲洗水先经化粪池预处理、餐饮废水先经隔油池预处理后纳管至德清县恒丰污水处理有限公司处理达标后排放，对当地水环境基本无影响。

（3）固体废弃物处理：①施工期：生活垃圾定点收集后，由当地环卫部门统一清运；废弃土石方、建筑材料等用作场地填土或清运。②营运期：生活垃圾分类收集后委托当地环卫部门清运，不排放；泔水、废弃食物，废草木，隔油池废油脂收集委托环卫部门统一清运处理。

（4）噪声防治：①施工期：施工单位应严格按规范操作，并做好各种机械设备的降噪措施。严格执行环保法规在夜间禁止施工，如和施工计划冲突，要求必须预先申请获批准后方可按申请要求施工，不得擅自更改。②营运期：对区域内机动车辆进行合理疏导，保持区块内交通秩序畅通，禁止车辆鸣笛；加强整个区域的绿化，在东、南、西、北各侧场界设置景观绿化带。

（三）主要环保结论

德清莫干山青樾里度假酒店项目建设符合规划和产业政策，基本符合清洁生产、总量控制和达标排放等原则，其营运不会改变所在地的环境质量水平和环境功能。项目方应重视环境管理，努力实现经济效益、社会效益、环境效益的统一。从环保角度分析，本项目在浙江省湖州市德清县莫干山镇筏头村隔溪口1号实施是可行的。

四、征求意见范围和主要事项（略）

五、征求意见的具体形式和提出意见的起止时间（略）

六、环评编制单位（略）

七、环评审批单位（略）

八、其他

本轮公示时间：2019 年 8 月 22 日至 2019 年 9 月 4 日，不少于 10 个工作日。根据《中华人民共和国行政许可法》第四十七条，本项目如直接涉及您的重大利益，您有要求听证的权利，并在五日内提出听证申请。公示期间可向环评单位索要环评文本。

（资料来源，德清莫干山青樾里度假酒店、浙江问鼎环境工程有限公司：《德清莫干山青樾里度假酒店项目环境影响评价公告信息》，http://huzdq. zjzwfw. gov. cn/art/2019/8/22/art_14603783827. html。）

第三节　度假区环境恢复性

在上文有关环境（环境管理）以及度假区环境（度假区环境管理）的阐述中，我们可以发现，作为被管理对象的环境是客观的、物质的，例如，空气、土壤、水体、森林、沙滩、人工设施等。但在度假区和度假旅游的实际情境下，并非仅有这些客观的环境要素在影响着游客的度假体验和身心恢复。实际上，越来越多的研究和实践发现，游客对这些环境要素的主观感知和评价对他们的度假体验和身心恢复也发挥了不可替代的作用。这些现象涉及人类对环境的感知和评价。环境感知这一概念主要出现在地理学（特别是社会文化地理学）借用心理学的研究成果来分析人地关系的研究中。社会文化地理学和环境心理学认为，人与自然环境的关系存在一定的规律，且这种规律受思想意识（即环境感知）的支配。宽泛地说，环境感知即人类个体对所处环境的感觉和知觉。本节将重点介绍对度假区环境管理而言十分重要的两个概念——环境恢复性、环境恢复性感知。

一、环境恢复性和环境恢复性感知的概念

在理解环境恢复性（environmental restorativeness）这一概念之前，有必要先了解注意力恢复理论（attention restoration theory）。注意力恢复理论涉及"定向注意力"（directed attention）与"非定向注意力"两个概念。心理学家经常把通过努力而刻意集中的注意力称为"定向注意力"，"非定向注意力"则相反。注意力恢复理论认为，当人们努力专心于任务的完成时，会唤醒定向注意机制。长此以往，会

带来定向注意力的疲劳（即注意力疲劳，attention fatigue），从而使人们变得暴躁、缺乏耐心、注意力难以集中。① 因此，人们需要从注意力疲劳中恢复，而有效的方式便是停留在具有恢复性特征（亦称恢复性功能）的环境中。因为在具有恢复性特征的环境中，人们能够不费力地集中注意力（即使用非定向注意力），从而有效地缓解定向注意力疲劳（directed attention fatigue），最终减少心理压力并改善情绪。②

在环境中，个体压力与疲惫得以缓解、积极情绪得以增加、消极情绪得以减少、（定向）注意力得以恢复的现象被称为心理恢复。③ 相应地，环境恢复性是指环境所具备的使人们从压力、疲劳中恢复并重新获得能够满足日常生活与工作所需能力的特性（特征）。④

从环境心理学的角度，环境恢复性是联系人的环境体验和健康之间的一个关键机制，是复杂的人—环境交互的结果，是地方环境的物质特征与人的认知、情感和行为特征共同作用的结果。环境恢复性更多地指涉及人地互动的结果——人对环境所具备的恢复性特征的感知与评价。注意力恢复理论认为，环境恢复性具有迷恋、远离、程度和兼容4个维度。

二、度假区环境恢复性（感知）：概念、测量及前因后果

旅游学者在旅游情境下构建了"目的地环境恢复性感知"这一新的概念。它强调游客对旅游目的地使人心理、生理、社会能力得以恢复的特性的感知情况。⑤ 随后，游欣然（Lehto）编制了适用于旅游情境的"目的地环境恢复性感知量表"（PDRQS）。⑥陈钢华等对这一量表在中国背景下的适用性进行了跨文化检验，并验证了其中的5个维度：兼容、程度、心理逃离、物理远离和迷恋。⑥ 其中，兼容是指目的地环境要素对人的需要的满足程度以及目的地内部各环境要素之间的一致

---

① 王小娇：《恢复性环境的恢复性效果及机制研究》，陕西师范大学2015年硕士学位论文。

② Kaplan S. The restorative benefits of nature: toward an integrative framework. Journal of Environmental Psychology, 1995, 15 (3): 169 – 182.

③ Korpela K M, Ylen M, Tyrvainen L, et al. Determinants of restorative experiences in everyday favorite places. Health & place, 2008, 14 (4): 636 – 652.

④ 陈钢华、奚望：《旅游度假区游客环境恢复性感知对满意度与游后行为意向的影响——以广东南昆山为例》，载《旅游科学》2018年第4期，第17 – 30页。

⑤ Lehto X Y. Assessing the perceived restorative qualities of vacation destinations. Journal of Travel Research, 2012, 52 (3): 325 – 339.

⑥ Chen G, Huang S S, Zhang D. Understanding Chinese vacationers' perceived destination restorative qualities: cross – cultural validation of the perceived destination restorative qualities scale. Journal of Travel & Tourism Marketing, 2017, 34 (8): 1113 – 1115.

性，程度是指目的地的空间尺度和多样性，心理逃离和物理远离分别是指目的地能让游客从心理上、地理上远离引起疲劳和减退注意力的惯常环境的特征，迷恋是指环境具有足够的能轻松吸引游客并减轻游客定向注意疲劳的事物。

如前所述，旅游环境或旅游体验的场所，尤其是旅游度假区，多是自然环境与人工因素相结合的区域。度假游客的体验至少在 1 天以上（至少需过夜），甚至更长，是长时间的、反复性的体验。旅游度假区是一个特殊的消费空间。度假区环境对处身其中的度假游客有特殊的地理意义以及恢复性体验。

已有研究证实，游客感知到的度假区环境恢复性会显著影响他们的心理恢复[1]、体验愉悦度[2]、自我认同[2]、满意度与忠诚度[3]等。同时，亦有诸多研究表明，度假区游客对环境恢复性的感知和评价受到他们的地方依恋[3]、对环境和气候的满意度[4]、对相对空气质量[5]的影响。这些研究结果为如何提升度假区内游客的环境恢复性感知，从而提升游客体验和身心健康提供了科学依据。

第四节　度假区气候舒适度

一、气候舒适度的概念与测度

气候舒适度是指"健康人群在无需借助任何防寒、避暑装备和设施情况下，对气温、湿度、风速和日照等气候因子感觉的适宜程度"［转引自：《人居环境气候舒适度评价》（GB/T 27963—2011）］。简言之，气候舒适度表征的是某个特定地方的气候条件在多大程度上能够让健康人群在无需借助任何防寒、避暑装备和设施的情况下感觉到舒适。从上述定义可以看出，所谓气候舒适度主要是基于气温、湿度、风速和日照等气候因素。

① 奚望、陈钢华、胡宪洋：《旅游度假区游客地方依恋对心理恢复的影响研究——环境恢复性感知的中介作用》，载《旅游科学》2021 年第 3 期，第 79－99 页。

② Hu X, Huang S S, Chen G, et al. The effects of perceived destination restorative qualities on tourists' self - identity: a tale of two destinations. Journal of Destination Marketing & Management, 2022, 25: 100724.

③ 陈钢华、奚望：《旅游度假区游客环境恢复性感知对满意度与游后行为意向的影响——以广东南昆山为例》，载《旅游科学》2018 年第 4 期，第 17－30 页。

④ 陈钢华、奚望、黄松山等：《海滨旅游度假区游客环境满意度和气候满意度对环境恢复性感知的影响》，载《资源科学》2019 年第 3 期，第 430－440 页。

⑤ Yang Y, Chen G. In search of fresher air: the influence of relative air quality on vacationers' perceptions of destinations' restorative qualities. International Journal of Tourism Research, 2021, 23 (4): 504－516.

据孙美淑和李山的梳理①，测度气候舒适度的模型主要分为两类：经验模型和机理模型。机理模型以人体热量平衡方程为基础，于 20 世纪 60 年代被提出之后，因科学的生理学机理和严谨的物理机制分析而广受关注，逐渐成为近 60 年来气候舒适度模型"理论研究"的主流方向。在机理模型中，人体热平衡方程的计算，一方面涉及平均辐射温度和体感平均风速等非常规气象观测资料，另一方面还涉及衣着表面均温、皮肤平均温度、人体出汗率等多个待估变量。同时，这些待估变量还受到气象参数、衣着状况、活动水平和个体差异等因素的共同影响。上述两方面特点的存在，极大地限制了机理模型在实际研究中的应用。原因如下：其一，在进行大样本（多区域）评价时，对逐个样本（区域）的个性化处理的工作量异常浩大且复杂；其二，若对这些变量（或参数）统一取值或进行参数化估计，则又会使评价模型的精准性大打折扣从而显著降低模型效度。因此，在具体的研究和实践中，经验模型的应用最为广泛。

经验模型出现于 20 世纪 20 年代。它们以人的主观感受或生理反应作为评价依据，基于情景实验和数理统计构建人体舒适指数。经验模型一般通过气温、相对湿度、风速和太阳辐射等几个常规气象观测要素的局部组合来评价气候舒适度。然而，需要注意的是，经验模型缺乏对气象参数、衣着状况、活动水平和个体差异等所有相关因素的全面考量，并且存在不少"适用条件"的制约。

在国内，温湿指数和风效指数等经典的经验模型已经成为气象学界人体舒适度预报（例如，中国气象局发布的"全国气候舒适等级预报"）和地理学界气候舒适度评价（例如，"中国避暑型与避寒型宜人气候的分布特征及差异"②）中经常使用的测度指标。同时，温湿指数和风效指数等已被制定为《人居环境气候舒适度评价》（GB/T 27963—2011）。其中，温湿指数（temperature humidity index, THI；该指数通过温度和湿度的组合反映人体与周围环境的热量交换）和风寒指数（wind chill index, WCI；该指数表征不同环境下风速与气温对裸露人体的影响）的计算公式，分别如下①：

$$THI = (1.8t + 32) - 0.55 (1 - f) (1.8t - 26) \tag{1}$$

式（1）中，THI 为温湿指数，t 为摄氏气温（℃），f 为相对湿度（%）；

$$WCI = (33 - t) (10.45 + 10\sqrt{V} - V) \tag{2}$$

式（2）中，WCI 为风寒指数，t 为摄氏气温（℃），V 为风速（m/s）。

---

① 孙美淑、李山：《气候舒适度评价的经验模型：回顾与展望》，载《资源科学》2015 年第 12 期，第 19 - 34 页。

② 邓粒子、保继刚：《中国避暑型与避寒型宜人气候的分布特征及差异》，载《地理研究》2020 年第 1 期，第 41 - 52 页。

二、度假区气候舒适度的概念与测度

气候舒适度这一概念不仅适用于一般情境（日常生活和工作）。实际上，据朱妮娜等[1]的梳理，早在 1985 年，Mieczkowski 就提出了专门针对旅游活动和情境的"旅游气候指数"（tourism climate index，TCI），但一般适用于大范围的一般性旅游活动，例如，观光。随后，Becker 于 1998 年提出了专门针对海滩旅游的"海滩舒适指数"（beach comfort index，BCI）。2013 年，Tang 提出了"度假气候指数"（holiday climate index，HCI）这一概念并将它与"旅游气候指数"（tourism climate index，TCI）做了比较。在旅游气候指数方面，还有 Freitas 于 2008 年提出的同样适用于度假旅游［即阳光（sun）、沙滩（sand）、海洋（sea）］的"旅游气候指数"（climate index for tourism，CIT），以及 Yu 等学者于 2009 年提出的"修正后的旅游气候指数"（modified climate index for tourism，MCIT）。

参照上文对气候舒适度的界定，我们可以知道，度假区气候舒适度是指健康人群在无需借助任何防寒、避暑装备和设施的情况下，对特定度假区内的气温、湿度、风速和日照等气候因子感觉的适宜程度。

在国内外有关旅游情境（包括度假）下的气候舒适度评价中，应用最多的是温湿指数（THI）、风寒指数（WCI）或风效指数（wind effect index，WEI）、着衣指数（index of clothing，ICL；这一指数表征人们通过穿衣来改变气候带来的不舒适情况）等经典的经验模型，并且以多个模型组合的形式为主开展评价分析。例如，在邓粒子和保继刚[2]有关中国避暑型与避寒型宜人气候的分布特征及差异的研究中，就借鉴了马丽君等[3]提出的"气候综合舒适指数"，以温湿指数（THI）、风寒指数（WCI）、着衣指数（ICL）为基础，对上述三个指数进行相应的分级赋值，最后根据权重计算气候舒适指数。计算公示见式（3）。

$$C = 0.6X_{THI} + 0.3X_{WCI} + 0.1X_{ICL} \tag{3}$$

式（3）中，C 为气候综合舒适指数，X_{THI}、X_{WCI} 和 X_{ICL} 分别为温湿指数、风寒指数和着衣指数的分级赋值。

在针对国内度假区气候舒适度的测度中，以上三个指数也广为采用，且按照式

---

① 朱妮娜、曾刚、史正燕等：《旅游气候舒适度的模型改进及时空演化》，载《旅游科学》2023 年第 4 期，第 144－160 页。

② 邓粒子、保继刚：《中国避暑型与避寒型宜人气候的分布特征及差异》，载《地理研究》2020 年第 1 期，第 41－52 页。

③ 马丽君、孙根年、王洁洁：《中国东部沿海沿边城市旅游气候舒适度评价》，载《地理科学进展》2009 年第 5 期，第 713－722 页。

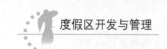

（3）所示的权重方案进行综合测算。例如，如知识链接 7 - 1 所示，张楚楚以2010—2017 年 30 个地面气象观测站点的日值数据为基础，计算了国内 30 个国家级旅游度假区的气候舒适度。[①]

────────

课堂讨论 7 - 1

问题：在我国东北、华北和西北的冰天雪地中，游客在室外玩得"不亦乐乎"。这种情况是否挑战了气候舒适度的基本概念和内涵？

讨论要点：

（1）在我们的常识和各种实证研究中，在我国东北、华北和西北，冬天的气候舒适度是较低的。具体可见邓粒子、保继刚（2020），张楚楚（2020）等的研究。

（2）在我国东北、华北和西北的冰天雪地中，游客在室外玩得"不亦乐乎"，说明他们主观感知到的气候条件是可以接受的，是较为舒适的，否则不会玩得那么开心。

（3）这并不挑战气候舒适度的基本概念和内涵。气候舒适度表征的是某个特定地方的气候条件在多大程度上能够让健康人群在无需借助任何防寒、避暑装备和设施的情况下感觉到舒适。实际上，冰天雪地中的游客是借助了防寒装备和设施的。

（4）在旅游情境下，游客体验的主观性与气候舒适度的客观性之间存在较多的复杂的非线性关系。

────────

知识链接 7 - 1　　**国内 30 家国家级旅游度假区逐月综合气候舒适度指数值**

在最近的一项研究中，张楚楚采用马丽君等提出的气候综合舒适指数，以温湿指数（THI）、风寒指数（WCI）、着衣指数（ICL）为基础，测度了国内 30 家国家级旅游度假区的逐月综合气候舒适度（表 7 - 1）。马丽君等学者根据综合气候舒适度指数，将气候舒适度分为五个等级，分别为非常舒适（$8 \leqslant C \leqslant 9$）、舒适（$7 \leqslant C < 8$）、较舒适（$5 \leqslant C < 7$）、较不舒适（$3 \leqslant C < 5$）、不舒适（$1 \leqslant C < 3$）。从表 7 - 1 可以看出，每个度假区的逐月气候舒适度是有差异的，这意味着不同的度假区在

────────

① 张楚楚：《旅游度假区气候舒适度评价研究》，载《青年与社会》2020 年第 8 期，第 146 - 147 页。

不同的月份有不同的功能：避寒或避暑，或两者兼而有之，或两者均无。具体而言，张楚楚根据夏季月份和冬季月份的综合气候舒适度指数值是否大于或等于7（表7-1中加阴影的数字），将旅游度假区划分为如下四种类型：

（1）避暑非避寒型度假区。这类度假区比较典型的有长白山旅游度假区、鲁朗小镇旅游度假区。从表7-1中可以发现，这一类度假区在夏季的气候舒适度较高［例如，长白山旅游度假区在夏季3个月（6月、7月、8月）的舒适度指数分别为8.4、7.8、7.8］，适合避暑，但在冬季的气候舒适度较低［例如，长白山旅游度假区在冬季3个月（12月、1月、2月）的舒适度指数均为1］，不适合避寒。

（2）避寒非避暑型度假区。这类度假区比较典型的包括河源巴伐利亚庄园、东部华侨城旅游度假区、西双版纳旅游度假区、亚龙湾旅游度假区等。从表7-1中可以发现，这一类度假区有一个较为明显的特点，那就是夏季的气候舒适度较低（例如，西双版纳旅游度假区在夏季三个月的舒适度指数均为4.4），而冬季的气候舒适度较高（例如，西双版纳旅游度假区在冬季三个月的舒适度指数分别为8.6、8.6、7.2）。说明这类度假区适合避寒，但不适合避暑。

（3）非避寒非避暑型度假区。这类度假区比较典型的包括天目湖旅游度假区、湖州市太湖旅游度假区、巢湖半汤温泉养生度假区等。从表7-1中可以发现，这类度假区的显著特点是夏季和冬季的气候舒适度都较低，既不适合避寒，也不适合避暑。例如，巢湖半汤温泉养生度假区在冬季三个月的舒适度指数均为3.6，夏季三个月的舒适度指数分别为5.2、4、4。

（4）既避寒又避暑型度假区。这类度假区的显著特点是夏季和冬季的气候舒适度都较高［至少是舒适（7≤C<8），或以上］，既适合避寒，也适合避暑。其实，严格符合这一标准的度假区少之又少。但比较符合这一特征的则有邛海旅游度假区和玉溪抚仙湖旅游度假区。邛海旅游度假区在冬季三个月的舒适度指数分别为6、6、7.2，处于"较舒适"附近；在夏季三个月的舒适度指数分别为7.8、5.8、5.8，处于"较舒适"和"舒适"之间。

表7-1 30家国家级旅游度假区逐月综合气候舒适度指数值

序号	度假区	冬季			春季			夏季			秋季		
		12月	1月	2月	3月	4月	5月	6月	7月	8月	9月	10月	11月
1	长白山旅游度假区	1	1	1	1.6	4.8	7	8.4	7.8	7.8	7	4.8	1.6
2	蓬莱旅游度假区	3	1.6	1.8	3.6	5.8	8.4	7.4	6	4	7.6	8.4	5
3	海阳旅游度假区	2.4	2.4	2.4	4.8	5.6	8.4	7.4	4.2	4.2	7.8	7.2	5.4
4	凤凰岛旅游度假区	3.6	1.8	2.4	4.8	5.6	8.4	7.2	4.4	4.4	7.8	8.4	5.6
5	尧山温泉旅游度假区	3.6	3.6	3.6	6	8.2	7.2	5.4	4	4	7.2	8.2	6
6	汤山温泉旅游度假区	3.6	3.6	3.6	5.8	8.4	7.6	5.8	4	4	6.2	8.4	6
7	武当太极湖旅游度假区	4.2	3.6	4.2	6	8.2	7.4	5.2	4	4	7.2	8.2	6
8	宜兴阳羡生态旅游度假区	4.8	3.6	3.6	5.8	8.4	7.6	5.2	2.8	2.8	6.2	8.4	7.2
9	阳澄湖半岛旅游度假区	5.4	3.6	4.8	5.6	8.4	7.6	5.2	2.8	2.8	5.6	7.2	7.2
10	天目湖旅游度假区	4.2	3.6	3.6	5.6	8.4	7.6	5.2	2.8	2.8	5.6	8.4	7
11	湖州市太湖旅游度假区	4.8	3.6	3.6	5.6	8.4	7.8	5.4	2.8	2.8	6.4	8.4	7
12	巢湖半汤温泉养生度假区	3.6	3.6	5.6	5.8	8.4	7.6	5.2	4	4	6.4	8.4	5.8
13	青城康养休闲旅游度假区	5.6	4.2	5.6	5.8	8.4	7.8	5.2	4	5.2	7.8	9	5.8
14	湘湖旅游度假区	5.6	3.8	5.6	5.6	8.4	7.8	5.4	2.8	2.8	5.8	7.2	7
15	安吉灵峰旅游度假区	3.8	3.8	3.8	5.6	8.4	7.8	6.2	4	4	6.6	8.4	5.6

续表7-1

序号	度假区	冬季			春季			夏季			秋季		
		12月	1月	2月	3月	4月	5月	6月	7月	8月	9月	10月	11月
16	仙女山旅游度假区	6	6	6	7	9	7.8	4.4	4	4	5.8	7.8	7.2
17	东钱湖旅游度假区	6	5.8	5.8	5.6	8.4	7.8	5.6	2.8	2.8	5.8	7.8	7
18	鲁朗小镇旅游度假区	3.8	3.8	3.8	5.4	5.6	7	7.2	8.4	8.4	7.2	5.6	5.4
19	灰汤温泉旅游度假区	5.8	4	5.8	6	8.2	6.2	4.4	3	4.2	5.4	7	7.2
20	赤水河谷旅游度假区	4.6	3.2	4.6	6	7.2	8.2	7.8	5.8	6.4	7.6	7.2	6
21	邛海旅游度假区	6	6	7.2	8.2	8.6	7.2	7.8	5.8	5.8	7.2	8	7.2
22	明月山温汤旅游度假区	5.8	5.8	5.8	6	8.2	6	4.4	3	4.2	5.2	7.4	7.2
23	鼓岭旅游度假区	7	5.6	5.6	7.2	7	6	4	2.8	2.8	4	6.2	8.2
24	阳朔遇龙河旅游度假区	5.6	5.6	5.6	7.2	7.8	5.8	4	4	4	4.4	7.6	8.4
25	阳宗海旅游度假区	5.6	5.6	5.8	7.2	8.4	7.2	7.4	7.4	7.4	7.2	8.4	7
26	玉溪抚仙湖旅游度假区	5.8	5.8	7.2	7.2	8.4	7.8	7.4	7.4	7.4	7.8	8.4	7
27	河源巴伐利亚庄园	7.2	7.2	7.2	8.4	7.8	4.6	4.2	2.8	2.8	4.4	6.4	7.2
28	东部华侨城旅游度假区	8.2	7.2	8.2	7.2	6.2	4.2	3.2	3	3	4	5.4	7.6
29	西双版纳旅游度假区	8.6	8.6	7.2	7.2	5.2	4	4.4	4.4	4.4	4	5.2	7.2
30	亚龙湾旅游度假区	7.2	8.4	7.2	7.2	6.4	4.6	4.2	4.2	4.2	5.2	6.4	6

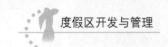

本章小结

（1）环境是指影响人类生存和发展的各种天然的和经过人工改造的自然因素的总体，包括大气、水、海洋、土地、矿藏、森林、草原、野生生物、自然遗迹、人文遗迹、风景名胜区、自然保护区、城市和乡村等。

（2）度假区环境可以从两个角度理解：度假区本身构成的环境、度假区所处的更大的环境。

（3）度假区环境管理主要涉及环境计划管理、环境质量管理和环境技术管理。

（4）在度假区开发与建设过程中，需要在总体规划、控制性详细规划编制完成后，以及在进行具体项目建设前，开展环境影响评估，并按照法定程序进行公示、报批。

（5）度假区环境恢复性是指度假区环境所具备的使游客从压力、疲劳中恢复并重新获得能够满足日常生活与工作所需能力的特性（特征）。

（6）度假区环境恢复性包含兼容、程度、心理逃离、物理远离和迷恋五个维度。

（7）度假区气候舒适度是指健康人群在无需借助任何防寒、避暑装备和设施的情况下，对特定度假区内的气温、湿度、风速和日照等气候因子感觉的适宜程度。

（8）目前，以温湿指数（THI）、风寒指数（WCI）、着衣指数（ICL）为基础编制的气候综合舒适指数在旅游领域（包括度假区）被广泛采用。

思考题

（1）度假区环境与度假区环境恢复性是什么关系？

（2）度假区环境与度假区气候舒适度是什么关系？

（3）度假区环境恢复性与度假区气候舒适度是什么关系？

案例分析

三亚发布我国首个旅游度假舒适度指数

提升游客满意度，三亚出实招。今天（2014年1月21日），三亚正式发布我国首个旅游旺季度假舒适度预测指数，从自然环境舒适度、社会人文环境舒适度和旅游服务舒适度3方面综合评定。1月，三亚度假舒适度指数值为83.4分，整体旅游环境为舒适。

　　度假旅游不同于一般的观光旅游，更为强调安全、舒适的旅游体验。三亚发布的度假舒适度是指人们在旅游度假过程中，对有关客体或环境的可接受程度，对客观环境从生理与心理方面所感受到的满意程度，而进行的综合评价。

　　自然环境舒适度测算包括了气候舒适度、空气优良度和度假安静度三个方面的指数测算，最终得出该月三亚市自然环境舒适度预测值为 91.72，舒适度等级为 AA，为非常舒适。

　　社会人文环境舒适度测算包括了社会环境舒适度和人文环境舒适度的指数测算，通过对游客的调查问卷，该月三亚社会人文环境舒适度的预测值为 70.61，舒适度等级为 CCC，为较为舒适。

　　旅游服务环境舒适度测算包括了交通、餐饮、住宿、购物和景区服务舒适度五个方面的指数测算，经过数据整理、分析和运算，最终得出该月三亚旅游服务环境舒适度预测值为 81.79，舒适度等级为 BB，为舒适。

　　根据以上各项指标的测算结果以及中国旅游研究院拟定的舒适度评级标准，三亚最终发布该市今年 1 月的度假舒适度预测值为 83.40，属于 BBB 级，为舒适。

　　三亚市旅游委相关负责人表示，度假舒适度指数的发布，不仅可以对旅游各要素起到预警和提示作用，对居民和游客的出行予以正确指引，还可以为政府的宏观调控和决策提供科学依据，从而实现高效管理、疏导和提升旅游目的地各要素主体和谐发展。

　　（资料来源，海南日报：《三亚发布我国首个旅游度假舒适度指数》，https://www.hainan. gov.cn/hainan/sxian/201401/980c79a7564c44cca4926c26bd3c39a1.shtml。）

　　案例分析题：

　　结合案例所述内容，分析本案例所述"旅游度假舒适度"与本章所讨论的气候舒适度有什么区别和联系？

第八章 度假区管理体制

【学习目标】
（1）掌握度假区管理体制的基本概念。
（2）掌握度假区管理体制的类型与典型案例。
（3）了解典型旅游度假区管理体制的变迁历程。

引导案例

银滩国家旅游度假区调整管理体制

刚刚过去的国庆假期，北海银滩推出潮雕灯光秀、海风市集、草地音乐会、星空露营等活动，吸引不少游客前去打卡。记者了解到，这是市委、市政府调整北海银滩国家旅游度假区管理体制，实行市场化运作、企业化管理模式后，北海银滩迎来的首个旅游高峰。

记者从市委编办了解到，《北海银滩国家旅游度假区管理体制调整工作方案》（以下简称《方案》）于 2022 年 9 月 26 日印发实施，目前，调整工作正在有序推进，预计 10 月底全部完成。《方案》明确，管理体制调整后，由市旅游集团作为银滩度假区建设、投资融资、运营管理、资源整合的主体，行使度假区内部经济管理、投资服务、开发运营等具体职能；银滩景区的社会事务管理职能，交由银海区人民政府承担，同时明确度假区的税收、经济社会统计数据以及经营性收入等，均属于银海区。

记者了解到，管理体制调整前，银滩度假区实行"管委会＋公司"的管理体制，度假区的规划、建设、管理由北海银滩国家旅游度假区管理委员会负责，银滩景区的运营由市旅游集团负责。"此次调整，充分调动了属地政府服务度假区发展的积极性、主动性，激发了度假区自身活力，形成各司其职、协同配合、利益共享的一体化发展格局，进一步提升北海银滩国家旅游度假区的竞争力和影响力。"市委编办相关负责人介绍。

北海银滩是我市旅游产业的"金字招牌"和响亮的"城市名片"，是打造国家全域旅游示范城市的重要载体。近年来，我市充分利用北海银滩得天独厚的区位优势、自然资源优势和文化旅游优势，推进银滩"6＋N"项目建设，助力全市经济社会发展特别是旅游产业高质量发展，每年都吸引众多国内外游客。

（资料来源，北海日报：《银滩国家旅游度假区调整管理体制》，http://www.bhxww. com/WAP/NewsInfo.aspx?id=61417&page=1。）

阅读完本章引导案例中有关北海银滩旅游度假区调整管理体制的报道，我们会发现，管理体制是度假区开发与管理中非常重要的环节。那么，什么是管理体制？为什么度假区的管理体制如此重要？度假区管理体制有哪些基本类型？旅游度假区的管理体制是否以及如何经历变迁？这些都是本章将重点阐述的内容。

第一节　度假区管理体制概述

一、管理体制的概念

管理体制是指管理系统的结构和组成方式，即采用怎样的组织形式以及如何将这些组织形式结合成为一个合理的有机系统，并以怎样的手段、方法来实现管理的任务和目的。在中国情境下，管理体制是规定中央政府、地方政府、部门/行业（或某个特定领域）、企业在各方面的管理范围、权限职责、利益及其相互关系的准则。管理体制的核心是管理机构的设置、各管理机构职权的分配以及各机构间的相互协调。管理体制的优劣直接影响管理效率和效能，在中央政府、地方政府、部门/行业（或某个特定领域）、企业的管理中起着决定性作用。

与管理体制类似的一个概念是治理模式。治理理论的主要创始人之一——詹姆斯·N. 罗西瑙认为，治理是通行于规制空隙之间的那些制度安排，或许更重要的是，当两个或更多规制出现重叠、冲突时，或者在相互竞争的利益之间需要调解时，才发挥作用的原则、规范、规则和决策程序。[①] 所谓模式就是主体行为的一般方式，具有一般性、简单性、重复性、结构性、稳定性、可操作性的特征。因此，治理模式（governance pattern，governance model 或 governance strategy），可以理解为某一特定领域内的治理的一般方式，是对具体的治理策略的高度抽象化表达。

---

① 〔美〕詹姆斯·N. 罗西瑙：《没有政府的治理》，张胜军等译. 江西人民出版社2001年版。

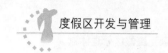

二、度假区管理体制的概念

参照上文有关管理体制的界定，度假区管理体制是指规定中央政府、地方政府、度假区（管理机构）在各方面的管理范围、权限职责、利益及其相互关系的准则。旅游度假区管理体制的核心也是管理机构的设置、各管理机构职权的分配以及各机构间的相互协调。类似的，度假区治理模式，在很大程度上类似于度假区管理体制，是指度假区治理［各个行动者（利益相关者）之间的权力关系与互动］的一般方式，是这些制度安排的高度抽象化表达。

在管理学中，利益相关者（stakeholder）是指股东、债权人等可能对公司的现金流量有要求权的人。管理学意义上的利益相关者是组织外部环境中受组织决策和行动影响的任何相关者。在中国，度假区的开发与管理，至少涉及如下 5 个利益相关者（行动者）：中央政府（包括各职能部门）、地方政府、旅游企业（主开发商和招商引资企业）、当地社区、旅游者。

了解度假区行动者（利益相关者）的行动，还必须了解它们背后的逻辑。所谓逻辑，是指指导某个场域（例如，旅游度假区的开发与管理）的行动者（利益相关者）的信念系统，包括假设、价值观和信念，以及那些"理所当然"的规则。换言之，逻辑是指行动者（利益相关者）行为背后一以贯之的信念、准则、诉求。

第二节　度假区准政府型管理体制①

一、准政府型管理体制的特点

准政府型管理体制，也称单一管委会型管理体制，或派出机构模式。它主要适用于度假区的范围小于所在行政区或者所在功能区的情况。在这一管理体制下，某个特定的旅游度假区的管理机构（例如，管委会）是所在行政区政府（例如，区政府）或功能区行政部门的派出机构。因为度假区地处一个更大的功能区或行政区，作为派出机构的度假区管委会（或其他管理机构）并不被所在行政区政府（或功能区行政部门）赋予全部政府（行政）职能。这类度假区管委会（或其他管理机构）也常被称为"准政府"。这一管理体制也因此被称为准政府型管理体制。

---

① 考虑到每个度假区的管理体制可能会经历调整，本书仅基于截至 2023 年 10 月的官方信息做分析。

准政府型管理体制实际上也是我国大多数开发区常见的体制。在度假区领域，如大连金石滩国家旅游度假区、上海佘山国家旅游度假区等，是这一管理体制的典型代表。

二、准政府型管理体制的典型案例

（1）典型案例1：大连金石滩国家旅游度假区。大连金石滩国家旅游度假区位于大连市金普新区，是金普新区的三个功能区之一。该度假区由大连金石滩国家旅游度假区管委会（正局级建制）直接管理。大连金石滩国家旅游度假区管委会为大连市政府派出机关，但委托金普新区管理。其具体职能如知识链接8-1所示。

| 知识链接8-1 | 大连金石滩国家旅游度假区管委会职能 |

大连金普新区设立于2014年6月，是全国第十个、东北地区第一个国家级新区，总面积为2299平方千米，是19个国家级新区中陆域面积最大的新区，常住人口有161万。大连金普新区地处东北亚地理中心位置，背靠广袤的东北大地，濒临浩瀚的黄渤两海，是东北地区走向世界的海空门户，也是与东北亚国家经贸往来和开放合作的重要枢纽，在东北老工业基地振兴战略、国家"一带一路"倡议中位置举足轻重，其作用不可替代。

大连金普新区管理委员会与大连市金州区人民政府、大连经济技术开发区管理委员会合署办公。大连保税区管委会、普湾经济区管委会、金石滩国家旅游度假区管委会为市政府派出机关，委托新区管理。中国（辽宁）自由贸易试验区大连片区管委会为市政府派出机构，委托新区管理。

根据2020年10月29日《大连市人民代表大会常务委员会关于开展园区法定机构改革试点工作的决定》（大连市第十六届人民代表大会常务委员会第二十四次会议通过）文件精神，大连金石滩国家旅游度假区管委会主要负责政策制定、开发建设、产业发展、投资促进、行政审批、企业服务等工作。

大连金石滩国家旅游度假区管理委员会内设机构7个，分别为：综合办公室（党群工作部、纪检工作部）、经济发展和投资促进局、旅游局、财政局、规划建设局、策划推广局、旅游综合执法局。

（资料来源，大连金普新区管委会：《大连金石滩国家旅游度假区》，https://www.dljp.gov.cn/。）

（2）典型案例2：上海佘山国家旅游度假区。1995年6月，国务院以国函〔1995〕60号文同意设立上海佘山国家旅游度假区，并委托上海市政府直接管理度假区。据度假区官网消息，上海佘山国家旅游度假区目前有两个管理机构，即上海佘山国家旅游度假区松江管理委员会和上海佘山国家旅游度假区松江发展管理中心，共同负责佘山国家旅游度假区范围内的规划、管理、建设等职能。其中，上海佘山国家旅游度假区松江管理委员会为松江区政府派出机构（正处级机关单位），内设办公室和管理协调科。上海佘山国家旅游度假区松江发展管理中心为松江区政府直属公益一类事业单位，机构规格为正处级，有5个内设机构，即综合科、旅游发展科、规划建设科、旅游管理科和组织人事科。上海佘山国家旅游度假区管理机构并非一成不变的，而是历经了多次变化。具体见知识链接8-2。

知识链接8-2　　　　　　　**上海佘山国家旅游度假区管理机构变迁**

在2023年机构调整前，上海佘山国家旅游度假区的管理体制为市、区两级政府派出、合署办公。截至2022年底，度假区有2个管理机构，即上海佘山国家旅游度假区松江管理委员会、上海佘山国家旅游度假区管理委员会办公室。其中，上海佘山国家旅游度假区松江管理委员会为松江区政府派出机构，属于正处级机关单位，内设办公室和管理协调科。上海佘山国家旅游度假区管委会办公室则是副局级事业单位。上述两个机构实行"两块牌子、一套班子"，共同负责度假区范围内的规划、管理、建设等职能。自1995—2008年的具体变化历程，简述如下[①]：

（1）上海佘山国家旅游度假区管理委员会（简称"管委会"）。1995年11月6日，上海市人民政府建立上海佘山国家旅游度假区管理委员会。时任主任佘永梁，为上海锦江（集团）总经理；副主任道书明（市旅游局副局长）、蔡铮（中共松江县委副书记）、山兆辉（松江县副县长）；成员有：胡延照（市计委总经济师）、张惠明（市建委副主任）、胡仲华（市外资委副主任）、袁以星（市农委副主任）、夏丽卿（市规划局局长）、殷国元（市房地局副局长）、蒋卓庆（市财政局副局长）、毛瑞康（市公安局副局长）。管委会下设办公室，道书明兼任办公室主任。随后几年，管委会主任、副主任和成员均经历多次调整。

上海佘山国家旅游度假区管委会是代表市政府管理佘山度假区的协调机构，有市政府授予的规划权、项目审批权和行政管理权，负责规划、管理和组织实施佘山国家旅游度假区的建设工作，并负责协调和处理建设过程中与各有关部门的事务。

（2）上海佘山国家旅游度假区管理委员会办公室。1995年11月6日，上海佘山国家旅游度假区管理委员会成立时便设立了办公室，为佘山度假区日常管理机构、全额事业单位。1995年11月24日，上海市副市长龚学平在佘山主持召开的

---

① 上海通. 上海佘山国家旅游度假区志, https://www.shtong.gov.cn/difangzhi-front/book/detailNew?oneId=3&bookId=223020&parentNodeId=223040&nodeId=371757&type=-1。

上海市旅游业发展领导小组第一次会议上明确：上海佘山国家旅游度假区管委会办公室受市政府委托，行使佘山度假区范围内的规划实施和监督权、项目审批权和管理协调职能。管委会办公室主任为道书明，办公室下设四个处：秘书处（研究室）、投资发展处、规划建设处、综合协调处，处长为施顺云。1996年9月，车驰任管委会办公室副主任，负责办公室日常工作。

1996年2月27日，中共上海市委发出《关于确定上海佘山国家旅游度假区机构级别的批复》，同意佘山度假区管委会办公室级别定为相当副局级，行政关系暂挂市政府办公厅。

1997年3月，中共上海市委、市政府发文〔沪委发（1997）159号〕明确上海佘山国家旅游度假区管委会及办公室统一由市旅游委领导。

（3）上海佘山国家旅游度假区松江管理委员会。2000年1月，中共松江区委报经上海市旅游委同意，成立上海佘山国家旅游度假区松江管理委员会，作为松江区政府派出机构，行使佘山度假区管理职能。机构级别为正处级。撤销原管委会办公室辖下秘书处（研究室）、投资开发处、规划建设处、综合协调处。同时还决定佘山度假区核心区行政区域单列。上海佘山国家旅游度假区松江管委会内设：办公室、党务工作部、项目开发部、建设管理部、劳动人事部、社会发展部、企业管理部，各设部长（主任）一名，副部长（副主任）一名。各部级别为正科级。

（4）上海市松江区旅游事业管理委员会。2003年6月27日，中共松江区委决定，成立松江区旅游事业管理委员会，并与上海佘山国家旅游度假区松江管理委员会合署办公。松江区旅游事业管理委员会与佘山度假区松江管委会合署办公后，内设8个科室：办公室、党群工作科、财务管理科、投资管理科、建设管理科、社会事业科、行业管理科、旅游推介科（后改为市场促进科）。

〔资料来源：上海佘山国家旅游度假区. 机构信息，http://www. sheshantravel. gov. cn/news/index/id/2382（发布时间：2023 - 02 - 27）。〕

第三节　度假区政府型管理体制

一、政府型管理体制的特点

政府型管理体制，在不同情境下也被称为政区协同管理体制（政区合一管理体制）、管委会与行政区合一型管理体制等。它主要适用于度假区的范围与所在行政区或者所在功能区的范围存在高度重叠，甚至重合的情境。在这一管理体制下，某个特定的旅游度假区的管理机构（例如，管委会）与所在行政区政府（例如，区政府、街道办事处、镇政府等）或功能区的行政部门是高度交叉、重叠的。

一般而言，这类管理体制下的度假区管理机构（例如，管委会）享有较高一级的独立审批权限，是在传统行政管理体制基础上的一种创新。度假区管委会与行政区政府实现政区一体发展（或至少协同发展）。具体而言，以度假区托管行政区，并以度假区的行政体制为主导建立组织机构。与度假、旅游、休闲等经济发展相关的事务主要由度假区相关部门负责；社会事务由各街道（或所在街道）负责。度假区工委、管委会、街道工委（或镇党委）、街道办事处（或镇政府）实行"四块牌子，一套班子"，部分领导交叉任职。无锡太湖国家旅游度假区、苏州太湖国家旅游度假区、杭州之江国家旅游度假区、莆田湄洲岛国家旅游度假区等是这一管理体制的典型代表。

二、政府型管理体制的典型案例

（1）典型案例1：无锡太湖国家旅游度假区。无锡太湖国家旅游度假区位于无锡市湖滨区。无锡市湖滨区人民政府官网显示，中共无锡太湖国家旅游度假区工作委员会、无锡太湖国家旅游度假区管理委员会为市委、市政府派出机关（委托滨湖区委、区政府代管），为正处级建制。无锡太湖国家旅游度假区机关核定编制为85名，下设13个内设部门、3个管理处和建设管理中心。

无锡太湖国家旅游度假区党工委、管委会与马山街道（无锡市滨湖区下设街道）党工委、办事处合署办公，交叉任职。例如，滨湖区委委员、常委，无锡太湖国家旅游度假区党工委副书记（主持日常工作）、管委会副主任，马山街道党工委书记，为同一人。度假区管委会的职能与机构设置情况，见知识链接8-3。

知识链接8-3　　　　　　**无锡太湖国家旅游度假区管委会职能及机构设置**

一、管委会职能

无锡市湖滨区人民政府"政府信息公开"栏目显示，无锡太湖国家旅游度假区管理委员会的职能如下：

（1）宣传贯彻党的路线、方针、政策和国家的法律法规，执行上级的决议、决定。研究决定本街道经济发展、社会管理、公共服务、社区治安、综合治理等方面的重大问题。

（2）加强党组织、行政组织和群众组织的自身建设。领导群众组织并支持他们开展工作。指导、支持居委会工作。按照干部管理权限，做好干部的教育、培养、考核和监督工作。反映居民的意见和要求，处理群众来信来访。

（3）组织实施经济发展规划和年度计划，引导和扶持各类经济组织的发展。

加强安全生产的监督管理。创造良好的经济发展环境。

（4）搞好城市建设管理总体规划，做好街道、社区建设管理和环境保护等工作。

（5）负责精神文明建设和思想教育工作，加强社会管理和公共服务，做好计划生育、文化教育、体育卫生和科学技术等工作。兴办社会福利事业，做好防灾救灾、就业和社会保障、社会救助等工作。

（6）搞好社会治安综合治理，做好治安保卫、外来人口管理、人民调解、法制建设、拥军拥属等工作。推进居民民主政治建设和居民自治，开展便民利民的社区服务。维护居民合法权益。

（7）负责做好街道、社区的财务、审计以及集体资产管理工作。

（8）完成区委、区政府委托和交办的其他事项。

二、党工委和管委会架构

（一）领导介绍

赵华：滨湖区委委员、常委，无锡太湖国家旅游度假区党工委副书记（主持日常工作）、管委会副主任，马山街道党工委书记。主持度假区党工委、管委会日常工作，主持街道党工委全面工作，负责机构编制、干部人事、财政审计、国有资产管理和人民生活等方面工作。

丁涤康：度假区党工委委员、纪工委书记，马山街道党工委委员、纪工委书记。负责纪工委工作。

陈立新：无锡太湖国家旅游度假区党工委委员、管委会副主任（聘任），兼无锡吴都阖闾古城遗址管理处处长、无锡吴文化博览园西区管理处处长、无锡吴都阖闾古城遗址管理委员会主任、无锡吴都阖闾古城遗址博物馆馆长。负责无锡吴都阖闾古城遗址管理处工作，分管党群部、人武部、综治中心。

赵晔：无锡太湖国家旅游度假区党工委委员、管委会副主任，无锡生物医药研发服务外包区管委会主任，兼无锡生物医药研发服务外包区管理处处长。负责无锡生物医药研发服务外包区管理处，分管经发局。

杨叶新：无锡太湖国家旅游度假区党工委委员、管委会副主任。分管经发局（农口）、建设局（环保）、政法和社会事业局、污染防治攻坚办公室。

郁明：无锡太湖国家旅游度假区党工委委员、管委会副主任。负责住房和城乡建设、城乡规划、城市管理、城市绿化、征收安置、市政公用事业、人民防空、抗震防震、土地管理、房地产开发和管理、交通运输、老新村改造管理、小区物业管理等方面工作。

（二）内设处室

纪工委、监察室、党政办公室、党群工作部、经济发展局、财政局、招商旅游局、建设局、政法和社会事业局、行政审批局、综合行政执法局、人武部（人防办）、综治中心、人大工委。

（资料来源：无锡市湖滨区人民政府. 机构概况，http：//www. wxbh. gov. cn/msjd/zfxxgk/bmxxgkml/jggk26/index. shtml。）

（2）典型案例2：苏州太湖国家旅游度假区。苏州太湖国家旅游度假区地处苏州市吴中区①，下辖香山街道、金庭镇（农业园区）、光福镇和东山镇；其中，香山街道为度假区中心区（知识链接8－4）。苏州市吴中区人民政府网站公开资料显示（截至2023年底），苏州市吴中区委常委、度假区党工委副书记、管委会副主任为同一人，是度假区主要负责人。

知识链接8－4　　苏州太湖国家旅游度假区管委会职能及工委和管委会的架构

一、管委会职能

苏州市吴中区人民政府"信息公开"栏目显示②，苏州太湖国家旅游度假区管理委员会的职能如下：

（1）贯彻执行国家、省市有关法律法规和政策规定。

（2）制定和实施度假区经济和社会发展战略、中长期规划及年度发展计划。

（3）负责度假区党的建设工作。按照干部管理权限，负责度假区干部的培养、考察、任用和考核管理工作；负责度假区机关、企事业单位和农村党的组织建设、党员发展和干部队伍建设工作；负责党的纪律检查、行政监察、宣传、精神文明建设和统战工作；负责人民武装、工青妇工作。

（4）负责度假区的财政收支管理和有关审计事项。

（5）负责度假区的经济发展工作，负责或协调度假区各类投资和建设项目的审批及管理工作。

（6）负责度假区自然资源的管理及开发、环境保护和"三农"工作。

（7）负责度假区社会事业、公共服务等方面的工作。

（8）承办区委、区政府赋予的其他事务。如图8－1所示，苏州太湖国家旅游度假区党工委、管委会由机关单位、事业单位、国有公司、进区配套机构构成，还管辖了镇和街道。

二、党工委和管委会架构

---

① 苏州市吴中区人民政府. 苏州太湖国家旅游度假区管理委员会，http://www. szwz. gov. cn/szwz/zjd-dxxgk/xxgkml _ dept. shtml? cxtype = 2&deptid = 13a03259076f49189cf0cf502bc4d16f&pid = b9f2d449e16e414fae4f71a7b3773d13。

② 苏州市吴中区人民政府. 机构职能公开，http://www. szwz. gov. cn/szwz/c108451/202203/872f457049694623abdab5a802f29c0d. shtml?deptid=13a03259076f49189cf0cf502bc4d16f。

同时，如图8-1所示①，苏州太湖国家旅游度假区党工委和管委会不仅下设和管理诸多职能部门（机关部门）、事业单位、国有公司，还管辖四个镇（街道）。

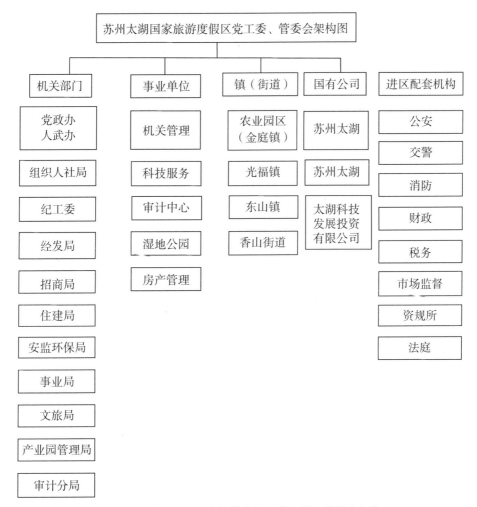

图8-1　苏州太湖国家旅游度假区党工委、管委会架构

（3）典型案例3：杭州之江国家旅游度假区。杭州之江国家旅游度假区，南濒钱塘江，北依五云山，最初规划面积为9.88平方千米。2002年9月，为充分发挥国家旅游度假区的政策和品牌优势，与西湖区优势互补，带动转塘镇及周边地区的发展，杭州市委、市政府决定将之江度假区党工委、管委会与西湖区委、区政府进

---

①　苏州市吴中区人民政府．苏州太湖国家旅游度假区管理委员会机构图，http://www.szwz.gov.cn/szwz/c108451/202112/d0db38eb9f0f43d38979f64c04f71c2d.shtml？deptid=13a03259076f49189cf0cf502bc4d16f。

行合署，实行"两块牌子、一套班子、干部兼职、职能分开"的管理体制调整，度假区规划面积扩大至 25.43 平方千米。2004 年 7 月，杭州市委、市政府对两区（即西湖区和度假区）的管理体制又做了进一步的理顺，杭州委托西湖区委、区政府对之江度假区实施管理，同时将转塘镇委托给之江度假区管理，实行之江度假区带乡镇的管理体制，度假区规划面积也进一步扩大至 50.68 平方千米。原杭州之江国家旅游度假区内的劳动和社会保障、民政、科教文卫、体育、农业、市容环卫、计生等职能交由西湖区转塘镇承担。截至 2023 年底，由中共杭州市西湖区委书记董毓民兼任杭州之江国家旅游度假区党工委副书记，由中共杭州市西湖区委副书记、西湖区人民政府区长周扬兼任杭州之江国家旅游度假区管委会主任。

（4）典型案例 4：莆田湄洲岛国家旅游度假区。度假区的管理机构是莆田湄洲岛国家旅游度假区管委会，为莆田市人民政府派出机构，行政级别为正处级，权限与县、区等同。莆田湄洲岛国家旅游度假区管委会对全岛经济社会各项事务进行统一管理，且全面管辖岛上唯一的一个镇——湄洲镇。湄洲镇，行政区划上属福建省莆田市秀屿区，行政事务则由湄洲岛旅游度假区管委会直辖。管委会下设如下部门：人力资源和社会保障局、旅游和文化体育局、应急管理局、生态资源局、财政金融局、建设交通局、农林水局、社会事务管理局、执法局。

第四节　度假区企业型管理体制

一、企业型管理体制的特点

企业型管理体制，亦被称为企业式管理体制，是指某个特定的旅游度假区的管理机构是特定的企业。这一企业负责度假区内的土地开发（一级开发）、经济管理、投资服务、开发运营等具体职能。与政府型管理体制、准政府型管理体制不同的是，实行企业型管理体制的度假区一般不再设置专门的、由度假区所在地人民政府设置或者派出的行政管理部门（例如，管委会等）。企业型管理体制一般适用于由企业投资、管理的度假区（参见本书第二章有关度假区类型的内容）。尤其是，基于主题公园的度假区（例如，香港迪士尼乐园度假区、珠海长隆国际海洋度假区）。

二、企业型管理体制的典型案例

（1）典型案例 1：广州南湖国家旅游度假区。从创建开始，广州南湖国家旅游度假区就致力于利用外资进行开发建设。负责开发管理的机构是广东省广州南湖国家旅游度假区建设总公司，该企业是 1993 年 2 月 18 日在广东省注册成立的全民所有制企业。

（2）典型案例 2：亚龙湾国家旅游度假区（1995—2008 年）。从 1989—2008 年，亚龙湾国家旅游度假区的管理体制经历过多次变迁。亚龙湾国家旅游度假区的开发管理模式经历了由"政府主导"（1995 年之前）模式到"企业主导"模式（1995—2008 年）再到"政府主导、企业配合"（2008 年之后）模式的转变。① 其中，1995—2008 年，三亚亚龙湾开发股份有限公司是度假区开发与建设的主导企业（主开发商）。具体可见同步案例 8 - 1。

> **同步案例 8 - 1**　　　　亚龙湾国家旅游度假区的管理体制及其变迁过程

1992 年 10 月 4 日，国务院批准建立三亚亚龙湾国家旅游度假区。1993 年 7 月 28 日，国家旅游局批准亚龙湾国家旅游度假区的规划范围陆域面积为 18.6 平方千米。自 1992 年开发建设以来，亚龙湾按照国家旅游度假区的标准和三亚市委、市政府的要求，遵循三亚市城市总体规划、三亚市土地利用总体规划，严格按照控规的要求对度假区进行高标准、高质量的招商引资和开发建设。现已建成拥有滨海公园、豪华别墅、会议中心、高星级宾馆、度假村、海底观光、海上运动中心、高尔夫球场、游艇俱乐部等在内的综合度假区。

近年来，亚龙湾极力打造"休闲外交"，且承办了一系列在国内外有重大影响力的赛事。2008 年 4 月和 2013 年 4 月，国家领导人在亚龙湾举行国事活动。2016 年 3 月，金砖国家领导人第三次会晤和澜沧江 - 湄公河合作（澜湄合作）首次领导人会议在亚龙湾举行。2018 年 1 月，亚龙湾旅游度假区获评为国家级旅游度假区，是海南省首家国家级旅游度假区。②

自 1992 年以来，亚龙湾度假区的管理体制（开发模式）经历了几次重要变化。依据不同的开发模式，可以将亚龙湾度假区的开发建设划分为以下几个阶段。③

（1）政府主导模式阶段（1995 年之前）。具体而言，在 1988—1992 年，亚龙湾由海南省旅游总公司统一开发（即海南省政府直管模式）。1992—1995 年，由三

---

① 陈钢华：《旅游度假区开发模式变迁研究：以三亚市海棠湾、亚龙湾为例》，东南大学出版社 2014 年版。

② 三亚亚龙湾国家旅游度假区介绍，http://www.yalongbay.net/content/2022 - 07/17/content_574818. htm。

③ 陈钢华、保继刚：《旅游度假区开发模式变迁的路径依赖及其生成机制——三亚亚龙湾案例》，载《旅游学刊》2013 年第 8 期，第 58 - 68 页。

亚市政府控股的三亚亚龙湾开发股份有限公司（以下简称"亚龙湾开发股份公司"）主导开发（即三亚市地方政府主导模式）。在这一模式下，亚龙湾度假区内的土地开发的基本程序是：三亚市政府依法将区内六盘村、博后村部分村民集体用地征收并转为国有用地，然后通过协议出让的法律程序出让给亚龙湾开发股份公司（由亚龙湾开发股份公司向三亚市政府支付土地使用权出让金）；亚龙湾开发股份公司在对受让的土地进行土地一级开发（基础设施建设等）后，依法转让给外来投资商；外来投资商利用转让的国有建设用地修建度假娱乐设施、开展经营活动。

（2）企业主导模式阶段（1995—2008年）。1994年开始，三亚市以及整个海南省的"楼市泡沫"破灭，亚龙湾开发股份公司陷入资金困境，区内投资建设难以为继。1995年6月10—13日，全国旅游市场工作会议在三亚召开。这次会议的主题是"'96中国——带你步入一个崭新的度假天地"，并确定1996年的中国旅游主题年开幕式在亚龙湾国家旅游度假区中心广场举行。1995年初，亚龙湾公司做出决策，决定增资扩股，吸引外资，以每股2元的价格发行3.1亿新股，由中粮集团旗下香港鹏利集团和香港胡汉辉集团控股的亚龙湾开发股份（香港）有限公司全额认购，占公司总股本的50.82%。从此，三亚亚龙湾开发股份有限公司从地方政府主导转为中粮集团主导。

（3）政府主导、企业配合模式阶段（2008—）。政府主导的回归得益于2002年5月9日国土资源部以11号令出台的《招标拍卖挂牌出让国有土地使用权规定》（以下简称"招拍挂"）。但是，真正意义上的"政府主导、土地开发商配合"的新阶段，始于2008年4月15日三亚市政府和亚龙湾开发股份有限公司正式签署的《三亚亚龙湾二期土地合作开发协议书》。由此，随着亚龙湾开发股份有限公司自持土地逐渐出让或自营建设完毕，亚龙湾度假区内土地出让正式进入"招拍挂"时代。2010年10月，中共三亚市亚龙湾国家旅游度假区工作委员会、三亚市亚龙湾国家旅游度假区管理委员会分别获批成立，前者为中共三亚市委的派出机构，后者为三亚市政府的派出机构，为正处级设置，实行"两块牌子，一套人马"，合署办公。内设党政办、纪检委、财政经济发展局、社会事务局、国土房产规建局、征地拆迁指挥部6个科级职能机构。2019年2月，中共三亚市亚龙湾国家旅游度假区工作委员会被撤销，所属党组织划归吉阳区委。2019年5月5日，中共三亚市吉阳区亚龙湾国家旅游度假区委员会暨三亚市吉阳区亚龙湾综合服务中心揭牌成立，并代管博后村、六盘村。亚龙湾国家旅游度假区管理委员会同时撤销。

课堂讨论 8 - 1

问题：结合同步案例 8 - 1 所述内容，讨论现阶段三亚亚龙湾旅游度假区的管理体制是哪一种？

讨论要点：

（1）案例明确指出 2008 年以后，亚龙湾度假区的管理体制是"政府主导、企业配合"。所以，只能是政府管理体制或准政府管理体制。

（2）案例提及："2010 年 10 月，中共三亚市亚龙湾国家旅游度假区工作委员会、三亚市亚龙湾国家旅游度假区管理委员会分别获批成立，前者为中共三亚市委的派出机构，后者为三亚市政府的派出机构，为正处级设置，实行'两块牌子，一套人马'，合署办公。"同时，案例还提及："中共三亚市吉阳区亚龙湾国家旅游度假区委员会暨三亚市吉阳区亚龙湾综合服务中心揭牌成立，并代管博后村、六盘村。"虽然撤销了之前的"亚龙湾国家旅游度假区管理委员会"，但成立了专门的"三亚市吉阳区亚龙湾综合服务中心"。

（3）依据上述信息，可推断现阶段三亚亚龙湾旅游度假区的管理体制更接近准政府管理体制（派出机构模式）。

本章小结

（1）管理体制是指管理系统的结构和组成方式，即采用怎样的组织形式以及如何将这些组织形式结合成为一个合理的有机系统，并以怎样的手段、方法来实现管理的任务和目的。

（2）度假区管理体制是指规定中央政府、地方政府、度假区（管理机构）在各方面的管理范围、权限职责、利益及其相互关系的准则。

（3）准政府型管理体制主要适用于度假区的范围小于所在行政区或者所在功能区的情况。

（4）在准政府型管理体制下，旅游度假区的管理机构是所在行政区政府或功能区行政部门的派出机构。典型案例代表有大连金石滩、上海佘山国家旅游度假区。

（5）政府型管理体制主要适用于度假区的范围与所在行政区或者所在功能区的范围存在高度重叠，甚至重合的情况。

（6）在政府型管理体制下，旅游度假区的管理机构与所在行政区政府或功能区的行政部门是高度交叉、重叠的。典型案例代表有无锡太湖、苏州太湖、杭州之江、福建湄洲岛等国家旅游度假区。

（7）企业型管理体制是指某个特定的旅游度假区的管理机构是特定的企业。这一企业负责度假区内的土地开发（一级开发）、经济管理、投资服务、开发运营等具体职能。

（8）与政府型管理体制、准政府型管理体制不同的是，实行企业型管理体制的度假区一般不再设置专门的、由度假区所在地人民政府设置或者派出的行政管理部门。

思考题

（1）决定一个度假区采用何种管理体制的因素有哪些？

（2）准政府型管理体制与政府型管理体制的区别和联系是什么？

（3）度假区的管理体制是一成不变的吗？度假区管理体制是否以及如何变迁？

案例分析

从化流溪温泉旅游度假区治理模式及发展变迁①

经过几十年的快速发展，温泉旅游已成为国民休闲活动的重要组成部分。作为温泉旅游的核心载体，温泉度假区发展的好坏直接决定了温泉旅游业的前景和方向。广州从化温泉包括从化温泉风景区（老温泉）和从化流溪温泉旅游度假区（新温泉），两者相距约 10 千米。其中，从化温泉风景区的治理模式形成于计划经济时代，是典型的"国家权力主导"治理模式。从化流溪温泉旅游度假区在新的矿产权管理体制下形成的"地方行政主导"的治理模式。下文将简要介绍从化流溪温泉旅游度假区的治理模式及发展变迁。

（1）镇政府主导模式：1973—1992 年。20 世纪 90 年代之前，流溪温泉旅游度假区所在地区一直归良口镇政府管辖。虽然良口镇不具备开发辖区内自然资源的实力，但是镇政府很早就开始关注自己辖区内的温泉资源，并于 1989 年通过多方协商，打造了属于良口镇当地的第二口温泉水井，通过手头掌握的温泉水资源，为未来的大发展打下了坚实的基础。在这一阶段，良口镇政府主导了流溪温泉旅游度假区的开发建设。限于自身的经济实力，良口镇政府这一阶段并无实质性的开发建

---

① 戴明：《温泉旅游地的治理模式及发展变迁——以从化温泉为例》，https：//mp. weixin. qq. com/s?＿biz ＝ MzU2MzAwODQ4Nw ＝ ＝ &mid ＝ 2247513752&idx ＝ 1&sn ＝ 027bacc172c5a1de0f3377238b3c27b4&chksm ＝ fc623010cb15b9061ab617864964fbf6e70a4d4b0bbde12820a36ac28a947451fbb453c7abd2&scene ＝ 27。

设，但是考虑到温泉水资源的稀缺性，良口镇政府想方设法打造了由镇政府控制的温泉水井，初步具备了开发流溪温泉旅游度假区的原始资本。

（2）政企合作主导模式：1993—1995年。1993年3月，中联实业有限公司、广州发电厂、中大岭南培训学院联合投资，选址良口镇塘料村创办了中华英豪学校（以下简称"英豪学校"）。英豪学校办学初期采取的"教育储备金"模式使其在短时间内募集了大量资金。出于资本增值的考虑，英豪学校向从化县政府提出合作开发"第二温泉城"的设想。1994年，英豪学校出资打造了4口温泉水井，作为日后投资入股的资本。由于英豪学校与从化县政府对于流溪温泉以后的经营模式、发展方向等诸多方面存在巨大的分歧，多次协商未果之下，英豪学校于1995年11月决定退出共同开发流溪温泉项目的工作。在这一阶段，从化流溪温泉旅游度假区的治理模式表现出明显的政企合作的治理模式，由政府部门牵头，开展地质勘查、规划设计及征地拆迁工作，由英豪学校负责筹措资金并提供办公地点。这一模式较好地发挥了政府和企业各自的优势，具有较好的可操作性。但是出于自身利益最大化的考量，英豪学校最终退出了流溪温泉的开发。

（3）流溪温泉管委会主导模式：1995年至今。为落实从化市（现已改为广州市从化区）政府的战略意图，加强流溪温泉开发的整体性，经研究，从化市政府决定成立专门的机构来统一管理流溪温泉的开发建设及温泉资源管理工作。1995年，新温泉管理委员会（后改名为流溪温泉旅游度假区管理委员会）成立，并同时成立新温泉旅游发展总公司，实行"一套班子，两块牌子"。管委会的成立，明确了地方政府在良口新温泉开发过程中的管理主体，对于提高流溪温泉的开发进度与工作效率作用明显。管委会通过出台相关管理规定和行政手段先后收回了区内大部分的温泉水井，基本统一了温泉水资源的统一调配及供给，保障了温泉水资源的合理使用。2002年8月，时任广州市领导视察从化时，向从化市政府提出了对流溪温泉旅游度假区采取"广州市规划、从化市控制、广州市投资、从化市征地、税收归从化"的开发思路。这一提法得到了从化市政府的积极响应，2003年由广州市城市规划局组织开展了流溪温泉旅游度假区总体规划的编制，规划面积由12平方千米扩大到29.28平方千米。2004年10月，由广州市土地开发中心牵头、从化市政府配合，成立从化流溪温泉旅游度假区项目开发建设办公室，采用代建制、项目管理的模式，广州市土地开发中心主要负责"总体组织策划、计划资金统筹、方案标准预决算审核和对上的报批和协调"工作，从化市作为项目建设设施管理实体，主要负责项目执行、现场管理等工作。广州市介入之后带来的变化是显而易见的。截至2020年，广州市方面累计投入资金12.8亿元，建成安置区——碧水新村一期、二期工程12.6万平方米，共1106套住宅搬迁入住，完成征地拆迁2916亩，回收国有土地5宗，面积271亩，香港马会从化马场、侨鑫集团从都国际庄园、华熙温泉酒店、雅居乐酒店、思铂睿酒店、都喜泰丽酒店等均已落成，流溪温

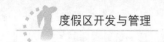

泉旅游度假区的开发进入快车道。

案例分析题：

结合案例所述内容，分析流溪温泉管委会主导模式属于本章所述的哪种管理体制？结合案例内容，并检索相关信息，论述这一管理体制的优劣势。